本书的出版得到贵州师范大学历史学国家级一流专业建设经费资助。

RESEARCH ON INDUSTRIALIZATION IN EUROPEAN AND AMERICAN COUNTRIES (1700-1914)

欧美国家
工业化研究

(1700~1914)

刘向阳 / 著

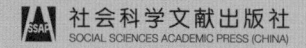

社会科学文献出版社
SOCIAL SCIENCES ACADEMIC PRESS (CHINA)

前　言

新航路开辟之后，随着资本主义生产关系的逐渐普及，主要资本主义国家通过各种方式完成了早期的原始积累。在劳动力市场逐步形成以及技术革新的推动下，工业革命开启。英国因具有资金、技术和劳动力优势，成为工业化的先锋军，也是内生型工业化的代表。随着第一次工业革命的浪潮席卷全球，各主要国家纷纷开启了工业化进程。第一次工业革命开启之后，科学与技术紧密结合，产业革命随之到来，第二次工业革命接踵而至，其中美国和德国的成就最为突出。

总体而言，西方主要资本主义国家的工业化可分为以下几个阶段。一是中世纪中晚期的工业化起源阶段。在这个阶段，西方国家普遍处于农业社会，自然经济占主导地位。同期，以市场销售为目的的城乡个体工匠劳动逐渐普及，乡村工业兴起。二是新航路开辟后至英国工业革命开启前的工业化准备阶段，即原始工业化阶段。在这个阶段，资本主义生产关系逐渐普及，大型手工工场纷纷建立。三是英国工业革命开启后至19世纪初的工业化兴起阶段。在这个阶段，英国的棉纺织业首先开启了工业化进程，并带动相关产业和基础设施建设快速增长，西方多个国家开始进行工业革命。四是19世纪20~60年代的工业化普及阶段。此阶段的主要特征是在轻工业的带动下，蒸汽机逐步推广，重工业蓬勃发展，交通运输革命随之开展，现代化进程真正开启，城市化水平日渐提高。在英国的带动下，主要资本主义国家纷纷进入了早期工业化阶段。五是19世纪70年代至20世纪初的工业化成熟阶段。在这个阶段，西方主要资本主义国家经历了第二次工业革命，电力、钢铁等工业部门迅速发展，国民收入中工业的比重远超农业。至20世纪初，西方主要资本主义国家基本完成了工业化。六是20世纪下半叶的后工业化阶段。在这个阶段，西方主要资本主义国家的计算机技术、生物技术、航空航天技术等高新技术迅速发展，改变了传统工业的面貌。工业在国民经济中所占比重下降，服务业所占比重上升，第三产业在国民经济中的比重已明显超过农业和工业。

英国是内生型工业化的代表，也是工业化的先驱，成为各国竞相效仿的对象。17世纪，英国在海外侵占了大量的殖民地，为本国工业的发展获取了丰富的原材料和广阔的市场。几个世纪的圈地运动，为工业发展提供了充足的劳动力，加上殖民掠夺和奴隶贸易积累了大量的财富，英国的工业革命迅速开启。工业革命引发了技术革命，凯伊发明飞梭后织布行业快速发展，哈格里夫斯发明珍妮纺纱机后纺织业纱锭的数量大增，骡机可一次带动三四百个纱锭，棉纱生产效率大幅度提高。蒸汽机突破了人力、水力和畜力的局限，实现了真正的机械化生产，引发了交通运输业革命。19世纪30年代，英国出现兴建铁路的热潮，至19世纪50年代英国铁路网初步建立。英国的工业革命可谓举世瞩目。以冶金业为例，工业革命之前英国长期从国外进口铁制品，工业革命之后英国向国外大量输出冶金产品。以能源工业为例，18世纪至19世纪末，英国的煤炭产量一直稳居世界首位，英国煤炭大量出口至国际市场。

美国的工业化模式与英国类似，但发展工业革命的条件优于英国。美国没有阻碍经济发展的封建经济，又有英国可以效仿，英国的资金、技术迅速传入北美，加上自然资源丰富和移民大量涌入，美国的工业革命迅速开启。在一定程度上，美国的工业化模式可认为是英国工业化模式的延伸，美国工业化虽起步较晚，但成就举世瞩目。南北战争发生之前，美国的工业产值仅居世界第四位。19世纪末，美国的工业产值已跃居世界第一位，取代英国成为头号工业强国。第一次世界大战前，美国的钢铁产量已居世界首位。

法国资产阶级革命爆发的时间晚于英国，工业革命开启的时间也比英国晚。19世纪，法国受劳动力、资金和市场等因素影响，工业化进程相对比美国、德国等国家缓慢，但呈现渐进性发展的特点。法国的工业化模式既不同于自由放任型的英美模式，也不同于政府主导的德日模式，而是一种介于两者之间的类型。

19世纪上半叶，德意志境内邦国众多、关卡林立，德国工业革命的开启时间远落后于其他国家。德国也没有大量的殖民地，没有丰富的原料产地和广阔的销售市场，所以只能依靠自己的力量通过自上而下的方式完成工业革命。19世纪初，普鲁士推行了农奴制改革和土地改革，在土地改革过程中，容克地主获得了大量农民赎免封建义务支付的赎金。容克地主除了将部分资金用于改善农业生产，将庄园改成资本主义类型的农场或牧场外，还投资于工业，推动了工业的发展。19世纪30年代，德意志关税同盟成立后，国内统一市场形成，推动了工业革命。德国是模仿型工业化的典型代表，主要是在政府主导下通过自上而下的方式实现的。德国的工业革命与交通运输革命如影随形，带动采矿、冶金、煤炭和机器制造等工业部门发展，军事工业的发展成就最为显著。19世纪末20世纪初，德国煤炭、钢铁、机械制造、化学等重工业的生产水平迅速提高，电气工业突飞猛进，工业产值跃居世界前列。

  20世纪初之前，各国工业化具有其独特性，也具有共性。本书以欧美主要国家为例，梳理其工业发展脉络，探究工业化的动因、模式、特征和成就，可为国内相关研究提供一定的借鉴。

目 录

第一章 英国工业化开启的背景与成就 ………………………… 1
第一节 英国工业化开启的背景 ………………………………… 1
第二节 英国工业化的过程与成就 ……………………………… 17
第三节 英国工业化的模式、特征及影响 ……………………… 40

第二章 法国工业化的条件与成就 ……………………………… 61
第一节 法国工业化的前提条件 ………………………………… 61
第二节 法国工业化的过程与成就 ……………………………… 71
第三节 法国工业化的特点及影响 ……………………………… 83

第三章 德国工业化的条件与成就 ……………………………… 97
第一节 德国工业化的条件 ……………………………………… 98
第二节 德国工业化的历程与成就 ……………………………… 115
第三节 德国工业化的模式、特征及影响 ……………………… 127

第四章 美国工业化的条件及影响 ……………………………… 152
第一节 美国工业化的条件 ……………………………………… 153
第二节 美国工业化的发展历程 ………………………………… 161
第三节 美国工业化的特征及影响 ……………………………… 180

第五章 欧美主要国家工业化比较 ……………………………… 198
第一节 欧美国家工业化的趋同性 ……………………………… 198

1

第二节　欧美国家工业化的差异性 …………………………… 215

参考文献 ………………………………………………………… 229

附　录 …………………………………………………………… 257
　　附录一　英国工业发展相关统计数据 ………………………… 257
　　附录二　法国工业发展相关统计数据 ………………………… 273
　　附录三　德国工业发展相关统计数据 ………………………… 283
　　附录四　美国工业发展相关统计数据 ………………………… 291

后　记 …………………………………………………………… 303

第一章　英国工业化开启的背景与成就

15世纪末16世纪初,英国还是一个落后的农业国,工业欠发达,经济增长速度十分缓慢,城市的规模不大,城市人口占比较低。当时,英国人口只有300万,仅相当于法国人口的1/5,西班牙人口的1/3。18世纪下半叶英国开始了工业革命[①]进程,机器大生产最终取代了工场手工业生产。在工业革命的影响下,英国摆脱了经济落后的局面,工业、农业和贸易不断发展,人口日渐增多,经济发展速度加快,人民生活水平日趋提高。至19世纪60年代,英国已完全由一个落后的农业国变成了先进的工业国。英国由于资产阶级政权建立的时间较早,资本原始积累丰富,自由劳动力市场形成较早等原因,成为最早实现工业化的国家。

本章从政治、经济、文化和社会的视角分析英国工业化开启的背景,并对工业化的进程、特征、模式以及成就进行全面的分析,力求全面梳理英国工业化的过程,探究其特点及影响。

第一节　英国工业化开启的背景

18世纪下半叶,英国率先开启了工业革命。19世纪上半叶英国完成了工业革命,成为世界工业化的先锋军。英国的工业化是英国社会变革、农业和工业发展、科学知识传播、科技进步等多种因素共同作用的结果。

一　君主立宪制的确立

17世纪,英国资本主义迅速发展,资产阶级的影响日益扩大。然而,

---

① 关于英国工业革命开始和结束的时间,目前学术界有不同观点:一种是将1760年作为英国工业革命的起点,将19世纪二三十年代作为工业革命的终点;另一种观点认为英国工业革命开始于1780年,结束于1850年。

17世纪时，斯图亚特王朝的专制统治阻碍了资本主义发展，激化了阶级矛盾，从而导致1640年英国资产阶级革命爆发。资产阶级革命推翻了斯图亚特王朝的统治，建立了新政权。资产阶级掌权后，对内推行镇压国内运动，国内矛盾逐渐激化。1658年，克伦威尔去世后，英国陷入了政治危机之中。1660年，斯图亚特王朝复辟，查理二世登上王位。复辟后的斯图亚特王朝对内加强专制王权，采取各种手段镇压革命势力，利用各种手段加强天主教势力；对外与荷兰、西班牙等国家进行争霸战争，加深了国内危机。

1670年，英法两国签订《多佛尔密约》。根据该密约，英法两国一同与荷兰作战。但是，大多数议员与伦敦城的资产阶级都认为法国是比荷兰更可怕的敌人。因此，议会拒绝通过为查理二世提供荷兰作战补助金。[1]然而，查理二世坚持与法国联盟，遭到了议会多数议员的反对，国王与议会的关系十分紧张。1685年，查理二世逝世，他的弟弟詹姆斯二世继任英国国王。詹姆斯二世继位后不久，苏格兰地区爆发了起义，反对英国政府迫害新教徒和国王加强王权专制，但起义很快被镇压。1685年6月，在萨默塞特、西多塞特和东狄容等纺织业较发达的地区，信奉新教的纺织工人与其他城市的中下层人民在蒙默思（查理二世的私生子）的领导下发动起义，起义遭到了国王派出的大军镇压。镇压起义后，以詹姆斯二世为首的统治集团立即着手加强君主专制，强行推行天主教，遭到了以英国国教为主的托利派和以新教左翼为主的辉格派的强烈抵制。[2]

詹姆斯二世在位期间不断加强专制统治，任命了许多天主教徒到政府、教会和大学中担任要职，迫害清教徒，还与英国工商业的主要竞争者——法国结盟，严重危害了资产阶级和新贵族的利益。英国维护议会的势力与维护王权的势力两者之间的矛盾日渐尖锐，新教徒与天主教徒之间的矛盾也十分突出。为了解决这些矛盾，1688年，英国发生了一场不流血的革命，史称"光荣革命"。1688年的"光荣革命"是英国历史的重要转折点。此后，英国议会通过了一系列法案，君主立宪制在英国逐渐确立。

1688年6月，詹姆斯得子，由于继承王位男性优先，其信仰新教的长

---

[1] 王觉非主编《近代英国史》，南京大学出版社，1997，第136页。
[2] 王觉非主编《近代英国史》，南京大学出版社，1997，第154~155页。

女玛丽无法继承王位。为防止信奉天主教的詹姆斯二世将王位传给刚出生的儿子,资产阶级和新贵族决定推翻詹姆斯二世的统治。于是,支持议会的辉格党人和部分托利党人邀请信奉新教的玛丽及其当时在荷兰奥兰治执政的丈夫威廉来英国担任国王。威廉接受了邀请,要求恢复其妻子玛丽的继承权。1688年11月,威廉带兵进入英国,詹姆斯二世逃亡海外。1688年12月,威廉进入伦敦。威廉到达伦敦后不久,召集查理二世时期最后三届议会的议员、伦敦市参议员和市政委员开会。会议授权他以临时元首的名义向全国发出通知,尽快选出新的议员。1689年1月,议会全体会议在伦敦召开,商讨王位继承权的问题。此次会议宣布詹姆斯二世逊位,威廉三世和玛丽二世共同登上王位,共掌王权。同时,托利党人和辉格党人借机对王权进行限制。1689年2月,议会向威廉提出了《权利宣言》,宣言中坚持了人民应享有的"真正的、古老的、不容置疑的权利"。1689年12月,宣言经国王和女王共同签署生效,即《权利法案》。

《权利法案》是英国历史上非常重要的建立君主立宪制的法律文件。该法案谴责詹姆斯二世破坏法律的行为,提出了限制王权的要求。主要内容包括:国王未经议会同意不能废止任何法律;不经议会同意不能征收赋税;未经议会同意不能在本国内招募或供养常备军;议员在议会内有演说、辩论或议事之自由;天主教徒不能担任国王,国王不能与天主教徒结婚;等等。[①]《权利法案》通过后,议会分别于1694年和1697年通过了《三年法案》与《年金法案》,进一步限制了王权。

1694年,玛丽女王去世,威廉三世获子嗣无望。王位继承问题引发关注。经过讨论,议会通过了威廉三世去世后由玛丽女王的妹妹安妮继承王位的决议。然而,1700年7月,安妮的儿子夭亡。1701年1月,议会通过了《王位继承法》,该法律规定安妮女王过世后,由詹姆斯一世的外孙女索菲亚及其后裔继承王位。《王位继承法》还规定:国王未经许可不准出国;外国人不得进入议会和枢密院;未经议会两院的奏请,国王不得免除终身任职的法官的职务;国家的一切法律与条例非经议会通过,均属无效。[②]

---

① 阎照祥:《英国史》,人民出版社,2003,第216~217页。
② 阎照祥:《英国史》,人民出版社,2003,第217~218页。

上述一系列法案的通过，扩大了议会的作用，限制了国王的权力，标志着君主立宪制在英国的最终确立。君主立宪制的确立表明英国创造了一个标志着现代政治文明的民主制度。从此，英国在人类历史上率先与中央集权的专制主义分道扬镳。①

从1640年英国资产阶级革命爆发到1688年"光荣革命"的完成，英国资产阶级经历了数十年的斗争，掌握了国家权力，建立了资本主义国家体制。资产阶级掌权后，实行重商主义政策，采取了一系列有利于工商业发展的措施，对外积极开拓殖民地，为工业革命的发生提供了政治保障。

二 资本原始积累

资产阶级掌握国家政权后，积极向外殖民扩张，开拓殖民地，掠夺财富。在北美地区，1607~1733年，英国在大西洋沿岸建立了13个殖民地，驱赶当地的土著印第安人，侵占了印第安人的大量土地。

在亚洲，1757年，英国殖民者通过东印度公司占领了富庶的孟加拉国。英国殖民者占领孟加拉国后，通过直接掠夺珍宝和收税等方式，掠夺了孟加拉国大量的财产。殖民者在孟加拉国不停地搜刮，不断增税，对于交不起税收的当地居民，他们派出军队严刑拷打，逼其交税。1764~1765年，孟加拉国的田赋总额仅为81万英镑，1765~1766年度则增至147万英镑。② 由于殖民者的搜刮，至1769年末，孟加拉地区所有剩余的粮食和财富都被掠夺，孟加拉国人民陷入了饥荒之中。仅1770年，饥荒就夺去了约1/3孟加拉国农民的生命。③ 1771~1772年，东印度公司在孟加拉国征收的土地税高达234.1万英镑，1775~1776年更是增至280.8万英镑。④ 东印度公司还以低于市面价值50%的价格收购印度织工的产品，从中赚取差价，获取了高额利润。不仅如此，东印度公司还垄断了印度的食盐专卖

---

① 杜君立：《现代的历程：一部关于机器与人的进化史笔记》，上海三联书店，2016，第291页。
② 王助民、李良玉、陈思虎等：《近现代西方殖民主义史：1415~1990》，中国档案出版社，1995，第58页。
③ 〔美〕斯坦利·沃尔波特：《印度史》，李建欣、张锦冬译，东方出版中心，2015，第187页。
④ 林举岱：《英国工业革命史》，上海人民出版社，1957，第21页。

权，强迫印度农民种植罂粟，从食盐垄断和鸦片贩卖中赚取大量利润。仅1793年，东印度公司的食盐专利收入便达到80万英镑。据不完全统计，从18世纪初至1813年，东印度公司从印度掠夺了价值10亿英镑以上的财富，这笔财富大大加快了英国工业革命的进程，同时也给东印度公司带来了危机。东印度公司的贸易垄断，影响了以新兴资产阶级为代表的公司股东的利益。1784年，英国议会通过了《印度法案》，英国政府接管了东印度公司在印度的军事和行政事务。通过该法案，东印度公司在印度的政治和经济垄断地位被削弱。[①] 19世纪，英国殖民者征服印度后，加剧了对印度人民的剥削和压榨，为工业发展积累了资本。

英国殖民者还通过贩卖奴隶积累了大量资本。1562~1563年，英国海盗约翰·霍金斯从西非海岸获取了300名黑人奴隶，将他们运往海地出售，获得巨额利润。约翰·霍金斯也成为英国从事奴隶贸易的首创者。此后，在较长的时间内，英国海盗、商人的贩奴活动时断时续，奴隶贸易的规模较小。然而，17世纪，英国商人、贵族和王室成员都开始从事奴隶贸易，从中赚取巨额利润。1618年后，英国国王不断赐予对非贸易公司特许状，使各公司在非洲的贸易不断扩大。1631年，英国在西非的黄金海岸建立了第一个贩奴堡垒。1655年，克伦威尔占领原属于西班牙的牙买加，并把它作为英国的贩奴中心。1663年，英政府授予"皇家冒险家公司"特许状，并第一次提到了奴隶贸易，1672年，公司更名为皇家非洲公司。1672~1687年，该公司每年约往西印度地区输送5000名奴隶。[②]

1688年"光荣革命"后，由于西印度种植园对奴隶的需求量大增，皇家非洲公司供应的奴隶已不能满足需求。于是，1698年，英国议会通过法令，允许对英国臣民开放所有非洲贸易。此后，英国所有臣民均可参与贩奴，英国的奴隶贸易规模不断扩大。17世纪末，英国击败荷兰，独揽了奴隶贸易。1713年，英国又从西班牙手中夺取了向美洲殖民地输送奴隶的垄断权。18世纪初，英国成为世界上最大的贩卖黑人奴隶的国家。英国从奴隶贸易中获得了丰厚的利润，积累了大量资本。英国重要的港口——利物浦也在奴隶贸易中繁荣起来，仅1783~1793年，利物浦的奴隶贩子就贩运

[①] 王助民、李良玉、陈思虎等：《近现代西方殖民主义史：1415~1990》，中国档案出版社，1995，第58~59页。
[②] 杨瑛：《英国奴隶贸易的兴衰》，《河北大学学报》1985年第1期，第126页。

了30万名黑人奴隶,共赚得1.5亿英镑。[①] 奴隶贸易也是英国资本原始积累的重要源泉。

总之,英国资产阶级和新贵族通过奴隶贸易、殖民掠夺等途径积累了大量的资本,为工业革命提供了大量资金。资本的原始积累为扩大生产提供了重要条件,刺激了英国工业革命的发展。

三 资本主义农业的发展

15世纪,英国资本主义生产关系开始萌芽。16世纪,英国城市人口大增,城市的规模也不断扩大。城市对农产品和日常生活用品的需求增加,为其提供了广大市场。16世纪末17世纪初,因从事手工业生产的居民增加,对粮食、肉类等产品的需求增加,小麦价格上涨,许多专门从事农产品生产的专业农场诞生。与此同时,农业的经营方式也发生了改变,商业化的大地主经营方式成为农业经济中的典型模式。农产品的生产与商品经济的联系日趋紧密,农业实现了商品化生产,引发了农业革命。英国的农业革命始于1550年,止于1870年。

英国的农业革命主要体现在圈地运动和农业改良两个方面。14~15世纪,英国的养羊业就十分发达。15世纪末16世纪初,由于羊毛价格上涨,为获得更高利润,英国的贵族和地主圈占了大量租佃农或公簿持有农的土地,把耕地变成了牧场,将农民从土地上赶走,推动了资本主义农业的发展,也为工业发展提供了羊毛等原料。

圈地运动进一步破坏了英国农村的社会和经济基础。大量农民被剥夺了土地,沦为可自由流动的雇佣工人。在实行圈地的农村,租佃农场主、小型资本主义企业的规模化生产取代了农民自给自足的生产方式,生产的规模进一步扩大。在资本主义大规模的经营下,农业逐步实现了商品化的集约化经营,农业生产技术进一步提升,粮食品种进一步改良,农业生产效率大幅提高。

18世纪上半叶,英国农业发生了巨大的变革。一是由于圈地运动的推进,大土地所有者将土地集中起来,进行集约化的经营。二是为了赚取更

[①] 王民同:《英国经过工业革命发展成为近代工业强国》,《昆明师院学报》1979年第1期,第53~54页。

多的资金，大土地所有者将大量的资金投入了土地，农产品与商品经济的联系日趋紧密，农业产量进一步提高。三是大土地所有者对农产品品种、农业工具等进行了改良，提高了农业生产力。

经过改良后，单位面积土地的农业产量提高。1700年，每英亩土地只能养活0.18人，到1800年能养活0.26人。1700年，一个农业劳动力能养活1.7人，1800年则能养活2.5人，增长了47%。1790年后，农业发展速度逐渐加快，1790～1815年，农业年均增长率为0.2%，1816～1846年为0.3%，1847～1870年则为0.5%。谷物的产量从1700年的1300万夸脱增加到1750年的1500万夸脱、1800年的1900万夸脱、1820年的2500万夸脱。18世纪上半叶，由于农业的发展，英国的农产品开始出口国外。[①] 农业的发展和农产品的商品化不仅增加了农场主的利润，还为工业发展提供了大量的粮食、劳动力、资金和市场，进一步刺激了英国工业的发展，为英国的工业化提供了良好的条件。

四　工场手工业的发展

13世纪以后，英国的农奴制庄园逐渐瓦解，工商业不断发展。14世纪，英国商品经济进一步发展，商人队伍开始扩大，部分手工业行会开始了资本主义经营。14～15世纪，英国的手工业结构发生了较大的变化。从14世纪开始，英国由一个羊毛出口国变成了一个呢绒出口国，毛纺织业快速兴起，逐渐成为英国最重要的手工业部门。许多独立的小手工业者和农民转而从事毛纺织业。肯特郡、牛津郡、兰开夏郡、约克郡以及东盎格利亚诸郡的广大乡村都成为毛纺织业的基地，建立了分散的手工工场。[②]

15世纪，分散的手工工场在毛织业、棉纺织业、制钉业等行业中普遍存在。"家内制"生产是当时英国农村工业的主要组织形式。许多呢绒生产商就是分散的手工工场的老板。例如，15世纪格洛斯特郡阿宾敦镇的著名呢绒制造商塔克尔每周定期发放羊毛，供这一带的500名居民分类和纺织。费尔福德城的塔姆斯、布拉德福德城的霍顿，都是雇佣成百个乡村"家内制"工人的大呢绒制造商。即使到18世纪，"家内制"依然是这里

---

① 陈晓律、于文杰、陈日华：《英国发展的历史轨迹》，南京大学出版社，2009，第147页。
② 马克垚：《英国封建社会研究》，北京大学出版社，2005，第320页。

毛纺织业的主要形式。萨福克郡拉文翰的大呢绒制造商斯普林家族也经常雇有成百个乡村"家内制"工人。工业革命前夕,英国最大的乡村纺织区兰开夏也以分散的工场手工业为主。[①]

16世纪,随着商人资本家生产规模的扩大和经营手段的多样化,集中的手工工场在英国逐渐发展起来。资金较多的呢绒商人逐渐将家庭手工业者组织起来,从市场上购买呢绒、厂房和生产设备,将工人集中在工场里进行分工合作生产。在呢绒生产过程中,部分工人负责选料、染色和洗羊毛,部分工人负责纺纱和刷毛,还有部分工人负责织呢绒和剪呢绒。工人们通过分工合作完成漂洗、精选和染色等工序,生产出合格的呢绒在市场上出售。从16世纪中期起,新兴的冶炼、军火、制盐、采矿、造船和玻璃制造等工业部门也采用集中的手工工场进行生产,上百名工人在一个场地进行集中生产。

17世纪,雇佣数百名工人加工羊毛的呢绒手工工场在英国的城市和乡村中已经十分普遍,出口呢绒工业已达到了很高的水平。1564年,英国商品的出口总额为109.7万英镑,其中,呢绒出口额就达到82.6万英镑。17世纪20年代,英国出口总额为250万英镑,羊毛和呢绒出口额占比达90%。[②] 英国的乡村工业,尤其是毛纺织业蓬勃发展,为英国工业革命的开启打下了良好基础。

除了古老的毛纺织手工工场外,17世纪,新兴的工业部门——棉纺织业也迅速发展起来,手工工场数量逐年增加。此外,丝织业、麻织业、冶金、采矿、制盐、玻璃、造纸和酿酒等工场手工业也有不同程度的发展。17~18世纪,英国的工场手工业发展迅速,为过渡到大工业生产创造了良好的条件。

五 国内外贸易的发展

在国内贸易方面,工业革命前,英国国内贸易发展迅速,国内形成了多个较大的城市。城市中出现了专业化的市场,如蔬菜市场、水果市

---

① 刘景华:《乡村工业发展:英国资本主义成长的主要道路》,《历史研究》1993年第6期,第128~129页。
② 〔苏〕波梁斯基:《外国经济史(资本主义时代)》,郭吴新等译,生活·读书·新知三联书店,1963,第45页。

场、干草市场、皮货市场和呢绒市场等，专门销售农产品、工业原材料和工业产品。在城市发展的基础上，英国国内形成了多个地区贸易中心，如西部的布里斯托尔，中部的伯明翰和诺丁汉，东部的诺里奇、金斯莱和赫尔，西北部的利物浦和卡莱尔，北部的约克和纽卡斯尔。[①] 随着资本主义经济的发展，英国生产的乳制品、肉制品、皮制品、原材料和燃料等在不同地区和不同的产业之间流通，形成了相互联系的市场体系。

在国际贸易方面，中世纪时，英国的海外贸易和海上运输有相当一部分由外国商人和船主控制。甚至在15世纪末以前，英国商业资本大都由汉萨同盟商人控制。为了摆脱汉萨同盟对英国海外贸易的垄断，赢得贸易自主权，英国进行了长期的斗争。至1579年，英国政府占领了汉萨同盟在伦敦的大本营，驱逐了汉萨同盟商人，赢得了国家对外贸易的主导权。[②]

16世纪，为发展海外贸易，英国国王对从事海外贸易的商人团体授予了特许状与特许权。16世纪下半叶至17世纪初，出现了多家由商人冒险家成立的公司，这些公司从事海外贸易。

在英国早期的对外贸易中，羊毛出口占有非常重要的地位。但是，15世纪后，英国的羊毛贸易逐渐下降。14世纪50年代，每年羊毛贸易量都超过4万袋，1401~1430年，下降到年均13000袋，后来受诸多因素的制约，羊毛贸易几乎全部停顿。1439年后羊毛贸易有所恢复，但整个15世纪，年出口量也不过八九千袋。在英国羊毛出口量下降的同时，英国的呢绒出口量却不断上升。14世纪60年代，年均呢绒出口量约为1万匹，到16世纪30年代，增长到年均13万匹。同一时期，伦敦呢绒出口量的占比也从10%上升到80%。[③] 17世纪中叶，英国每年呢绒出口量增加至25万匹。直到1660年，毛织品仍然是英国主要的出口产品，占出口总额的80%~90%。

17世纪，随着英国的殖民扩张，来自印度、北美殖民地和西印度群岛的商品在英国的对外贸易中增长迅速。1620~1640年，伦敦的进口商品中烟草的数量由第8位上升到第1位。17世纪50年代，糖的进口量也明显

[①] 王觉非主编《近代英国史》，南京大学出版社，1997，第221页。
[②] 柴彬:《英国近代早期对外贸易自主权的成长》，《历史教学》（下半月刊）2018年第5期，第21~26页。
[③] 马克垚:《英国封建社会研究》，北京大学出版社，2005，第331~332页。

增加了。同期，英国的出口额增长迅速。1600~1640年，英国的出口额以平均每年1.5%的速度递增。①

17世纪末至18世纪上半叶，英国对外贸易进一步发展，原材料的进口量和工业品的出口量不断增长，对外贸易规模进一步扩大。对外贸易的快速发展积累了大量资金，为商业资本转化为工业资本提供了条件。

六 圈地运动与劳动力市场的形成

中世纪时，英格兰便有庄园主对荒地、小片林地、共有地进行圈占和开发。在德文郡，13世纪初，便有庄园主圈占公用荒地或将条田合并的现象，但那时圈地②的影响不大，圈地的面积也较小。14世纪四五十年代，席卷整个欧洲的黑死病夺走了欧洲1/3的人口，英国也有大量人口因黑死病去世，造成了农业、工业的劳动力短缺。黑死病流行后，英国大量土地荒芜，无人耕种，因此出现了大量无人耕种的土地被圈占的现象。黑死病过后，英国的人口增长较快，圈地的规模不断扩大。14世纪下半叶至15世纪，圈地的影响越来越大。15世纪，英格兰地区的地主便把耕地圈围起来改为农场。15世纪末，由于人口的增长和土地价格的上涨，对荒地的需求增加，圈地也以空前的速度和规模展开。到1500年，英格兰约有45%的土地被圈占。③ 15世纪末16世纪初，由于佛兰德尔和英国毛织业的发展，以及"价格革命"的影响，羊毛价格上涨，养羊业成为高利润行业，一些地主和农场主将耕地改为牧场或草地，开始从事养羊业。一些大农场主甚至占有公用地来饲养牲畜，并驱赶平民。被驱赶的平民被迫流离失所，到处流浪。

16世纪，英国早期的圈地运动已经达到了一定的规模。早期的圈地运动主要发生在米德兰地区。据约翰·马丁研究，在米德兰地区的各郡中，

---

① 〔美〕W.W.罗斯托：《这一切是怎么开始的——现代经济的起源》，黄其祥、纪坚博译，商务印书馆，1997，第90~91页。

② "圈地"一词原来的意义，是指在土地四周用连续的篱笆、栅栏、墙或沟渠把那些敞田和公共地圈围起来，用重新分配的办法把分散的地块合并起来，形成彼此完全分开的独立的地产。从历史上看，圈地至少包括三种不同的活动：第一，圈围扩大的敞田；第二，圈围正规的公地；第三，逐渐侵占森林地、沼泽地和其他荒地。参见沈汉《英国土地制度史》，学林出版社，2005，第120页。

③ M. Overton, *Agricultural Revolution in England* (Cambridge: Cambridge University Press, 1996), pp. 147-148. 转引自石强《英国圈地运动研究（15~19世纪）》，中国社会科学出版社，2016，第71页。

16世纪圈地运动的规模如下：北安普顿郡、贝德福郡、伯金汉郡、沃里克郡、斯莱特郡、林肯郡、亨廷顿郡、牛津郡、伯克郡和诺丁汉郡耕地的面积分别为38.2万、18.1万、28.6万、34.6万、31.8万、80万、14万、28.7万、27.5万和31.9万英亩；这些郡圈地面积占可耕面积的比例分别为43.3%、31.3%、23.8%、17.4%、12.6%、10.1%、43.9%、33%、18.6%和11.2%。[①]

16世纪的圈地运动导致了许多村庄被毁，农村人口逐步减少，一些小村庄甚至无人居住。为了阻止圈地运动带来的危害，英国于1489年和1519年通过了反对圈地法令，但毫无效果。1536年，英国又颁布法令，但仍然收效不大。

17世纪，英国圈地运动的规模进一步扩大。1600年，什罗普郡、赫里福德郡、苏塞克斯郡、萨福克郡、萨里郡、萨默塞特郡、诺森伯兰郡、约克郡北区和多塞特郡有30%~75%的土地被圈占，具体数据见表1-1。

表1-1 1600年英国圈地份额较大郡的圈地数量

郡名	郡总面积（平方英里）	圈地面积（平方英里，约数）	所占比例（%）
什罗普郡	1332	1000	75
赫里福德郡	845	500	59
苏塞克斯郡	1445	700	48
萨福克郡	1474	600	41
萨里郡	750	300	40
萨默塞特郡	1631	600	37
诺森伯兰郡	1932	700	36
约克郡北区	2088	700	34
多塞特郡	982	300	31
总计	12479	5400	43（平均）

资料来源：J. R. Wordie, "The Chronology of English Enclosure, 1500-1914", The Economic History Review, Second Series, Vol. XXVI, No. 4, 1983, p.490.

17世纪中叶，英国资产阶级掌握政权后，议会圈地运动的规模进一

---

① 沈汉：《英国土地制度史》，学林出版社，2005，第123页。

步扩大。在议会圈地运动后期,大土地所有者或农场主需向议会提交请愿书,请愿书中需说明圈地请求者及所请求圈地的详细情况,标明该教区或者庄园内每名土地所有者所拥有土地的价值及其对圈地的态度,还要有每个人在文件上的签名。一般来说,至少需要获得3/4土地所有者的支持,议案方能生效。[①] 圈地请愿书交到议会下院通过后,便形成了圈地法令。圈地法令通过后,圈地运动便以合法形式大规模地开展起来。议会通过大量圈地法令后,英国圈地的速度比15、16世纪更快了。从1604年英国议会通过第一个圈地法令开始,到1760年,议会通过的圈地法令共有228项,圈占了35.8万英亩土地,占英格兰土地面积的1.1%。1760年后,议会圈地运动开展的规模更大,以议会通过法案的方式圈占土地643.6万英亩。[②] 1760年后,议会圈地成为英国圈地运动的主要方式,英国议会通过了大量圈地法案,圈地的规模扩大,具体数据见表1-2。

表1-2 1760~1815年英国议会通过的圈地法案数量

单位:项

年份	数量
1760~1769	385
1770~1779	660
1780~1789	246
1790~1799	459
1800~1809	849
1810~1815	682

资料来源:张芝联主编《一六八九——一八一五年的英国·下册》,辜燮高等译,商务印书馆,1997,第51~53页。

18~19世纪议会圈地时期,议会颁布了数千项圈地法令,圈占了大量公用地和荒地(具体数据见表1-3),许多郡的大量土地被圈占。例如,18世纪,牛津郡、剑桥郡、北安普敦郡、亨廷顿郡、贝德福德郡、莱斯特

[①] 石强:《英国圈地运动研究(15~19世纪)》,中国社会科学出版社,2016,第162页。
[②] J. R. Wordie, "The Chronology of English Enclosure, 1500-1914", *The Economic History Review*, Second Series, Vol. XXVI, No. 4, 1983, p. 486.

郡、约克郡东区和拉特兰郡分别有 54.3%、53.4%、53.0%、50.5%、49.3%、46.6%、45.2% 和 44.6% 的土地通过议会圈地方式被圈占，到 19 世纪，上述郡分别有 61%、95%、37%、64%、69%、12%、36% 和 43% 的土地通过议会圈地方式被圈占。[①]

表 1-3　1700~1844 年议会圈地的规模

年份	公用地和部分荒地		纯荒地	
	法令数（项）	面积（英亩）	法令数（项）	面积（英亩）
1700~1760	152	237845	56	74518
1761~1801	1479	2428721	521	752150
1802~1844	1075	1610302	808	939043
合计	2706	4276868	1385	1765711

资料来源：J. L. Hammond, B. Hammonds, *The Village Labourer* (London: Longmans, 1966), p.35。转引自王章辉《英国经济史》，中国社会科学出版社，2013，第 72 页。

圈地运动大规模地开展使许多农民丧失土地，不得不到城市中以出卖劳动力为生，为工业发展提供了大量劳动力。

此外，英国的工业化过程中还有两个重要的劳动力来源。其一，本国破产的手工业者。由于大工业的发展，国内外市场的扩大，以及行会内部的分裂，英国的行会制度最终崩溃。手工行会中的大量工匠破产后，转变为普通工厂的工人，成为劳动力的重要来源。其二，国外熟练的织工。16 世纪，由于欧洲大陆的宗教战争，许多新教徒被迫逃到英国。1566 年，尼德兰革命发生后，西班牙对尼德兰革命进行血腥的镇压，尼德兰的手工工场纷纷倒闭，数十万人逃亡国外，仅逃亡到英国的手工业者就达 6 万多人，包括大量工匠，这些来自国外的熟练织工为英国工业化的发展也提供了重要的劳动力来源。

七　技术革新进程开启

在英国工业革命之前，制铁业、毛纺织业、麻纺织业和棉纺织业等行业出现了一系列的技术革新。中世纪时，欧洲的青铜铸造和冶铁技术已取

[①] J. R. Wordie, "The Chronology of English Enclosure, 1500–1914", *The Economic History Review*, Second Series, Vol. XXVI, No.4, 1983, p.500.

得了重大突破，生产效率明显提高。14世纪，人们开始采用水力驱动风箱炼铁。16世纪，英格兰南部的苏塞克斯已使用鼓风炉炼铁。1570年前后，苏塞克斯的八座鼓风炉和肯特的一座鼓风炉每年共产铁500~600吨，16世纪末，铁产量提高到1000吨。[①]

中世纪时，毛织业中已用专用的手梳来梳理羊毛。此后，为了提高生产效率，人们开始使用装有梳理棒的专门机器梳理羊毛，取代了人工梳理。1733年，约翰·凯伊发明了整理羊毛的机器，清洗过的羊毛更便于梳理。1748年，丹尼·伯恩发明了一种以旋转方式工作的梳毛机，并申请了专利。这种机器带有一个圆筒，圆筒外覆盖着毛刷，它既可用人工驱动，也可用水力驱动。同年，刘易斯·保罗发明了方形梳毛机，同时还设计了大滚筒的梳毛机器。在麻纺织业中，17世纪后半叶，英格兰发明家制成了亚麻梳理机。1772年，苏格兰人大卫·唐纳德发明了用水力驱动的亚麻压榨机。为使植物纤维得到有效的梳理，18世纪初，荷兰和英格兰等地已开始使用带有长铁齿的刷子。1721年，亨利·布朗发明的大麻压榨机获得了专利。[②]

在纺织行业中，1331年英国就给予外国织工垄断权（技术的专利），后来这种做法扩大到其他许多行业。据诺斯和托马斯的统计数据，伊丽莎白时期，共给予了55个垄断权，其中21个给了外国人或加入英国籍的外国臣民。[③] 由于英国政府鼓励尼德兰人和其他移民将他们的技术带进英国，英国的工业技术快速革新。1480年，飞轮被发明出来。16世纪初，飞轮与踏板装置结合在一起用于纺纱。1660年后，英国的纺织业迅速发展，机器的使用在其中发挥了非常重要的作用。1733年，机械师约翰·凯伊发明了飞梭。在飞梭发明之前，纺织工人需要用手纺织，将带线的梭子缓慢地从一只手抛到另一只手，效率低下。而飞梭安装后，梭子可以极快地来回穿行。飞梭是一种半自动的织布机，织出来的布更宽，生产效率提高了1倍。1760年，约翰·凯伊的儿子罗伯特·凯伊进一步改进飞梭制成自动飞梭。

[①] 〔意〕卡洛·M.奇波拉主编《欧洲经济史·第二卷·十六和十七世纪》，贝昱、张菁译，商务印书馆，1988，第188页。

[②] 〔英〕E.E.里奇、〔英〕C.H.威尔逊主编《剑桥欧洲经济史·第五卷·近代早期的欧洲经济组织》，高德步、蔡挺、张林等译，经济科学出版社，2002，第430页。

[③] 〔美〕内森·罗森堡、〔美〕L.E.小伯泽尔：《西方的致富之路——工业化国家的经济演变》，刘赛力等译，生活·读书·新知三联书店，1989，第154页。

飞梭的发明增加了纺织品的产量，大大促进了棉布的生产，推动了纺纱行业的技术革命。

在动力方面，瓦特改良的蒸汽机①催生了工业革命。18世纪60年代，瓦特对冷凝器进行了改良，安装了分离式冷凝装置，使引擎的蒸汽能够保持常温常压，引擎可在冷凝器冷却，而冷凝不影响气缸里的蒸汽。瓦特在独立冷凝器方面的创新使蒸汽机的工作效率提高了4倍。1769年，瓦特制成了单动式蒸汽机，在力学原理上属于真正的蒸汽机，并获得了英国的专利。1782年，瓦特发明了回旋式蒸汽机。这种蒸汽机可以为各工业部门提供通用的高效动力。纺织业的技术革新逐渐扩展到冶金、机械、煤炭工业等部门。1784年，瓦特发明了将蒸汽机应用于炼钢锻铁的方法。1786年，许多工厂都来订购他发明的回旋式蒸汽机。到1800年，蒸汽机不仅在采矿业中得到了广泛应用，而且在冶金、纺织、造纸、机械制造等行业中也得到了广泛应用。蒸汽机的广泛使用让许多行业摆脱了原来依靠水力和风力的限制，大大提高了生产效率，为英国工业化的开启创造了良好的条件。

瓦特的蒸汽机在生产实践和经济发展过程中取得了极大成功。1800年，蒸汽动力（主要是瓦特机）在康沃尔郡和兰开夏郡已占全部动力（蒸汽、水力、风力）的 $1/3 \sim 1/4$。②至1818年，英国工业部门已经拥有1万台蒸汽机，发动机功率达22.5万马力。蒸汽机推动了工厂制度的确立，机器大工业在英国建立起来。蒸汽机的出现还推动了机器制造业、棉纺织业、冶金和采矿工业等工业部门的发展，为英国工业化提供了有力的保障。

---

① 在瓦特改良蒸汽机之前，1689年，托马斯·萨弗利（1650~1715年）发明了世界上第一部工业上的蒸汽机，他发明的蒸汽机能用于普通的井里抽水，但是不能用于深矿井抽水。1705年，托马斯·纽科门（1663~1729年）发明了"大气式"蒸汽机。该蒸汽机可用于在矿井中抽水，但是由于它需要消耗大量的燃料，所以使用的费用很高，大多数工业行业用不起。瓦特在托马斯·纽科门发明的蒸汽机基础上进行了改良。参见〔英〕哈孟德夫妇：《近代工业的兴起》，韦国栋译，商务印书馆，1959，第103~105页。

② A. E. Musson, *The Growth of British Industry* (New York: Holmes & Meier Publishers, Inc., 1978), p.111. 转引自张箭《论蒸汽机在工业革命中的地位——兼与水力比较》，《上海交通大学学报》（哲学社会科学版）2008年第3期，第58页。

八 科学文化知识快速传播

英国煤炭资源丰富，圈地运动产生了大量自由劳动力，这些都是英国最先开始工业革命的重要原因，除此之外，科学文化知识的快速传播也为孕育工业革命创造了良好条件。15世纪中叶，活字印刷技术已经传到英国。由于印刷技术的改进，大量技术信息可以通过书本的方式广泛传播。1665年达德·达德利在英国出版了《金属冶炼》，在书中阐述了如何使用煤冶炼铁。17世纪中叶，培根的短文《论革新》为发明人发出了声音。丹尼斯·帕平的研究成果分别发表在《科学家杂志》以及皇家协会主办的《会报》上，他所做的研究对后来蒸汽机的发明起到了重大的作用。此外，一些介绍农业、开矿、冶金、修渠等方面的书籍也不断出版。1652年，沃尔特·布利思出版了《英国的工具改进》一书。在书中，他介绍了一些排水的工具。[1] 许多关于工艺技术的书籍通过多次再版而广为传播，为科学发明和创造提供了良好的条件。

在科学知识的传播和运用方面，英国比其他欧洲国家做得成功。英国的政治精英、工业企业家、学者和技术工人等密切关注实用性发明，并将其迅速传播，投入使用。学者、工程师、企业主和手工工人之间的关系非常密切。他们不仅接受科学文化知识，而且鼓励对科学文化知识的运用。由于科学文化知识的传播，许多技术工人掌握了科学知识，提升了自己的技能。其他国家与英国相比，很难找到数量如此众多，掌握全套机器制造技能，并且能维护各种机器的技术工人。[2]

18世纪，牛顿力学、数学等先进知识在英格兰得到了广泛的传播。英格兰第一代牛顿学说者——查理德·班特利、塞缪尔·克拉克、约翰·德勒姆以及威廉·韦斯顿，在教堂中讲授牛顿科学，增加了人们对牛顿学说的认识。[3] 18世纪英国教科书中也编入了牛顿力学知识。到18世纪20年代，力学知识在英格兰和苏格兰的传播比其他西欧国家更快。英国的

---

[1] 〔意〕卡洛·M.奇波拉主编《欧洲经济史·第二卷·十六和十七世纪》，贝昱、张菁译，商务印书馆，1988，第161~162页。
[2] 〔荷〕皮尔·弗里斯：《从北京回望曼彻斯特——英国、工业革命和中国》，苗婧译，浙江大学出版社，2009，第21页。
[3] 〔美〕玛格丽特·雅各布：《科学文化与西方工业化》，李红林、赵立新、李军平译，上海交通大学出版社，2017，第124~126页。

工程师和企业家都极大地受益于牛顿力学知识。蒸汽机的发明和改良，离不开力学知识的传播。18世纪上半叶，算术和数学教科书的需求量大增。英国学校的课程包含代数、几何、测量、力学和天文学等内容。年轻的技工约翰·瓦特早在18世纪20年代就学习了基础数学和力学等实用知识，为蒸汽机的改良创造了条件。以牛顿力学为主要形式的英国科学直接孕育了工业化。[①]

随着科学知识的传播，科学知识被不断地运用于发明创造中。辉格党人马丁·福克斯和汉斯·斯隆爵士在执掌英国皇家学会期间，重视科学知识的运用，大大提升了科学的应用程度。科学文化知识的传播和应用，为英国工业革命的开启创造了良好的条件。

第二节 英国工业化的过程与成就

英国的第一次工业革命从18世纪下半叶开始到19世纪上半叶完成，大约花费了100年。在第一次工业革命期间，以棉纺织业、毛纺织业、丝织业为代表的轻工业部门迅速发展，在英国工业部门中逐渐占据主导地位。同时，英国机器化的大工业取代了工场手工业，在社会生产中工业生产占了主导地位。19世纪下半叶，英国进行了第二次工业革命，煤炭、冶金等重工业部门蓬勃发展，轻工业在英国工业中所占的比重下降。在第二次工业革命期间，英国产品面对来自德、美等国商品的竞争，工业霸权逐渐衰落。尽管如此，经历第二次工业革命后，英国工业进一步发展。20世纪初，英国的一些新兴工业部门占据了重要地位。

一 英国工业化的过程

从18世纪下半叶至20世纪初，根据英国工业化的发展历程，可将英国工业化分为三个阶段。

（一）第一阶段：从18世纪60年代至19世纪初

18世纪60年代，随着飞梭的应用，英国发生了因棉纺织业技术革新而

---

① 〔美〕玛格丽特·雅各布：《科学文化与西方工业化》，李红林、赵立新、李军平译，上海交通大学出版社，2017，第158、159、164页。

引发的第一次产业革命。飞梭的应用引发了纺纱和织布部门的不平衡发展，纱线的供应不能满足织布的需求，因此促进了织布行业的技术革新。1764年，"珍妮纺纱机"发明出来后被运用于纺纱，提高了纺纱的效率。1769年，水力纺纱机的发明克服了"珍妮纺纱机"纺织出来的纱容易断的缺陷，进一步推动了纺纱业的发展。1779年，"骡机"发明出来后被运用于纺纱，进一步提高了棉纱的产量，引发了织布行业的技术革新。至19世纪初，英国纺织行业实现了大机械化生产。

18世纪60年代后，由于纺纱机、织布机和蒸汽机等新工业技术的运用，英国棉纺织业的生产效率大大提高，棉花的输入价值和棉织物的输出价值增长迅速。1751~1764年，英国棉花的输入价值从290万英镑增长至390万英镑，棉织物的输出价值从4.6万英镑增长至20万英镑。蒸汽机用于棉纺织业后，英国棉织物生产再次增长。1785年，英国的棉花输入价值增至800万英镑。1787年，棉织物的输出价值增加至110.1万英镑。工业革命开启后，英国羊毛的输入价值以及毛织物的输出价值也快速增长。1771~1790年，英国的羊毛输入价值从182.9万英镑增长至258.2万英镑。1780~1790年，英国的毛线和毛织物输出价值从258.9万英镑增长至519万英镑。[①]

在英国第一阶段的工业化进程中，棉纺织业是最先开始技术革新的部门。在这一时期，曼彻斯特、兰开夏的棉织业发展尤其迅速，棉纺织业产值增长迅速，在英国的轻工业中处于主导地位。

棉纺织业的技术革新促进了煤炭和冶金等重工业部门的技术革新。1776年，约翰·惠更生用瓦特创制的第一批蒸汽机为熔铁炉鼓风成功。1784年，蒸汽机被用来带动碾压机和切铁机。此后，冶金业大量使用蒸汽机，实现了机器化大生产。在炼钢方面，1740年，本杰明·亨茨曼发明了一种用陶瓷坩埚生产铸铁的方法，为钢铁工业的发展开辟了道路。1784年，亨利·科特发明了用"搅炼炉"生产锻铁的新方法，提高了锻铁的产量和质量。在技术革新的推动下，英国的钢铁工业迅速发展。

但总体而言，英国重工业部门的技术革新晚于棉纺织业等轻工业部门

[①] 齐洪、苏国荫、姚艾民等编著《世界主要资本主义国家工业化过程简述》，统计出版社，1955，第16页。

的技术革新，英国的棉纺织业于18世纪八九十年代就已经全部实现了生产过程的机械化，而重工业部门的机械化始于19世纪初，直至19世纪60年代才完成。

(二) 第二阶段：从19世纪初至19世纪70年代

18世纪末19世纪初，由于棉纺织业迅速发展，其对蒸汽机等工具设备的需求量大增。同时，由于铁路的建设和机车的发明，钢铁、煤炭等重工业产品的需求量与日俱增，进一步促进了重工业部门的发展。

19世纪初，由于交通的发展和钢铁工业的进步，煤炭需求量增长，进一步刺激了煤炭产业的技术革新。蒸汽机发明后，被用于矿井排水。1813年，英国人开始使用蒸汽机凿井。1815年，英国人在开矿中使用安全灯。1840年，安装金属绳索的起重机也被用于煤矿开采。煤炭开采技术革新后，英国的煤炭产量迅速增长。1813年，英国生产煤炭1600万吨，1836年达3000万吨，至1846年，英国成为欧洲第一大产煤国，年均煤炭产量达到4400万吨。[①]

1815~1850年，英国的工业品产量、商品进出口量、实际工资水平提升迅速，近代工业结构逐渐形成。在这一阶段，英国的重工业部门发展最快，形成了以伯明翰为代表的重工业中心。在技术革新的带动下，重工业部门的工业产值增长迅速。在冶金业方面，新的冶炼方法被运用于冶铁业后，铁的产量增长迅速。1796~1870年，英国的生铁产量从12.5万吨增长至606万吨。钢产量从1865年的22.5万吨增长至1875年的72.3万吨。在煤炭业方面，由于制造业的发展、运河的开凿以及对外贸易的发展，煤炭需求量大幅增长，英国的采煤量不断增加。1790~1800年，采煤量从760万吨增长至1000万吨；1850~1860年，英国的采煤量从4900万吨增长至8000万吨。[②] 在这一阶段，虽然英国的重工业快速发展，但是由于基础薄弱，19世纪50年代之前，棉纺织业等轻工业部门在大工业中依然处于主导地位。

1850~1875年是英国工业称霸的极盛时期。在这一阶段，英国钢铁业

---

① 王民同：《英国经过工业革命发展成为近代工业强国》，《昆明师院学报》1979年第1期，第56页。
② 齐洪、苏国荫、姚艾民等编著《世界主要资本主义国家工业化过程简述》，统计出版社，1955，第18页。

和冶金业快速增长，而纺织工业虽也有所发展，但它在英国工业系统中的占比却开始降低了。①

(三) 第三阶段：从19世纪70年代中后期至20世纪初

经历了第一次工业革命时期的快速发展后，英国已经成为发达的工业国家，确立了世界工厂的地位。19世纪70年代中期后，英国的经济地位发生了显著的变化。1875~1900年，随着德国和美国等国家工业技术的提升，英国的工业霸主地位遭到了挑战。英国的产品面临德国和美国等国家产品的激烈竞争。在欧洲市场上，德国电气工业、化学工业和机器制造业的产品处于优势地位。在美国、拉美和亚洲市场上，英国的产品面临来自美国产品的激烈竞争。在这一时期，棉纺织业在英国工业中不再扮演领导者的角色，英国的钢铁业失去了霸权地位，五金业也在德国的竞争下衰落了。

20世纪初，英国的煤、棉织品、毛织品、钢铁和机器等产品的产量大增，出口量快速增长。在这一时期，英国冶金产品的出口量最大。同时，一些新兴工业品如发动机、自行车、人造丝和电气产品开始兴起。②1855年至第一次世界大战之间，英国毛织、棉织、煤炭、冶铁等老工业部门产品产量的年均增长速度保持在1.7%~2.9%，而橡胶、瓦斯、黄麻等新工业部门的年均增长速度达3.2%~3.9%。1899~1913年，铝产量的年均增长速度达23.4%，工业门类更加齐全。但是，从整个工业部门的年均增长速度来看，19世纪下半叶，英国已不如美国和德国，具体数据见表1-4。

在这一时期，世界工业品总量中英国的占比明显下降。至1913年，世界制造业中英国的占比下降到14%，位居第三，低于德国（占15.7%）和美国（占35.8%）。③尽管如此，英国工业革命的成就显著，工业门类已十分齐全。

---

① 〔英〕格·西·艾伦：《英国工业及其组织》，韦星译，世界知识出版社，1958，第6~7页。
② 〔英〕格·西·艾伦：《英国工业及其组织》，韦星译，世界知识出版社，1958，第9页。
③ 〔英〕H. J. 哈巴库克、〔英〕M. M. 波斯坦主编《剑桥欧洲经济史·第六卷·工业革命及其以后的经济发展：收入、人口及技术变迁》，王春法等译，经济科学出版社，2002，第24页。

表1-4 英国与部分国家的年均工业增长速度

单位：%

年份	英国	德国	美国	全世界
1860~1880	2.4	2.7	4.3	3.2
1880~1900	1.7	5.3	4.5	4.0
1900~1913	2.2	4.4	5.2	4.2

资料来源：S. Michael, *The Universities and British Industry, 1850-1970* (London: Routledge & Kegan Paul Ltd., 1972), p.9。

二 英国工业化的成就

第一次工业革命期间，英国的棉纺织业、毛纺织业、麻纺织业等轻工业部门发展速度快，轻工业产品增长迅速，为工业化打下了良好的基础。

（一）轻工业成就显著

1. 毛纺织业

毛纺织业是英国古老的工业部门，历史悠久。13世纪，英国人已利用水力来捶捣呢绒，以羊毛为基本原料的呢绒工业已在英格兰地区确立。13~14世纪，英国城市毛纺织工业因受到行会的限制不断衰落，乡村毛纺织业开始勃兴。

15世纪，英国的呢绒制造业规模已不容小觑。16世纪，英国毛纺织业快速发展，成为遍及英国城乡的全国性工业，所产的毛织品大量出口到国外。到16世纪中叶，每年呢绒出口量增至12.2万匹，羊毛出口量只有5000~6000袋。1564~1565年，呢绒和毛织品出口额占英国商品出口总额的81.6%。[①]

英国毛纺织业是在近代早期乡村工业的基础上发展起来的，由于乡村手工业不受行会的约束和政府管制，加上当时羊毛供应充足，17世纪英国毛纺织业发展迅速，从事毛纺织业的人口几乎占全国人口的50%。随着毛纺织业的发展，毛织品出口量也迅速增长。17世纪上半叶，在出口贸易中，毛织品出口占比达90%。毛纺织业的规模扩大后，部分毛织品手工工

---

① 蒋孟引：《十六世纪英国资本主义工业发展的条件和概况》，《历史教学》1963年第6期，第30页。

场的雇佣工人数量达数千人。在英格兰东部、北部、中部和西南部地区已经形成了毛纺织业中心，东部各郡以诺福克的诺里奇为中心，北部的约克郡以利兹和波士顿为中心，中部各郡以纽伯里为中心，西南各郡以埃克塞特为中心。① 17 世纪中叶，英国年均呢绒出口量达 25 万匹。②

17 世纪末 18 世纪初，英国的毛纺织业非常繁荣，羊毛消费量以每年 0.8% 左右的速度增长。③ 1700~1740 年，毛纺织业以每年 0.8% 的速度增长，1740~1770 年，年均增长率为 1.3% 左右，然而，18 世纪末的几年中下降到 0.6%。从 18 世纪 80 年代起，尽管毛纺织业产量的绝对值有所增长，但相对于棉纺织业的地位下降。到 1800 年，毛纺织业约占工业生产的 1/10，与棉纺织业占比相当，其出口价值约占英国总出口值的 1/4。18 世纪 80 年代以来，毛纺织业的地理分布也发生了重大变化：约克郡的西部地区变得越来越重要，而萨福克郡、埃塞克斯和西部各郡的工业地位下降了。④

18 世纪下半叶，英国工业革命开启后，毛纺织业也开启了机械化进程。1773 年，约克郡各工厂开始使用多轴纺纱机纺毛，1785 年，大量使用珍妮纺纱机纺毛。1780~1800 年，约克郡西区、利兹、哈德斯菲尔德和哈里法克斯都出现了一些较大的粗梳和精纺工厂。1800 年，约克郡有 18 家精纺工厂，多数工厂以水力为动力。19 世纪 20~40 年代，英格兰多家毛纺织厂开始采用梳毛机。从总体上看，毛纺织业的机械化进程比棉纺织业晚，至 1820 年，机器织布机才实验性地用于毛纺织业。⑤

毛纺织业的新技术推广远落后于棉纺织业。直到 19 世纪，毛纺织业的纺纱和编织一直都是手工操作。早在 18 世纪 70 年代，珍妮纺纱机就被引入约克郡，但直到 18 世纪 80 年代后期才得到广泛使用。骡机在毛纺织业推广的速度比珍妮纺纱机慢得多，1830 年之前，骡机的应用进展甚微。动力织机

---

① 四川大学经济系五六级同学集体编《外国国民经济史讲稿（近代、现代部分）上册》，高等教育出版社，1959，第 25~26 页。
② 樊亢、宋则行等编著《主要资本主义国家经济简史》，人民出版社，1973，第 47 页。
③ 〔英〕M. M. 哈巴库克、〔英〕H. J. 波斯坦主编《剑桥欧洲经济史·第六卷·工业革命及其以后的经济发展：收入、人口及技术变迁》，王春法等译，经济科学出版社，2002，第 263 页。
④ R. Brown, *Society and Economy in Modern Britain, 1700–1850* (London & New York: Routledge, 1991), p. 51.
⑤ 王觉非主编《近代英国史》，南京大学出版社，1997，第 234~235 页。

应用的进展更是缓慢。至 1850 年，在毛纺织业中手摇织机仍然占主导地位，动力织机只有 9500 台，同期棉纺织业的动力织机达 10 万台。[1]

19 世纪初，英国的粗梳和精梳毛纺织品的生产规模较大，毛织品也是英国主要的出口产品之一。19 世纪上半叶，因呢绒工业生产技术落后，毛纺织业开始衰落。19 世纪下半叶，毛纺织业的技术革新较为缓慢。1866 年，毛纺织业中手织工所控制的织机约占全行业的 1/4。1871 年，约克郡很多小呢绒商的工厂中还有很多老式机器，威尔士或苏格兰偏远的工厂中老式机器数量更多。同年，英格兰和威尔士总共不过有五台"搓条机"。[2] 从 1860 年开始，毛纺织业才大规模采用机器生产，但粗梳工业部门的技术革新非常迟缓，至 19 世纪末，手工生产依然占主导。由于技术革新缓慢，加上原材料供应不足，1870 年至第一次世界大战之前，尽管英国的毛纺织业不断发展，但速度逊色于棉纺织业。1907 年，英国生产毛织品（不含花缎、丝绒、法兰绒和天鹅绒）的产量为 5.3 亿平方码，1912 年增长到 5.7 亿平方码。[3]

值得一提的是，在毛纺织业发展初期，英国毛纺织业的原料几乎全部由国内供给，但在 18 世纪，饲羊取肉等因素影响了英国的羊毛质量，因此，英国开始从萨克森进口优质羊毛。工业革命开启后，随着农牧业和毛纺织业的发展，英国国内的羊毛产量快速增长，羊毛进口量随之快速增长。1750 年，英国的羊毛产量为 6000 万磅；1775~1779 年，年均产量增至 8000 万磅；1840~1849 年，年均产量增至 1.3 亿磅。1775~1849 年羊毛进口量的具体数据见表 1-5。1750 年，英国工业品出口中羊毛制品占比为 60%；1800 年，羊毛制品的占比仍为 20%。

1830~1860 年，由于大量优质羊毛从澳大利亚、新西兰、南非和阿根廷等国家输入，英国毛纺织业中采用国产羊毛的比例迅速下降。19 世纪 60 年代后，受本国羊毛产量减少，而羊毛出口量增加等因素影响，英国毛纺织业中采用本国羊毛的数量和比重都下降了。1909~1913 年，英国本国生产的羊毛仅占毛纺织业消耗量的 11%。[4]

---

[1] R. Brown, *Society and Economy in Modern Britain, 1700-1850* (London & New York: Routledge, 1991), p.52.
[2] 〔英〕克拉潘:《现代英国经济史·中卷·自由贸易和钢：1850~1886 年》，姚曾廙译，商务印书馆，1975，第 116 页。
[3] 〔英〕格·西·艾伦:《英国工业及其组织》，韦星译，世界知识出版社，1958，第 288 页。
[4] 〔英〕格·西·艾伦:《英国工业及其组织》，韦星译，世界知识出版社，1958，第 267 页。

表 1-5　1775~1849 年英国羊毛生产情况

年份	年均羊毛产量（万磅）	年均羊毛进口量（万磅）	年均纱线出口量（万磅）	年均毛织品产量（万码）
1775~1779	8000	156.6[a]	—	—
1780~1789	9000	253.5	—	—
1790~1799	9000	374.7	—	—
1800~1809	10000	745.1	—	—
1810~1819	10000	1318.1	1.4[b]	827.7[c]
1820~1829	11300	2230.0	15.9	663.5
1830~1839	12000	4280.0	227.0	695.3
1840~1849	12800	5770.0	786.5	9331.6[d]

注：a 指 1772~1779 年的数据，b 仅指 1819 年的数据，c 指 1815~1819 年的数据，d 包括地毯。1 码 = 0.9144 米。

资料来源：R. Brown, *Society and Economy in Modern Britain, 1700-1850* (London & New York: Routledge, 1991), p.51。

2. 棉纺织业

英国的工业革命始于棉纺织业。18 世纪，英国棉纺织业发展可分为三个阶段，每个阶段棉纺织品的产量均稳定增长。第一阶段为 1700~1740 年，此阶段棉纺织品年均增长率为 1.4%。增长的主要原因是 1721 年英国议会颁布法令禁止穿戴印度进口的印花布，为英国国内生产的棉布进入国内市场销售提供了条件。第二阶段是 1741~1770 年，这一阶段棉纺织业的产值增长了 1 倍。第三阶段是 1770 年后，棉纺织品产量的年均增长率达 8.5%，这一增速一直维持到 19 世纪。[①] 第三阶段棉纺织业快速发展的主要原因是棉纺织业经历了技术革新的洗礼，采用了织布机、纺纱机等机器，提高了纺织工业的生产效率，降低了英国棉布的生产成本和价格，扩大了棉布的出口规模。

随着棉纺织业的快速发展，英国棉花的进口数量不断增加。1700 年，输入英国的棉花重量不超过 100 万磅；1750 年增至 300 万磅；1771~1781 年，由 476 万磅增至 530 万磅；1786 年增至 1148.2 万磅；1789 年达到 3257.6

[①] R. Brown, *Society and Economy in Modern Britain, 1700-1850* (London & New York: Routledge, 1991), p.49.

万磅。① 1798~1815 年，英国棉花输入量从 3174 万磅增至 9879 万磅（见表 1-6）。随着棉花输入量的增加，英国布匹和棉纱的产量增速加快。

表 1-6　1798~1815 年英国输入棉花和输出棉织品与棉纱统计

年份	棉花重量（磅）		布匹和棉纱的输出额（英镑，按法定输出价格计算）		布匹和棉纱的输出额（英镑，按申报输出价格计算）	
	输入数量	留作纺纱用	布匹	棉纱	布匹	棉纱
1798	31737655	31136516	3572217	30271	—	—
1799	43046639	42201968	5593407	204602	—	—
1800	55630390	51213780	5406501	447566	—	—
1801	55675079	53814207	6606368	444441	—	—
1802	60239080	56508600	7195900	428605	—	—
1803	53427501	51866448	6442037	639404	—	—
1804	61316962	60813791	7834564	902208	—	—
1805	59649549	58845306	8619990	914475	—	—
1806	57982263	57330396	9753824	736225	—	—
1807	74786461	72609518	9708046	601719	—	—
1808	43263400	41618533	12503918	472078	—	—
1809	91701923	87350818	18425614	1020352	—	—
1810	134805596	126018487	17892519	1053574	—	—
1811	91008847	89732007	11529551	483598	—	—
1812	61568673	59827761	15723225	794465	—	—
1814	58887183	52604646	16535528	1119850	17393796	2907277
1815	98790698	92010306	21480792	808853	19124061	1781077

注：1813 年数据缺失。
资料来源：张芝联主编《一六八九——一八一五年的英国·下册》，辜燮高等译，商务印书馆，1997，第 81 页。

19 世纪上半叶，在技术革命的推动下，英国棉纺织业迅速发展，棉纺织品的出口量大增。1780~1790 年，英国棉纺织品产量的年均增长率达12.76%。1700~1831 年英国棉纺织品产量的增长情况见表 1-7。

---

① 〔法〕保尔·芒图：《十八世纪产业革命——英国近代大工业初期的概况》，杨人楩等译，商务印书馆，1983，第 200 页。

表 1-7 1700~1831 年英国棉纺织品产量的年均增长率

单位：%

年份	年均增长率
1700~1760	1.37
1760~1770	4.59
1770~1780	6.20
1780~1790	12.76
1790~1801	6.73
1801~1811	4.49
1811~1821	5.59
1821~1831	6.82

资料来源：R. Brown, *Society and Economy in Modern Britain*, *1700-1850*（London & New York: Routledge, 1991), p. 51。

1817 年，英国纺织工人的数量为 11 万人，纱锭数量为 660 万枚。1835 年，英国的棉织品产量为 1.5 亿千克，同期法国棉织品的产量只有 4000 万千克。[1]

1835~1870 年，英国纺织企业的数量从 1262 家增至 2483 家；从业人员从 22 万人增至 45 万人，增长 1 倍多；纱锭数量从 1200 万枚增至 3470 万枚，增长近 2 倍；机器织布机数量从 10.9 万台增至 44.1 万台，增长了 3 倍；发动机功率从 4.1 万马力增至 30.8 万马力，增长 6 倍多。[2]

19 世纪，随着英国棉纺织业的发展，国外棉花进口量也迅速增长。1800~1804 年，英国年均进口棉花数量为 5600 万磅，1820~1824 年为 1.5 亿磅，1850~1854 年为 7.1 亿磅，1900~1914 年为 15.8 亿磅。[3] 值得一提的是，19 世纪上半叶，英国棉花的消耗量增长速度较快，年均增速超过 5%，然而，19 世纪最后的 25 年中，棉纺织业的发展速度明显放缓，这一时期英国棉花消耗量年均增速仅为 1.1%，1900~1913 年为 1.6%。[4]

---

[1] 〔英〕哈孟德夫妇：《近代工业的兴起》，韦国栋译，商务印书馆，1959，第 45 页。
[2] 〔苏〕列·阿·门德尔逊：《经济危机和周期的理论与历史·第二卷》，吴纪先等译，生活·读书·新知三联书店，1976，第 684 页。
[3] 〔英〕格·西·艾伦：《英国工业及其组织》，韦星译，世界知识出版社，1958，第 225 页。
[4] D. H. Aldcroft, ed., *The Development of British Industry and Foreign Competition*, *1875-1914* (Toronto: University of Toronto Press, 1968), p. 101.

19世纪下半叶，美国、德国、法国、印度、日本、巴西和中国等国家的棉纺织业纷纷兴起，冲击了英国的棉纺织业。在国际市场上，英国的棉纺织品也受到美国、德国和法国等国产品的冲击。受国外棉纺织品激烈竞争的影响，英国作为欧洲棉花消费者的角色在1888年被欧洲大陆国家所取代，并在1897年被美国所取代。此外，世界棉纺织品消耗量中英国所占的份额从19世纪80年代初的37%下降到1913年的20%。[1] 受产品竞争的影响，英国出口到欧洲和美国的棉纺织品大幅减少，但是出口到印度、东南亚、中国、日本、巴尔干、南美洲和中美洲等国家和地区的棉纺织品数量增加。1860年，英属印度市场上英国棉纺织品数量占英国出口棉纺织品总量的31%，远东地区的占比为12%，近东和非洲的占比为13%。到1913年，英属印度市场上英国棉织品数量占英国出口棉纺织品总量的43.2%，中国和日本的占比为10.9%，东南亚的占比为7.6%，巴尔干和近东的占比为6.8%，南美洲和中美洲的占比为10.6%，欧洲（巴尔干除外）的占比为5.5%，北非的占比为5.1%，西非、东非和南非的占比为5.1%，美国和加拿大的占比为2.2%，澳大利亚和新西兰的占比为3.0%。[2]

19世纪下半叶，尽管棉纺织业在英国经济中发挥的作用大不如前，但棉纺织业依然是英国的一个重要工业部门。1912年，棉纺织业雇佣工人总量为62万名，占制造业从业人员总量的1/10。至1913年，棉纺织品的出口量占英国国内出口总量的1/4。[3]

3. 其他轻工业部门

除了毛纺织业和棉纺织业外，工业革命期间，英国的麻纺织业和丝纺织业也不断发展。1700年，英国亚麻工业的主要产品为麻袋、帆布等粗糙的亚麻布，而高质量的亚麻布需从荷兰、法国和德国进口。18世纪初，亚麻布是英国重要的进口产品。1740~1780年，英国亚麻布的生产规模扩大迅速。到18世纪70年代，英国的麻纺织品出口值占出口总值的6%，仅

---

[1] D. H. Aldcroft, ed., *The Development of British Industry and Foreign Competition, 1875–1914* (Toronto: University of Toronto Press, 1968), p. 101.

[2] 〔英〕格·西·艾伦:《英国工业及其组织》，韦星译，世界知识出版社，1958，第228页。

[3] D. H. Aldcroft, ed., *The Development of British Industry and Foreign Competition, 1875–1914* (Toronto: University of Toronto Press, 1968), p. 100.

次于毛纺织品的出口值,位居第二。①

1787年,达林顿陆续出现了几家亚麻纺织工厂。18世纪90年代后,麻纺机在苏格兰亚麻工业中得到推广。到1800年,亚麻生产中心敦提有5家亚麻纺织厂、2000多枚纺锭。②19世纪30年代,英国麻纺织厂和丝绸厂的规模远大于毛纺织业。1835年,英国麻纺织厂平均雇佣工人数量为93.3人,丝绸厂平均工人数量为125.3人,而毛织厂平均工人数量为44.6人。③18世纪30年代,有许多新麻纺织厂在苏格兰建立起来,并雇用了大量工人。

就丝织业而言,1819~1820年,维农·罗伊耳在曼彻斯特建立了第一家拈丝厂。1820~1830年,曼彻斯特的大型现代丝织工厂建立并快速发展,到1832年,已建成了12家大型丝织工厂。④19世纪50年代,英国丝织业的就业人数有13万多人。1861~1901年,丝织业的就业人数呈现下降趋势,具体数据见表1-8。

表1-8　1851~1901年英国丝织业的从业人员数量

单位:人

年份	男性就业人数	女性就业人数	总就业人数
1851	53936	76787	130723
1861	43732	72588	116320
1871	29225	53738	82963
1881	22205	42630	64835
1891	19090	32937	52027
1901	11058	26422	37480

资料来源:F. Warner, "The British Silk Industry: Its Development since 1903", *Journal of the Royal Society of Arts*, Vol. 60, No. 3092, 1912, p. 397。

值得一提的是,19世纪下半叶至20世纪初,丝织品的贸易总额增长较快。1861~1901年,丝织品的出口值从591万英镑增长至1303万英镑,

---

① R. Brown, *Society and Economy in Modern Britain, 1700–1850* (London & New York: Routledge, 1991), p. 52.
② 王觉非主编《近代英国史》,南京大学出版社,1997,第235页。
③ 〔英〕克拉潘:《现代英国经济史·上卷·早期铁路时代:1820~1850年》,姚曾廙译,商务印书馆,1974,第251页。
④ 〔英〕克拉潘:《现代英国经济史·上卷·早期铁路时代:1820~1850年》,姚曾廙译,商务印书馆,1974,第252页。

具体数据见表1-9。

表1-9 1851~1911年英国丝织品的进出口值

单位：英镑

年份	丝织品的出口值	丝织品的进口值
1851	—	—
1861	5906029	1395582
1871	8397938	2053086
1881	11727397	2564730
1891	11179588	1744645
1901	13030321	1429381
1911	12765497	1851136

资料来源：F. Warner, "The British Silk Industry: Its Development since 1903", *Journal of the Royal Society of Arts*, Vol. 60, No. 3092, 1912, p. 398。

20世纪初，英国丝织业的发展情况较为稳定。例如，在古老的丝织中心麦克尔斯菲尔德，1903~1912年，丝织业的工人就业情况比较稳定，部分工人的收入增长了10%~15%。在此期间，有多家企业还进行了扩建。麦克尔斯菲尔德镇上有6家丝绸销售商和6家绣花商，此外还有17家工厂制造男士丝绸围巾、手帕，以及普通领带、连衣裙、针织品和衬衫。[①] 1903~1912年，布拉德福德、纳尼顿等地的丝织业较为繁荣，有多家工厂从事丝织品生产。纳尼顿有一家著名的公司——李斯特公司，该公司不仅从事纺纱、缝纫、丝绸生产，还生产丝绸制品、各种服装和家具材料，以及毛织物，如天鹅绒、毛绒和其他毛皮。1912年，该公司有员工2000名。1912年，约克郡、兰开夏郡、柴郡、诺丁汉郡的丝织业有22家公司，雇佣工人达1万名，占丝织工人总量的1/3。[②]

在工业革命期间，除了棉纺织业、毛纺织业等轻工业部门快速发展外，英国的冶金、钢铁和煤炭等工业部门也蓬勃发展。

[①] F. Warner, "The British Silk Industry: Its Development since 1903", *Journal of the Royal Society of Arts*, Vol. 60, No. 3092, 1912, p. 393.

[②] F. Warner, "The British Silk Industry: Its Development since 1903", *Journal of the Royal Society of Arts*, Vol. 60, No. 3092, 1912, p. 394.

(二) 重工业发展迅速

工业革命期间,英国的煤炭、钢铁、机械制造等重工业部门的生产技术提高迅速,重工业产品数量大增,工业化成就显著。

1. 煤炭工业

17世纪以前,英国煤炭工业的发展规模有限。17世纪,由于冶金、金属加工和建筑等工业部门的发展,煤炭需求量增加,煤炭成为重要的燃料,煤炭工业迅速发展。英国的主要采煤区——诺森伯兰郡、苏格兰、威尔士和米德兰等地区的采煤量增长迅速。

17~18世纪,英国煤炭工业发展迅速。1700年,英国采煤量为300万吨,1750年达到500万吨。煤炭工业的发展为炼铁和炼钢等工业部门的发展提供了充足的燃料,也为英国工业革命的开启奠定了基础。

18世纪初,英国煤炭需求总量为300万吨,1800年上升至1500万吨,约占欧洲煤炭需求总量的85%。1850年,消费量跃升至5500万吨。[1]

煤炭需求量大增进一步刺激了煤炭工业的发展。19世纪,英国的煤炭工业进一步快速发展。19世纪初,英国采煤量为1000万吨,1860年上升到8000万吨,1880年为1.5亿吨,1900年为2.3亿吨,1913年为2.9亿吨。1875~1913年,除了1884~1887年有过短暂的衰退外,其他年份的采煤产量增加非常明显,年均增长率不低于1.95%,具体数据见表1-10。

表1-10 1875~1913年英国煤炭产量的增长情况

单位:百万吨,%

年份	产出量	增长量	年均增长率
1875	133	—	—
1885	159	26	1.95
1895	190	31	1.95
1905	236	46	2.42
1913	287	51[a]	2.16[b]

注:a、b分别为8年增长量、8年平均增长率,即1905~1913年的增长量和平均增长率。
资料来源:D. H. Aldcroft, ed., The Development of British Industry and Foreign Competition, 1875-1914 (Toronto: University of Toronto Press, 1968), p.38。

---

[1] 〔荷〕皮尔·弗里斯:《从北京回望曼彻斯特——英国、工业革命和中国》,苗婧译,浙江大学出版社,2009,第24页。

19世纪下半叶，英国国内钢铁、机器制造和电力等工业部门对煤的需求量增加（具体数据见表1-11），进一步推动了英国煤炭业的发展。英国所产的煤炭不仅能满足本国市场的燃料需求，还出口国外。19世纪中叶，煤炭出口额在英国总出口额中所占的比例不高。1860年，包括船用煤在内的煤炭出口量仅占英国煤炭产量的1/10，出口额占英国总出口额的1/4。1869年，英国的煤炭出口量达到1300万吨；1887年，上升到3.2亿吨；1913年，出口量为9830万吨，1/3以上的煤炭出口国外。1913年，英国煤炭出口总额占英国总出口额的1/10。[1]

英国煤炭主要出口到法国、德国、意大利、俄国和西班牙等欧洲国家。1875年，法国和德国是英国煤炭的主要出口国，分别吸收了200多万吨英国煤炭，而意大利、斯堪的纳维亚半岛国家、俄国和西班牙各自消耗了20万吨英国煤炭。1913年，英国煤炭出口量继续增加，其中：法国1300万吨，德国900万吨，意大利1000万吨，俄国600万吨，北欧国家1000万吨，西班牙2550万吨。除欧洲国家外，英国的煤炭还出口到埃及（300万吨）、阿根廷（2550万吨）和巴西（200万吨）。[2]

表1-11 英国国内消耗的煤炭量

单位：百万吨

消费对象	1869年	1887年	1913年
煤气厂	6.3	9.5	18.0
电力工程	—	—	5.0
铁道	2.8	6.2	13.6
海运轮船	1.2	1.5	2.5
煤矿（发动机燃料）	6.7	10.9	18.0
钢铁厂	14.0	15.3	21.2
家庭住户	18.5	28.3	35.0
一般制造业	44.9	58.7	75.8

资料来源：D. H. Aldcroft, ed., *The Development of British Industry and Foreign Competition*, 1875-1914 (Toronto: University of Toronto Press, 1968), p.39。

---

[1] D. H. Aldcroft, ed., *The Development of British Industry and Foreign Competition*, 1875-1914 (Toronto: University of Toronto Press, 1968), p.39.

[2] D. H. Aldcroft, ed., *The Development of British Industry and Foreign Competition*, 1875-1914 (Toronto: University of Toronto Press, 1968), pp.39-40.

随着煤炭工业的发展，1850~1913年，英国煤炭工业的从业人数大增。1850年，英国煤炭行业从业人员为20万人，1880年增加到48.5万人，1890年达63.2万人，1900年升至76.7万人，1913年高达112.7万人。[1] 1851~1900年具体数据见表1-12。

表1-12 英国煤炭工业从业人员和年均采煤量

单位：万人，长吨

年份	从业人员	每人年采煤量	年份	从业人员	每人年采煤量	年份	从业人员	每人年采煤量
1851	21.6	264	1881	49.5	326	1891	65.8	286
1861	28.0	300	1882	50.4	325	1892	68.4	272
1873	51.4	261	1883	51.4	333	1893	68.3	247
1874	53.9	245	1884	52.0	322	1894	70.5	274
1875	53.6	260	1885	52.1	319	1895	70.0	278
1876	51.5	273	1886	52.0	315	1896	69.3	291
1877	49.4	284	1887	52.6	318	1897	69.5	299
1878	47.5	291	1888	54.9	321	1898	70.7	294
1879	47.7	291	1889	58.2	315	1899	72.9	311
1880	48.5	318	1890	63.2	297	1900	76.7	296

注：1长吨=1.016吨。
资料来源：〔苏〕列·阿·门德尔逊《经济危机和周期的理论与历史·第二卷》，吴纪先等译，生活·读书·新知三联书店，1976，第682页。

第一次世界大战之前，煤炭工业成为英国最大的工业部门。然而，1914年第一次世界大战爆发后，受战争的影响，大量煤矿被迫停产，也不能对外出口，煤炭工业陷入了萧条。1914年，英国采煤量明显低于1913年的水平。

2. 钢铁工业

冶金业是英国古老的工业部门。16世纪，英国的冶金手工工场已开始使用鼓风炉和木炭冶铁。16世纪中后期，英国的冶铁工业开始使用矿物燃料炼铁。17世纪初，英国人开始尝试使用煤炭炼铁，但由于当时的炼铁技术落后，取得的成效不大。至17世纪中叶，英国大部分地区依然使用木炭

---

[1] 〔英〕格·西·艾伦：《英国工业及其组织》，韦星译，世界知识出版社，1958，第56页。

炼铁，铁产量很低。1625年，英国已经拥有了100个鼓风炉，估计每年可以生产2.5万吨生铁。从英国内战到18世纪初，由于木炭短缺，英国冶铁工业进入了长期停滞期，年产量下降到1.8万吨左右。①

18世纪，由于农业生产工具的改进、道路的修缮、造船业和机械制造业的发展，钢铁的需求量大增，冶金业的重要性凸显。因国内的铁产量有限，所以英国开始从瑞典、西班牙、俄国和挪威等国进口铁制品。1720年，英国国内仅生产1.73万吨生铁，占国内生铁供应总量的48.3%；1770年，英国的生铁产量仅有3.2万吨，占国内生铁供应总量的30.9%（见表1-13）。

表1-13　1717~1806年英国国内生铁产量和供应总量

单位：万吨

年份	国内生铁产量	生铁供应总量
1717	1.81	3.51
1720	1.73	3.58
1736	1.75	4.77
1850	2.60	7.30
1770	3.20	10.36
1778	6.83	11.60
1800	15.60	21.30
1806	25.80	29.70

资料来源：A. Birch, *The Economic History of the British Iron and Steel Industry, 1784-1879: Essays in Industrial and Economic History with Special Reference to the Development of Technology* (London: Routledge, 2006), p.18。

17世纪上半叶，瑞典生产的铁制品开始进入英国，1650年，从瑞典进口的铁制品数量已达2000吨。② 18世纪至19世纪初，由于英国国内铁制品不能满足市场的需求，从国外进口铁制品的数量进一步增加。18世纪，英国国内市场上至少有50%的铁是从国外进口的。

1700~1709年，英国年均进口棒铁1.6万吨，此后，进口量不断增长，

---

① 〔意〕卡洛·M.奇波拉主编《欧洲经济史·第二卷·十六和十七世纪》，贝昱、张菁译，商务印书馆，1988，第360页。

② J. R. Harris, *The British Iron Industry, 1700-1850* (London: Macmillan Education Ltd., 1988), p.28.

1765～1774年，年均进口量达到4.49万吨，具体数据见表1-14。

表1-14 1700～1804年英国棒铁的年均进口量

单位：万吨

年份	年均进口量	年份	年均进口量	年份	年均进口量
1700～1709	1.60	1735～1744	2.42	1770～1779	4.45
1705～1714	1.63	1740～1749	2.25	1775～1784	4.30
1710～1719	1.73	1745～1754	2.66	1780～1789	4.41
1715～1724	1.90	1750～1759	2.93	1785～1794	—
1720～1929	1.97	1755～1764	3.30	1790～1799	4.99
1725～1734	2.15	1760～1769	3.97	1795～1804	4.30
1730～1939	2.55	1765～1774	4.49		

资料来源：A. Birch, *The Economic History of the British Iron and Steel Industry, 1784-1879: Essays in Industrial and Economic History with Special Reference to the Development of Technology* (London: Routledge, 2006), p.15。

1800～1830年，英国市场上所需棒铁主要从瑞典进口。1700～1709年，英国从瑞典年均进口1.41万吨棒铁，占进口总量的88%；从俄国和其他国家年均进口1970吨棒铁，占进口总量的12%。18世纪30年代到90年代末，瑞典和俄国为英国棒铁的主要供应国。1730～1739年，英国从瑞典年均进口1.9万吨棒铁，占进口总量的74%；从俄国年均进口3300吨，占比为13%。1780～1789年，英国从瑞典年均进口棒铁1.53万吨，占进口总量的34.5%；从俄国年均进口2.78万吨，占比为63%。1700～1799年英国棒铁年均进口量见表1-15。

表1-15 1700～1799年英国棒铁年均进口量

单位：吨，%

年份	从瑞典进口量	占比	从俄国进口量	占比	从其他国家进口量	占比	总进口量
1700～1709	14100	88	20	0	1950	12	16070
1710～1719	10500	66	20	0	5440	34	15960
1720～1729	15000	76	400	2	4250	22	19650
1730～1739	19000	74	3300	13	3250	13	25550

续表

年份	从瑞典进口量	占比	从俄国进口量	占比	从其他国家进口量	占比	总进口量
1740~1749	16800	75	3600	16	2100	9	22500
1750~1759	18700	64	8100	28	2550	9	29350
1760~1769	19600	49	17400	44	2700	7	39700
1770~1779	16700	38	25300	57	2100	5	44100
1780~1789	15300	35	27800	63	1100	2	44200
1790~1799	18200	40	26300	58	1000	2	45500

资料来源：A. Birch, *The Economic History of the British Iron and Steel Industry, 1784-1879: Essays in Industrial and Economic History with Special Reference to the Development of Technology* (London: Routledge, 2006), p.19。

18世纪末19世纪初，英国的炼铁技术进一步改进。由于新的炼铁技术推广，如焦炭冶炼、混泥工艺等技术的采用以及炼铁熔炉的改善，英国的生铁产量大幅增加。19世纪30年代，苏格兰铁匠开始使用热风技术炼铁。随后，该技术慢慢传入了英格兰和威尔士，大大降低了炼铁的成本，提高了生产效率。18世纪中叶，英国钢铁业生铁的供应量不足本国需求的50%，但到1860年，50%的生铁已出口国外。[1]

19世纪，由于炼铁技术改进，英国的生铁产量明显增加。1800年，英国的生铁产量为16万吨，1820年增加到38万吨，1830年增加到69万吨，1835年达100万吨，1845年高达140万吨。1850~1875年，英国生铁年产量从220万吨增长到650万吨。1875年，英国的生铁产量超过了德国、法国、俄国和美国生铁产量的总和。19世纪80年代至第一次世界大战之前，英国的生铁产量增速相对放缓，而美国和德国的生铁产量增长加快。至1890年，美国生铁产量（940万吨）已经超过了英国（800万吨），位居世界第一。1900年，美国的生铁产量为1400万吨，而英国为910万吨，德国为850万吨，法国和俄国分别为270万吨和290万吨。[2] 1913年，美国的生铁产量已

---

[1] C. K. Hyde, "Technological Change and the Development of the British Iron Industry, 1700-1870", *The Journal of Economic History*, Vol. 33, No. 1, 1973, pp. 312-313.

[2] 〔苏〕列·阿·门德尔逊：《经济危机和周期的理论与历史·第二卷》，吴纪先等译，生活·读书·新知三联书店，1976，第625页。

是英国的3倍，德国（1600万吨）居世界第二位，而英国（1000万吨）则下降到第3位。①

在炼钢方面，19世纪，英国的炼钢技术得到了进一步改进。1856年，亨利·贝塞麦爵士提出了一种将液态生铁转换为钢而不必额外使用燃料的方法。19世纪60年代，这种方法开始使用。1864年，德国人威廉·西门子和法国人马丁发明了一种新的炼钢法，即西门子-马丁炉炼钢法（也称平炉法）。此后，平炉法由于其可靠性和生产价格低廉得到了广泛应用。1874年，随着"大萧条"的来临，冶铁业进入了长期的衰退期，但炼钢业发展较快。此后，兰开夏和克姆伯兰迅速发展钢铁工业。1879年，碱性炼钢法的发明加速了以钢代替锻铁的过程。19世纪90年代，电炉开始被用于生产特种钢。②

随着炼钢技术的改进，19世纪下半叶至20世纪初，英国的钢产量增长迅速，单位炼钢炉的年产量快速增加，具体情况见表1-16。1875~1879年，英国年均钢产量为88.2万吨；1880~1884年，增至179.3万吨；1900~1904年，增至505万吨。③

表1-16　1869~1907年英国炼钢业的生产规模

年份	炼钢炉数量（个）		钢产量（百万长吨）			每炉年产量（万长吨）	
	马丁炉	贝塞麦炉	共计	其中		马丁炉	贝塞麦炉
				马丁炉钢	贝塞麦炉钢		
1869	—	59	0.28	0.12	0.16	—	0.27
1872	—	91	0.50	0.09	0.41	—	0.45
1877	90	110	0.89	0.14	0.75	0.16	0.68
1879	—	100	1.01	0.18	0.83	—	0.83
1880	129	—	1.29	0.25	1.04	0.19	—
1882	163	—	2.11	0.44	1.67	0.27	—
1890	323	—	3.58	1.56	2.02	0.48	—
1900	450	—	4.91	3.16	1.75	0.70	—

---

① 〔英〕格·西·艾伦：《英国工业及其组织》，韦星译，世界知识出版社，1958，第112页。
② 〔英〕格·西·艾伦：《英国工业及其组织》，韦星译，世界知识出版社，1958，第108~111页。
③ 〔英〕格·西·艾伦：《英国工业及其组织》，韦星译，世界知识出版社，1958，第142页。

续表

年份	炼钢炉数量（个）		钢产量（百万长吨）			每炉年产量（万长吨）	
	马丁炉	贝塞麦炉	共计	其中		马丁炉	贝塞麦炉
				马丁炉钢	贝塞麦炉钢		
1902	—	76	4.91	3.08	1.83	—	2.41
1907	429	—	6.52	4.66	1.86	1.09	—

资料来源：〔苏〕列·阿·门德尔逊《经济危机和周期的理论与历史·第二卷》，吴纪先等译，生活·读书·新知三联书店，1976，第682页。

随着英国钢铁产量的增加，出口量不断增长。1830~1870年，英国的铁制品出口量增长了9倍。1830~1850年，英国的钢铁出口量由11.8万吨增长至78.3万吨，具体数据见表1-17。

表1-17 1830~1850年英国钢铁的出口量

单位：万吨

年份	生铁和锻铁	铁条、未锻铁和铁轨	未锻钢	钢铁总量
1830	1.2	6.8	0.1	11.8
1831	1.2	7.0	0.1	12.4
1832	1.8	8.1	0.1	14.8
1833	2.3	8.3	0.2	16.3
1834	2.2	8.0	0.2	15.8
1835	3.3	10.8	0.3	19.9
1836	3.4	9.8	0.3	19.2
1837	4.4	9.6	0.2	19.4
1838	4.9	14.2	0.3	25.7
1839	4.3	13.6	0.4	24.8
1840	5.0	14.5	0.3	26.9
1841	8.6	18.9	0.4	36.0
1842	9.4	19.1	0.3	36.9
1843	15.5	19.9	0.3	45.0
1844	10.0	25.0	0.5	45.9
1845	7.7	16.4	0.7	35.1

续表

年份	生铁和锻铁	铁条、未锻铁和铁轨	未锻钢	钢铁总量
1846	15.9	15.8	0.8	43.3
1847	17.6	22.8	1.0	55.0
1848	17.6	33.9	0.7	62.6
1849	16.2	42.0	0.8	70.9
1850	14.2	46.9	1.1	78.3

资料来源：J. R. Harris, *The British Iron Industry, 1700－1850* (London: Macmillan Education Ltd., 1988), p.64。

3. 机器制造业

1760年之前，英国还没有机器制造这个部门。1760年，工业革命开始之后，机器制造业的规模不断扩大。在工业革命初期，大多数机器为木制，并且是用手工制造。18世纪下半叶，蒸汽动力被纺织业等部门推广后，蒸汽机制造业成为一个重要的工业部门。18世纪末，英国的机器制造业开始使用蒸汽锤和简单的车床制造金属部件。1789～1794年，木匠布拉默和他的助手亨利·莫兹利对重型螺纹切削机床进行了改造。19世纪初，随着科学技术的进步，各种锻压设备和金属加工机床被发明，开始逐渐使用机床制造机器。1810年后，莫兹利发明了滑动车架，改进了切削机，解决了制造精密圆柱体和螺丝的技术难题。[①]

1800～1825年，由于纺织业的发展，很多公司开始专门制造纺织机器。19世纪30年代，随着铁路的修建，生产机车、铁道车辆和其他铁道装备的工业部门不断发展，机器制造业已颇具规模，并有大量机器输出国外。1850年后，由于交通运输业的发展，轮船和船用引擎生产也成为机器制造业中一个非常重要的部门。

1870～1900年，机器制造业中出现了许多全新的部门，如机床、瓦斯发动机、自行车、电机和汽车制造等新兴工业部门。由于新的工业部门不断从原来的机器制造业中分离出来，所以机器制造业的范围很难确定。尽管如此，机器制造工业还是有一些共同的特点。例如，大多数部门都从事机器装备的制造以供生产和运输之用，所有部门都和那些以金属为主要成

[①] 王觉非主编《近代英国史》，南京大学出版社，1997，第249页。

分的精密物品有关，所有部门都依靠许多不同工业的成品或半成品作为原料，所有部门都采用复杂的机器等。①

19世纪下半叶，特别是第一次世界大战之前的30年中，英国机器制造业的发展更为迅速。19世纪的最后20年，英国的机器出口量不断上升；1900年后，出口增长加速；1909~1913年，英国的机器产品出口值几乎是1880~1884年的3倍。1913~1914年，英国整个机器制造业（包括造船业）雇佣工人的数量为12.5万人左右。1913年，英国锅炉和锅炉房设备、采矿设备、缝纫机、纺织机器和其他机器的出口量达67万吨左右。②

综上所述，18世纪下半叶至20世纪初，英国的工业革命释放了生产力，生产效率提高迅速。在工业革命期间，英国建立了纺织、煤炭、钢铁、机器制造和交通运输五大工业部门。1770~1840年，英国每个工人的日生产率平均提高20倍。③轻工业和重工业都取得了巨大成就。18世纪下半叶，英国的原煤产量翻了一番，1800~1830年又翻了一番，1830~1845年再翻一番。整个19世纪，英国的原煤产量增加了20多倍，生铁产量增加了30倍，原棉进口量增加了30倍。1848年，英国的棉布产量占世界总产量的50%以上，煤产量占全世界的2/3左右，生铁产量甚至高于世界其他国家的总和。④至1851年，英国已经确立了世界工厂的地位。英国这个人口只有法国一半的小岛国，生产了全世界2/3的煤炭以及50%以上的钢铁。⑤

19世纪下半叶，英国的煤炭、钢铁和冶金等重工业部门快速发展，但受经济危机、技术革新等因素影响，英国的冶金工业已开始落后于美国和德国。至第一次世界大战爆发时，虽然英国的棉纺织业依然保持着世界优势地位，但其工业霸主地位已逐渐衰落。

---

① 〔英〕格·西·艾伦：《英国工业及其组织》，韦星译，世界知识出版社，1958，第144~147页。
② 〔英〕格·西·艾伦：《英国工业及其组织》，韦星译，世界知识出版社，1958，第150、153页。
③ 刘祚昌等主编《世界通史·近代卷》，人民出版社，1999，第78页。
④ 赵煦：《英国城市化的核心动力：工业革命与工业化》，《兰州学刊》2008年第2期，第138页。
⑤ D. S. Landes, *The Unbound Prometheus: Technological Change and Industrial Development in Western Europe from 1750 to the Present* (Cambridge: Cambridge University Press, 2003), p. 124.

第三节　英国工业化的模式、特征及影响

英国工业化是从棉纺织业开始的，在棉纺织业的影响下，英国多个工业部门实现了机器化大生产。随着工业生产的发展，英国交通运输业蓬勃发展，农业生产技术日渐提高，居民社会生活水平明显提高。

一　英国工业化的模式

英国的工业化是在资本积累丰富、劳动力市场形成、资本主义制度建立、国内外市场扩大、技术革新开启等有利因素的推动下，通过由下而上的方式实现的，属于内生型工业化模式的典型代表。

（一）英国工业化始于棉纺织业

棉纺织业是英国新兴的工业部门，受封建行会和传统势力的影响小，容易进行技术革新，方便采用机器进行生产。基于以上原因，工业革命首先在英国棉纺织业中开始。

1733年，约翰·凯伊发明了飞梭，开启了工业革命的前奏。在飞梭发明之前，织布机两边需要各站一个人，织工需亲自用手投梭，而使用飞梭后，织工只需要拉动一根绳索便可以使梭子来回穿行。飞梭的使用使织布效率提高了1倍。到1760年，飞梭已经被广泛运用于棉纺织业。因织布行业的技术革新，对棉纱的需求量增大，出现了"纱荒"。为了解决纺纱的问题，1764年，织工詹姆斯·哈格里夫斯发明了"珍妮纺纱机"，并于1770年获得了专利权。该纺纱机能使纺车同时转动16～18个纱锭，后来增加至100枚纱锭，大大提高了工作效率。但是该纺纱机是用人力转动，纺织出来的纱细，容易断。为了克服这些缺点，1769年，理查德·阿克莱特发明了用水力发动的滚轴纺纱机。这种纺纱机织出来的纱韧性大，比较粗，能做经线。1771年，阿克莱特于克隆福德建造了一家水力纺纱厂。此后，水力纺纱厂在水力丰富的地方被建立起来。1788年，英国已经建立了140多家水力纺纱厂，许多工厂雇佣700～800名工人，近代机器大工厂开始取代手工工场。阿克莱特水力纺纱厂纺织出来的纱虽然比"珍妮纺纱机"纺出来的纱结实，但不够细，只适合做经线。为了解决粗纱的问题，1779年，工人赛米尔·克朗普顿发明了"妙尔纺纱机"（也叫"走锭精纺机"或

"骡机")。该机器兼有上述两种纺纱机的特点，可同时转动300~400枚纱锭，纺出的纱既精细又结实，即可做经线也可做纬线，大大提高了工作效率。1785年，瓦特发明的蒸汽机首次在一家棉纺织工厂被使用后，越来越多的纺纱工厂开始使用新的蒸汽动力发动机器，纺纱工业的工作效率进一步提高，逐渐实现了大机器生产。

纺纱领域的一系列技术改进使织布和纺纱行业中又出现了不平衡状况，从而推动了织布行业的技术革新。1875年，牧师卡特莱特发明了动力织布机，使棉纺织业的生产效率提高了40倍，后该织布机经过多次改良，1803年，拉德克利夫发明了一种全新的织布机，同年，霍罗克斯发明了铁制的机械织布机。机械织布机经过改良后，在织布行业中得到了广泛使用。至此，英国纺纱厂和织布厂基本上都使用机器生产，形成了一整套的机器体系，促进了棉纺织业的发展和繁荣。1791年，英国建立了第一家织布厂。1813年，英国有机械织机2400台，1820年增至1.4万台，1833年达10万台。[①]

（二）英国工业化以蒸汽机的应用为重要标志

在瓦特改良蒸汽机之前，英国的工业生产对畜力和水力的依赖程度较高。因此，最早的纺织厂建立在水资源丰富的地方，而冶金厂建立在森林资源或煤炭资源丰富的地方。为了将矿山深井中的水抽出来，需要使用马力拉动滑轮，工作效率低下。蒸汽机发明和推广后，不仅使工厂摆脱了对畜力和水力的依赖，而且使工业革命能突破轻工业部门向重工业部门拓展，推动了其他工业部门的技术革新，提高了各工业部门的工作效率。蒸汽机的发明是第一次工业革命的重要标志，使人类由200万年来以人力为主的手工业时代进入近代机器大生产的蒸汽时代。蒸汽机的改良和应用，促进了英国各个工业部门的机械化，推动了英国工业甚至整个社会的发展，解决了大机器生产中最关键的问题，推动了交通运输业的空前进步，引发了各个工业部门的一系列技术革命。

1784年，英国建立了第一座蒸汽纺纱厂后，蒸汽机陆续被运用于其他各个工业部门。在冶金业中，蒸汽动力用于开动鼓风机，用来冶炼钢铁和其他有色金属。冶金行业的鼓风设备由箱式鼓风机器变成了蒸汽机和气

---

① 〔英〕哈孟德夫妇:《近代工业的兴起》，韦国栋译，商务印书馆，1959，第170页。

缸，提高了鼓风的强度和速度。此后，高炉的尺寸也变得更大了，提高了焦炭铁的产量。在采矿业中，蒸汽机被用来开动排水机，开采矿石。在交通运输业中，它被用来开动火车和汽船。在机器制造业中，蒸汽机被用来开动机器，将各种金属制造成各种机器等。据统计，1800年，英国有蒸汽机321台，1820年增加为5000台，1825年发展到1.5万台，总功率达37.5万马力。[①]

蒸汽机的使用，不仅推动了工业化的进程，而且创造出了巨大的生产力。马克思、恩格斯在1848年写道："资产阶级在它的不到一百年的阶级统治中所创造的生产力，比过去一切世代创造的全部生产力还要多，还要大。自然力的征服，机器的采用，化学在工业和农业中的应用，轮船的行驶，铁路的通行，电报的使用，整个整个大陆的开垦，河川的通航，仿佛用法术从地下呼唤出来的大量人口，——过去哪一个世纪料想到在社会劳动里蕴藏有这样的生产力呢？"[②] 蒸汽机的发明和使用是工业化时代的主要标志。此后，在蒸汽机的推动下，纺织业、冶金业、机械制造业、交通运输业和农机制造等工业部门都发展起来，机器生产被运用于各个经济部门，创造了巨大的物质财富。

（三）英国工业化基本上按轻工业、重工业和交通运输业的顺序进行

英国的工业化最先始于轻工业部门中的棉纺织业。英国棉纺织业是最先采用机器化生产的部门。棉纺织业中飞梭的运用提高了织布的效率，此后，手摇纺纱机、水力纺纱机、织布机和蒸汽机的应用大大提高了纺织部门的生产效率，棉布产量大增。棉纺织业中应用的机器也很快被毛纺织、麻纺织、丝纺织、造纸和印刷等工业部门加以改进，然后应用于生产中。纺织工业中的发明也促进了其他工业部门中的发明创造。

在棉纺织业中运用新机器，需要解决动力的问题，蒸汽机应运而生，促进了重工业的发展。蒸汽机发明后，许多工业部门对蒸汽机的需求量增加，推动了机械制造业的发展。机械制造业发展之后，需要更多高质量的铁，从而带动炼铁技术的改进，铁的产量提高。众多工业部门使用蒸汽机

---

① 李少白主编《科学技术史》，华中工学院出版社，1984，第174页。
② 中共中央马克思恩格斯列宁斯大林著作编译局编《马克思恩格斯选集·第一卷》，人民出版社，1995，第277页。

做动力后，需要更多的煤作为燃料，煤炭工业也进行了技术革新，促进了煤炭工业的发展。工业发展之后，轻工业和重工业产品的数量增加，需要运输到国内外市场上销售，因此，交通部门也进行了技术革命，出现了火车和汽船。因此，英国的工业革命基本上是按轻工业、重工业和交通运输业的顺序开展的。

（四）英国为内生型工业化的代表

英国的工业革命是工业资金积累、劳动力市场形成、工业技术水平发展到一定程度后发生的，是内生型工业化的代表。英国的工业革命是自发产生和进行的，工业化的动因主要来自内部的压力，是自身经济结构演变的产物。英国的工业化模式属于以市场机制为基础的内生型模式。英国工业化是在相当发达的市场经济这个前提下发展起来的，主要依靠市场方式自发推进工业发展。18世纪下半叶，英国开始进行工业革命时，圈地运动已经持续了两个多世纪。圈地运动改变了农业经营方式和生产组织形式，实现了农业商品化生产。商品性农业的发展为工业发展提供了广阔的国内市场和大量的自由劳动力。英国资产阶级还在海外掠夺了大量殖民地，开拓了广阔的国外市场，实现了资本的原始积累，为工业发展提供了大量资金。而纺织业的技术革新和蒸汽机的发明，进一步促进了采矿业、冶金业等工业部门的技术革新以及交通运输业的发展，推动了工业化进程。

在工业革命中，90%以上的机器是英国人自己发明创造的。但是，英国也吸收了其他国家的发明成果。17世纪60年代，意大利的伍斯特侯爵发明了一个蒸汽喷泉。1690年，法国物理学家巴本制成了实验性的蒸汽机。在吸收前人成果的基础之上，1698年，英国技师萨费里制成蒸汽水泵，用于矿井抽水，并获得了专利。1704年，德文郡的铁匠兼锁匠纽可内在此基础上进行了改造，制成矿井抽水机。最后瓦特总结了他们的经验，加上新的研究和试验，才于1769年制成单动式蒸汽机。[1] 1793年，美国人惠特尼发明脱棉籽机后，英国人将此技术吸收过来，用于棉纺织业中，推动了棉纺织业的发展。1807年，美国人富尔顿设计制造了以蒸汽为动力的轮船后，英国人亨利·贝尔吸收了他的经验，制造了第一艘"彗星号"轮

---

[1] 陈紫华：《英国工业革命的特点和历史意义》，《西南师范大学学报》（人文社会科学版）1980年第3期，第92~96页。

船，用于运载旅客和货物。

工业革命开启了英国持续一个世纪的机器发明热，彻底结束了传统手工业时代的技术私传性。从飞梭的发明到骡机的发明，英国的许多技工、牧师等都参与其中。英国发明的专利从1750年的7件增至1825年的250件。[1] 在工业化的进程中，英国进行了技术革新，大大提高了生产效率。

二 英国工业化的特征

（一）工业化进程中政府作用显著

英国政府多次颁布法令保护本国工商业发展。13世纪，在呢绒工业发展早期，为了保护本国呢绒工业，英国议会颁布法令规定，禁止将羊毛卖给外国人，禁止进口呢绒。爱德华三世（1327~1377年在位）时期，为提高本国呢绒工艺水平，英国政府鼓励国外呢绒手工业者移民英国，政府为其提供保护并给予种种优惠条件，许多熟练工匠，特别是织呢工匠从佛兰德和布拉班特来到英国，他们在英国呢绒工业发展中发挥了非常重要的作用。[2] 在政府政策的支持下，14世纪，英国呢绒工业发展较快。15世纪，呢绒工业取得了更大进步。

都铎王朝时期（1485~1603年），政府奉行重商主义政策，大力推动对外贸易的发展。英国政府为了保护本国商人的利益，利用国家政权，极力排挤汉萨同盟商人在英国的势力，削弱了他们过去在英国取得的特权。[3] 都铎王朝为保护纺织工业的发展，颁布了许多管理工业的法令。1555年，英国颁布了《织工法令》，对从业工人的工资和生产规模做了详细规定。伊丽莎白时期，为了促进伦敦的制帽业发展，规定除了妇女和绅士之外，所有6岁以上的人在礼拜日都必须佩戴一顶羊毛帽。在政府保护政策的支持下，英国的工商业进一步发展。

为了保护本国工商业的发展，从15世纪起，英国长期推行重商主义政策，一直延续到19世纪中叶。英国政府长期遵循重商主义原则，通过贸易顺差或其他方法来建立金银储备，实现资本原始积累。在对外贸易中，鼓

---

[1] 杜君立：《现代的历程：一部关于机器与人的进化史笔记》，上海三联书店，2016，第294页。
[2] 王章辉：《英国经济史》，中国社会科学出版社，2013，第12页。
[3] 王章辉：《英国经济史》，中国社会科学出版社，2013，第30页。

励国内生产，减少进口，增加出口，为此对进口商品征收高关税。

从英国资本主义发展初期到19世纪中叶英国基本完成工业革命这一段时间内，英国对本国工业长期实行保护关税政策。英国限制有竞争力的产品进入本国市场，对进口产品征收高关税，而对于那些英国国内不能生产的产品或国内急需的原料，则是鼓励进口，甚至实行零关税。17世纪末，印度棉纺织业发展，印度的棉纺织品和丝织品大量出口到英国，对英国的毛纺织业产生了不利影响。1700年，英国政府颁布禁令，禁止从印度和远东地区进口丝织品和棉布。1795~1843年，英国禁止机械出口和技术工人的输出。此外，工业品进口关税居高不下，19世纪20年代，工业品的进口关税不低于产品价值的45%~55%。[1]

英国政府在工业化进程中发挥了重要作用，这种作用是间接的。英国政府坚持保护私有财产所有权，支持有创造发明的人申请专利。政府的政策使自由主义者如愿以偿，为自由市场的正常运行创造了前提条件。[2]

（二）工业化所花费的时间较长

由于英国是最早进行工业革命的国家，工业化发展的道路没有现成的模式可以借鉴，只能在不断实验和探索中前进。大工业发展所需要的新技术和大机器的应用也需要不停地试验，然后才能被相关工业部门所采用。技术变革所花费的时间较长，工业部门应用新技术的时间也较长。英国的工业革命从18世纪60年代开始到19世纪上半叶，前后经历了近一个世纪。在英国工业革命的影响下，法国、美国、德国和日本等国家纷纷在19世纪进行了工业革命，但是它们完成工业革命的时间都比英国短。法国、美国和德国都只用了几十年时间就完成了工业革命。

在英国工业革命的过程中，年均经济增长率最高的部门是纺织部门，该工业部门对全国经济增长率的贡献最高。1760~1860年，纺织部门的年均增长率是2.3%，而钢铁、交通和煤炭部门的年均增长率分别是1.8%、

---

[1] R. Floud, D. N. McCloskey, eds., *The Economic History of Britain since 1700*, Vol. I: 1700–1860 (Cambridge: Cambridge University Press, 1994), p.134. 转引自〔荷〕皮尔·弗里斯《从北京回望曼彻斯特——英国、工业革命和中国》，苗婧译，浙江大学出版社，2009，第11页。

[2] 〔荷〕皮尔·弗里斯：《从北京回望曼彻斯特——英国、工业革命和中国》，苗婧译，浙江大学出版社，2009，第13页。

1.5%和0.2%（具体数据见表1-18）。

表1-18　1760~1860年英国各部门的年均增长率

单位：%

部门	年均增长率	对全国经济增长率的贡献
纺织部门	2.3	0.25
钢铁部门	1.8	0.02
煤炭部门	0.2	0.00
交通部门	1.5	0.12
农业部门	0.4	0.11
其他部门	—	0.08
整体经济（合计）	—	0.58

资料来源：L. V. Neuss, "Why Did the Industrial Revolution Start in Britain?", Working Paper, January 2016, https://www.researchgate.net/publication/286017737。

（三）多个工业部门对国外市场依赖程度较高

从18世纪至20世纪初，英国所有工业部门中，以外销为主的工业部门发展速度最快，以内销为主的工业部门发展速度慢，并且多个部门对国外市场依赖程度高。例如，英国棉纺织业主要靠出口贸易发展起来。1815年，棉纺织品的出口价值大大超过了毛纺织品的出口价值。此后，随着棉花进口关税的取消和自由贸易时代的来临，英国棉纺织业发展迅速。1835~1840年，英国棉纺织品的出口量几乎占英国出口产品总量的一半。[1]

随着棉纺织业的发展，棉花需求量增加，棉纺织业对国外棉花的依赖度越来越高，棉纺织品的产量也受国外棉花输入的影响。1861~1864年，受美国内战影响，兰开夏出现了棉荒，影响了当地棉纺织业的生产。

19世纪下半叶，英国生产的棉纱大量出口到欧洲、埃及、日本和中国等国家和地区。1870~1911年，英国棉纱出口量具体数据见表1-19。

据估计，第一次世界大战爆发前的几年中，英国生产的棉纺织品中有3/4出口到国外。1913年，英国棉纺织品的出口额约占英国出口贸易总额的1/4。[2] 可以说，英国棉纺织业的发展与繁荣同棉纺织品的出口关系密

---

[1] 〔英〕格·西·艾伦：《英国工业及其组织》，韦星译，世界知识出版社，1958，第6页。
[2] 〔英〕格·西·艾伦：《英国工业及其组织》，韦星译，世界知识出版社，1958，第227页。

表1-19 1870～1911年英国棉纱主要出口国家和地区及年均出口规模

单位：百万磅，%

年份	欧洲（除土耳其外） 数量	占比	土耳其和埃及 数量	占比	英属印度 数量	占比	中国、日本、爪哇岛等 数量	占比	其他国家和地区 数量	占比	总量
1870	93.7	49.9	14.2	7.6	31.0	16.5	20.8	11.1	28.0	14.9	187.7
1880～1884	126.9	51.0	18.8	7.6	46.0	18.5	40.1	16.1	17.1	6.9	248.9
1890～1894	114.7	48.6	33.2	14.1	46.2	19.6	30.0	12.7	11.8	5.0	235.9
1900～1904	82.4	50.9	19.7	12.2	31.8	19.6	9.2	5.7	18.9	11.7	162.0
1910～1911	128.2	61.4	11.0	5.3	33.8	16.2	2.6	1.2	33.2	15.9	208.8

资料来源：D. H. Aldcroft: *The Development of British Industry and Foreign Competition, 1875–1914* (Canada: University of Toronto Press, 1968), p. 105。

切，对国外市场的依赖程度也较高。

在重工业方面，18世纪英国钢铁工业的发展对国外市场的依赖程度也较高。据统计，18世纪80年代，英国消耗的棒铁中有60%来自国外，随着英国冶金炼铁工业的发展，这个比例才逐渐下降到50%。[①] 19世纪中后期，英国钢铁产业依然依靠从西班牙、瑞典等国家进口原材料。1913年，英国铁制品的近50%由进口矿石炼成。由此可知，英国多个工业部门对国外原材料和市场的依赖程度较高。

英国的工业产品大多销往国外，对海外市场的依赖程度较高。以生铁的销售为例，19世纪初，由于英国冶铁工业中采用了炼焦炉和轧制工艺，生铁产量增长迅速。至1820年，英国的铁制品不仅满足了本国市场的需求，而且出口至国际市场。1815~1830年，生铁出口量占总产量的1/4~1/3。1830~1870年，生铁出口量占总产量的3/5。[②]

19世纪初，随着英国工业的发展，其对国际市场的依赖程度更高。1801~1815年，按法定价格计算，英国和爱尔兰物产和工业品的输出额从2000多万英镑增加到4000多万英镑，具体数据见表1-20。

表1-20 1801~1815年英国对外国及殖民地贸易统计

单位：英镑

年份	按法定价格计算		按真正或申报价格计算
	外国和殖民地商品的输入	英国和爱尔兰矿物产品和工业产品的输出	英国和爱尔兰矿物产品和工业产品的输出
1801	31786262	24927684	39730659
1802	29826210	25632549	45102330
1803	26622696	20467531	36127787
1804	27819552	22687309	37135746
1805	28561270	23376941	38077144
1806	26899658	25861879	40874983

---

① A. Birch, *The Economic History of the British Iron and Steel Industry, 1784-1879: Essays in Industrial and Economic History with Special Reference to the Development of Technology* (London: Routledge, 2006), p.18.

② W. R. Lee, ed., *German Industry and German Industrialisation: Essays in German Economic and Business History in the Nineteenth and Twentieth Centuries* (London: Routledge, 1991), p.48.

续表

年份	按法定价格计算		按真正或申报价格计算
	外国和殖民地商品的输入	英国和爱尔兰矿物产品和工业产品的输出	英国和爱尔兰矿物产品和工业产品的输出
1807	26734425	23391214	37245877
1808	26795540	24611215	37275102
1809	31750557	33542274	47371393
1810	39301612	34061901	48438680
1811	26510186	22681400	32890712
1812	26163431	29508508	41716964
1814	33755264	34207253	45494219
1815	32987396	42875996	51603028

注：1813年数据缺失。
资料来源：张芝联主编《一六八九——一八一五年的英国·下册》，辜燮高等译，商务印书馆，1997，第79页。

（四）工业化进程中重工业和轻工业发展不平衡

在英国工业化进程中，重工业和轻工业发展水平不平衡。英国丝纺织业和棉纺织业等轻工业部门历史悠久，工业基础雄厚，在工业生产中占有优势地位。19世纪上半叶，英国轻工业部门的净产值高于重工业部门的净产值。

从1870年开始，英国重工业发展迅速，但因基础薄弱，直到19世纪中叶，轻工业仍占有优势地位。在英国的出口贸易中，轻工业产品占比最高。1815~1907年，在英国的出口贸易中，轻工业产品的出口额远远高于重工业产品的出口额。1815年，英国出口额（不包括复出口）为5160万英镑，其中轻工业产品（纺织、皮革、缝纫和其他消费品生产部门生产的产品）出口额为4170万英镑，占比为81%，重工业品出口额仅为175万英镑。19世纪70年代之后，重工业发展迅速，重工业品的出口额从1825年的140万英镑增长到1900年的1.3亿英镑。1907年，英国总出口额为4.3亿英镑，其中轻工业产品的出口额为2.2亿英镑，占比为52%。[①]

---

① 〔苏〕列·阿·门德尔逊：《经济危机和周期的理论与历史·第二卷》，吴纪先等译，生活·读书·新知三联书店，1976，第640页。

尽管如此，英国的工业化取得了很大成就。1700~1831年，英国的工业产值、农业产值和国民生产总值整体增速明显，具体数据见表1-21。1811~1851年，英国国民生产总值的年均增速达2.9%，1861~1891年上升至3.3%。[1]

表1-21　1700~1831年英国国民生产总值和工农业产值的年均增长速度

单位：%

年份	国民生产总值	工业产值	农业产值
1700~1760	0.7	0.7	0.6
1760~1780	0.6	1.3	0.1
1780~1801	1.4	2.0	0.8
1801~1831	1.9	2.8	1.2

资料来源：R. Floud, D. N. McCloskey, eds., *The Economic History of Britain since 1700*, Vol. I: *1700-1860* (Cambridge: Cambridge University Press, 1994), p.47。

三　英国工业化的影响

18世纪下半叶至20世纪初，英国的工业化不仅成就显著，而且对交通运输、对外贸易、城市化进程和人民的生活等方面产生了巨大影响。

（一）促进了交通运输业的发展

伴随着英国工业化进程的推进，交通运输业取得了巨大成就。16世纪，尽管英国道路纵横东西南北，基本上覆盖了整个王国，但道路系统并不发达。国内许多道路狭窄，管理落后，一旦遇到雨水便十分泥泞，难以通行。落后的道路网络不能满足工商业发展的需求。为改善道路系统，17世纪60年代，英国开始修建收费公路。1663年，英国修建了第一条收费公路（从伦敦到约克）。18世纪上半叶，英国收费公路数量大增，还对河流进行了改造。到1750年，英国已有500条收费公路，交通状况大幅改善。[2]

18世纪下半叶，在工业革命的推动下，英国的道路系统快速改善。1775

---

[1] P. Deane, W. A. Cole, *British Economic Growth, 1688-1959: Trends and Structure* (Cambridge: Cambridge University Press, 1964), p.283.

[2] 张卫良：《工业革命前英国交通运输业的发展》，《杭州师范学院学报》（社会科学版）2004年第1期，第94页。

年和1758年，英国议会通过了两项法案，允许在蒙茅斯郡建造收费公路，随后收费公路很快扩展至整个南威尔士。至1800年，威尔士北部地区修建了1000英里收费公路。① 1818~1829年，英格兰和威尔士共修建1000英里新公路。

除公路系统外，英国的水路运输条件也有了很大改善。中世纪时，英国的贸易主要依靠天然水路。17世纪后期，通航的河流可连接伦敦、布里斯托尔、格洛斯特、曼彻斯特、约克和纽城堡等重要的工业中心。然而，河流浅滩众多，并不能保证航行通畅。17世纪的交通线路中，最常用的河流是泰晤士河、塞文河和特伦特河。泰晤士河可航行至牛津，塞文河可航行至什鲁斯伯里，特伦特河可航行至诺丁汉。然而，这些重要的河流主要流经农业产区，很难成为运输工业品的线路。② 为改善运输条件，英国政府开凿了大量运河。1761年，英国第一条真正意义上的运河——沃尔斯利运河开凿成功，该运河开通后曼彻斯特的煤价下降了50%。③ 1798年，格拉摩干运河的开通大大刺激了南威尔士钢铁工业的发展，具体数据见表1-22。

18世纪末，英国的公路网遍布全国各地，还有3000英里左右的运河修筑成功，几条主要运河已贯穿全国。曼彻斯特每日都可将货物经由布里奇沃特运河运往利物浦，经由大干线运河（Grand Trunk）运往伯明翰、伦敦和英国南部。④ 运河的开凿为工商业发展提供了便利条件，推动了工业的发展。同时，交通条件的改进大大缩短了货物的运输时间，货流量急剧增加。1700年，从约克到伦敦需要7天，1815年，从利兹至伦敦只要21小时。

表1-22 1788~1848年南威尔士钢铁工业的发展

年份	熔炉数量（个）	钢铁生产量（吨）
1788	8	8200
1796	23	33593
1811	53	182325

---

① R. Brown, *Society and Economy in Modern Britain*, *1700-1850* (London & New York: Routledge, 1991), p.80.
② M. W. Flinn: *An Economic and Social History of Britain since 1700* (London & Basingstoke: Macmillan Education Ltd., 1975), p.16.
③ 〔法〕保尔·芒图：《十八世纪产业革命——英国近代大工业初期的概况》，杨人楩等译，商务印书馆，1983，第96页。
④ 〔英〕哈孟德夫妇：《近代工业的兴起》，韦国栋译，商务印书馆，1959，第74~75页。

续表

年份	熔炉数量（个）	钢铁生产量（吨）
1823	72	277643
1830	113	354919
1840	134	505000
1848	192	631280

资料来源：R. Brown, *Society and Economy in Modern Britain, 1700-1850* (London & New York: Routledge, 1991), p.56。

1830年，英国运河体系的轮廓已大致完成。例如，在英格兰，运河系统将约克郡南部、诺丁汉郡和德尔比郡的产煤区和工业区连为一体，伯明翰—利物浦大干线穿过柴郡与各航运水系相连接。[①]

随着采矿业和冶金业的发展，铁路逐渐进入人们的视野。1802年，20多英里长的色浩威铁路线建成。19世纪二三十年代，英国多家大公司投资铁路建设，铁路建设规模不断扩大。1825~1835年，英国议会通过54项条例，授权大公司修建铁路，全长112.5英里，投资550万英镑的伦敦—伯明翰铁路开始修建。1838年9月，英国已有500英里铁路。[②]至1840年，英国已有1500英里的铁路投入使用。[③] 1833~1850年英国铁路建设规模具体数据见表1-23。

表1-23 1833~1850年英国铁路建设规模

年份	公司数量（家）	里程（英里）	资本（百万英镑）	铁路股票指数（1840年6月=100）
1833	4	218	5.5	69.3
1834	5	131	2.3	67.8
1835	8	201	4.8	71.1
1836	29	955	22.9	111.1
1837	15	543	13.5	81.4

---

① 〔英〕克拉潘：《现代英国经济史·上卷·早期铁路时代：1820~1850年》，姚曾廙译，商务印书馆，1974，第107页。

② 〔英〕克拉潘：《现代英国经济史·上卷·早期铁路时代：1820~1850年》，姚曾廙译，商务印书馆，1974，第119、480页。

③ R. Brown, *Society and Economy in Modern Britain, 1700-1850* (London & New York: Routledge, 1991), p.134.

续表

年份	公司数量（家）	里程（英里）	资本（百万英镑）	铁路股票指数（1840年6月=100）
1838	2	49	2.1	91.1
1839	2	54	6.5	79.9
1840	—	—	2.5	86.4
1841	1	14	3.4	83.8
1842	5	55	5.3	89.4
1843	3	90	3.9	98.2
1844	50	805	20.5	121.3
1845	120	2896	59.5	149.0
1846	272	4540	132.6	139.4
1847	184	1295	39.5	117.1
1848	82	373	15.3	95.5
1849	35	16.5	3.9	77.1
1850	3	6.75	4.1	70.4

资料来源：R. C. O. Matthews, *A Study in Trade Cycle History*: *Economic Fluctuations in Great Britain, 1833 - 1842* (London: Cambridge University Press, 1954), p.107; P. S. Bagwell, *The Transport Revolution from 1770* (London: B. T. Batsford Ltd., 1974), p.94。

19世纪20~80年代，英国铁路建设成就巨大，已建成了全国性的铁路网。19世纪下半叶，英国铁路网络进一步完善，在全国形成了稠密的铁路网，进一步促进了英国工业的发展。

（二）促进了对外贸易的发展

英国的工业革命推动了英国对外贸易的繁荣。1689~1775年，英国进出口商品额增加500%~600%。与此同时，英国与各殖民地间的贸易也迅速增长。1689年，英国约15%的海运贸易是与殖民地进行的，1775年上升至33%。[①] 与殖民地的频繁贸易为英国纺织品、武器、金属器具和船舶制品等工业产品提供了广阔的市场，进一步带动了英国工业的发展。

1737~1771年，英国的对外贸易年均增长率为1.5%，18世纪50年

---

① 〔美〕斯塔夫里阿诺斯：《全球通史：1500年以后的世界》，吴象婴等译，上海社会科学出版社，1999，第227页。

代达到3%, 18世纪80年代,年增长率升至近5%。[1] 工业革命开启后,英国的对外贸易出口额迅速增加。1780~1850年,英国对外贸易的输出和再输出额增加了6倍,进口总额增加了5倍,其中超过80%的出口货物来自工业部门,而在工业部门生产的产品中,棉织品的产品数量稳定,约占50%~60%。[2]

随着工业的发展,英国出口产品的结构发生了显著变化,即从出口初级产品转向出口工业制成品。1800年,英国成为粮食进口国。1750~1800年,羊毛和精纺毛织品的出口额占比从45.6%下降到28.4%,而棉纱和棉织品的出口额占比从0.2%提升至24.1%。1830年,棉纱和棉织品在出口总额中所占比例高达50.8%。1750~1850年英国各类出口产品在出口总额中的占比数据见表1-24。

表1-24 1750~1850年英国出口产品在出口总额中的占比

单位:%

商品类别	1750年	1770年	1800年	1830年	1850年
煤、焦炭等	1.6	2.7	2.0	0.5	1.8
粮食	19.6	-	-	-	-
鱼类	1.0	1.0	1.0	1.1	1.0
钢铁制品	5.2	7.0	5.8	10.2	12.3
棉纱和棉织品	0.2	2.0	24.1	50.8	39.6
羊毛和精纺毛织品	45.6	43.3	28.4	12.7	14.1
亚麻织品	2.4	4.5	3.3	5.4	6.8
丝绸织品	1.2	1.4	1.2	1.4	1.5

注:1750年的数据仅包括英格兰和威尔士;1770年及之后的数据包括英格兰、威尔士和苏格兰。

资料来源:R. Brown, *Society and Economy in Modern Britain, 1700-1850* (London & New York: Routledge, 1991), pp. 101-102。

19世纪30年代以后,英国产品的出口结构呈现多元化发展趋势,棉织品的占比下降,煤炭和金属制品的占比上升。1830~1850年,商品出口

---

[1] R. Brown, *Society and Economy in Modern Britain, 1700-1850* (London & New York: Routledge, 1991), p. 101.

[2] 〔荷〕皮尔·弗里斯:《从北京回望曼彻斯特——英国、工业革命和中国》,苗婧译,浙江大学出版社,2009,第10页。

结构中金属制品的占比从12%上升至20%，煤炭和焦炭的占比从0.5%上升到1.8%。[1]

19世纪40年代后期，因铁路的大规模修建、人口的增长和自由贸易政策的实施，英国对外贸易发展迅速。1830年，英国各港口停靠船舶的吨位数（不包括沿海贸易和不列颠与爱尔兰间贸易船只）为630万吨，1844年增长到1030万吨，1847年和1860年分别为1430万吨和2740万吨，1890年高达7430万吨。[2]

19世纪中叶，英国成为"世界工厂"之后，大量未加工过的初级产品运到英国后被加工成制成品出口到国外。1800~1850年，英国的货物出口量增长3倍多。[3] 19世纪中叶，英国93%的出口产品是工业制成品。19世纪下半叶，英国出口货物中重工业和机械产品所占的比重逐步提升，1850~1913年，棉织品的出口比重则由60%下降到34%，而金属和机械产品的出口比重则从18%上升到27%。[4]

19世纪上半叶，随着工业的发展和人口数量的增加，英国进口产品结构中农产品和工业原材料的占比逐年提高。1770~1830年英国各类进口产品在进口总额中的占比数据详见表1-25。

表1-25　1770~1830年英国进口产品在进口总额中的占比

单位：%

种类	1770年	1800年	1810年	1820年	1830年
玉米	3	5	5	5	3
其他食品	32	35	42	41	35
纺织原料	16	15	19	26	33
其他原料	6	4	6	8	10
其他杂货	43	41	28	20	19

资料来源：R. Brown, *Society and Economy in Modern Britain*, *1700-1850* (London & New York: Routledge, 1991), p.102。

---

[1] R. Brown, *Society and Economy in Modern Britain*, *1700-1850* (London & New York: Routledge, 1991), p.102.

[2] 〔英〕克拉潘：《现代英国经济史·中卷·自由贸易和钢：1850~1886年》，姚曾廙译，商务印书馆，1975，第274页。

[3] 〔英〕格·西·艾伦：《英国工业及其组织》，韦星译，世界知识出版社，1958，第6页。

[4] 〔英〕理查德·埃文斯：《竞逐权利：1815~1914》，胡利平译，中信出版集团，2018，第375页。

随着英国工业化的推进，英国对外贸易迅速发展，工业化促进了英国对外贸易的增长。

(三) 推动了农业革命

从16世纪到19世纪中叶，英国农业大致经历了以下三个阶段。第一阶段为16世纪初期至18世纪30年代，农产品产量几乎翻了一番。第二阶段为1740~1800年，此阶段农产品产量仅增加10%。第三阶段为1800~1850年，农产品产量再度呈现快速增长的势头，增幅高达65%。但是这种增长的势头并没有持续下去，19世纪中叶之后农产品生产进入较长时期的停滞期。[①] 在第一阶段，英国农业生产力水平进步显著，谷物产量大增，粮食还向欧洲大陆出口。18世纪，英国农业有了很大发展。在这一时期，由于世界贸易规模迅速扩大，城市人口大量增加，为了满足城市居民的粮食需求，大量公用土地被圈占，用于建立大型农场，这改变了农民传统的耕作方式，提高了农业生产率和粮食产量。在此时期生产的粮食不仅能满足居民需求，还可用于出口。在第二阶段，工业发展速度加快，但农业发展速度缓慢。英国开始了工业革命，在第三阶段，英国发生了一场与工业革命紧密相关的农业革命。

英国的工业革命推动了农业革命。一方面，工业革命为土地的资本化，以及专业农场的发展创造了条件。由于工业革命时期从事工业生产的人口增加，对农业产品的需求增大，为了生产更多的农产品，专业的农场不断建立，农业生产规模扩大，产量大幅提高。另一方面，工业革命促进了农业技术革命。随着工业领域的技术革新，播种机、收割机、割草机和松土机等农业机器被发明出来，并应用于农业耕作中。随着化学工业的进步，化肥逐渐得到推广。在工业技术革命的影响下，蒸汽机也被作为动力来为农业排水，充当农业机械的动力，大大提高了农业生产效率，英国农业快速发展。1830年，英国的农业一度达到历史新高点。

工业革命时期，尽管英国农业生产率不断提高，但英国人口增速更快。19世纪上半叶，英国需要进口大量粮食来保障居民的粮食供应。英国除了从国外进口牛肉等食物外，还从美国、俄国和法国等国家大量进口小麦和面粉。1870年，英国1/2的小麦从国外进口。面粉的进口量占比也很高。

---

① 〔英〕罗伯特·艾伦：《近代英国工业革命揭秘：放眼全球的深度透视》，毛立坤译，浙江大学出版社，2012，第88页。

1850～1859年，英国消费的面粉25%源于进口。此后，小麦和面粉进口量大幅增加。1860～1866年，进口的面粉占了英国国内市场消费量的40%，1868～1875年则上升到50%，到80年代初，已经突破了60%的大关。[1]

19世纪初至20世纪初，从英国进口产品的结构可知英国对国外进口食品的依赖程度。1815年，英国进口商品额为3300万英镑，其中食品进口额占比为50.6%。1866年，英国进口商品额上升至2.95亿英镑，其中食品进口额占比为31%。1900年，食品进口额在进口商品总额中的占比进一步上升至42%。[2]

随着工业的发展，英国农业从业人口比例大幅下降。1500～1800年，英国农业劳动力的比例从75%下降至35%。1700～1850年，英国农业生产率提高了2倍，但同时人口增加了3倍。1710～1850年，农业总就业人数（20岁及以上男性）由49.8%下降到26.9.%。[3]

1801～1861年，英国农业从业人口占比从35.9%下降到18.7%，制造业就业人口占比从29.7%增长至43.6%，具体数据见表1-26。

表1-26　1801～1861年英国劳动力的就业情况

年份	就业人口所占比例（%）		实际就业人数（百万人）	
	农业	制造业	农业	制造业
1801	35.9	29.7	1.7	1.4
1811	33.0	30.2	1.8	1.7
1821	28.4	38.4	1.8	2.4
1831	24.6	40.8	1.8	3.0
1841	22.2	40.5	1.9	3.3
1851	21.7	42.9	2.1	4.1
1861	18.7	43.6	2.0	4.7

资料来源：D. Fisher, *The Industrial Revolution: A Macroeconomic Interpretation* (New York: ST. Martin's Press, 1992), p.44。

---

① 〔英〕克拉潘：《现代英国经济史·中卷·自由贸易和钢：1850～1886年》，姚曾廙译，商务印书馆，1975，第283页。
② 〔苏〕列·阿·门德尔逊：《经济危机和周期的理论与历史·第二卷》，吴纪先等译，生活·读书·新知三联书店，1976，第639页。
③ L. V. Neuss: "Why Did the Industrial Revolution Start in Britain?", Working Paper, January 2016, p.22. https://www.researchgate.net/publication/286017737.

（五）推动了城市化进程

工业革命前，英国是一个落后的农业国，人口增长速度缓慢。1600年，英格兰和威尔士共有500万人口，1650年达550万，1700年为600万，1750年增加至650万。这表明1600~1750年的150年内，仅增加了150万人口。[①]然而，1750~1801年，英国的人口增长迅速。1801年，英国人口为1100万，1851年增至2100万。[②]1911年，英国的人口已达到2500万。

从人口的分布情况来看，工业革命之前，英国的大部分人口居住在乡村地区。在城市中，除伦敦人口较密集外，其他地区的人口稀疏，城市人口数量不多。1750年，除伦敦（67.5万人）外，其他地区人口超过2万的城市仅有5个，具体为布里斯托尔（5万人）、诺里奇（3.6万人）、纽卡斯尔（2.9万人）、伯明翰（2.4万人）和利物浦（2.2万人）。然而，工业革命开启后，英国城市人口增长迅速。1801年，伦敦人口已增至95.9万人，曼彻斯特（8.9万人）、利物浦（8.3万人）、伯明翰（7.4万人）、布里斯托尔（6万人）、利兹（5.3万人）、谢菲尔德（4.6万人）、皮茅斯（4.3万人）、纽卡斯尔（4.2万人）和诺里奇（3.6万人）的人口数量均超过3万。[③]

工业革命开始后，由于棉纺织、煤炭和钢铁工业迅速在英国西北部崛起，西北部成为重工业中心。大量人口向英国北部和西北部转移，人口中心也由东南部向西北部转移。1750年后，随着工业革命的开展，兰开斯特郡、达勒姆郡、约克郡（西区）、沃里克郡、斯塔福德郡等地区的大工业兴起，这些地区的重要性凸显，人口逐渐向这些地区转移。1901年，西北地区的17个郡有1671万人口，有21个10万人口以上的城市，而东南地区的24个郡仅有1425.4万人，只有8个10万人口以上的城市，其中伦敦居民占了近1/3。[④]

[①] 〔法〕保尔·芒图：《十八世纪产业革命——英国近代大工业初期的概况》，杨人楩等译，商务印书馆，1983，第280页。

[②] M. W. Flinn, *An Economic and Social History of Britain since 1700* (London & Basingstoke: Macmillan Education Ltd., 1975), p. 5.

[③] R. Floud, D. N. McCloskey, eds., *The Economic History of Britain since 1700*, Vol. I: 1700–1860 (Cambridge: Cambridge University Press, 1994), p. 88.

[④] 〔法〕保尔·芒图：《十八世纪产业革命——英国近代大工业初期的概况》，杨人楩等译，商务印书馆，1983，第281页。

工业革命开始后，新兴的工业城市在西北部迅速发展。英国西北部出现了一批新兴工业中心和工业城市，如曼彻斯特、兰开夏、伯明翰、利物浦、格拉斯哥和纽卡斯尔等。新工业中心的人口迅速增加。1801～1851年，新兴纺织工业城市曼彻斯特的人口从3.5万增加至35.3万，利兹的人口从5.3万增至15.2万。新兴冶金和金属加工制造工业城市谢菲尔德的人口从4.6万增至11.1万，伯明翰的人口从2.3万增加至18.1万。英国的首都伦敦，变成了拥有250万人口的"世界商业之都"。[①]

伴随着工业化的推进，英国南部和东南部地区的经济也快速发展，英国形成了多个经济中心。1861年，英国东南部伦敦的人口为280万，是全国的政治、经济和文化中心；西北部的利物浦人口44万，是棉纺织中心；西北部曼彻斯特的人口36万，也是棉纺织中心；中部地区伯明翰的人口为40万人，为冶金和制炮等重工业中心；中部约克郡利兹的人口为21万，是毛纺织中心。[②]

在工业化的影响下，农村人口大量转入城市，城市人口猛增。1811年，英国城市的人口占比为26%，乡村人口占比为74%。[③] 19世纪40年代，英国城市人口已占全国人口的3/4，工人已达480万人。[④] 1851年，英国成为世界上第一个城市人口比重超过农村人口的国家，初步实现了城市化。[⑤] 此后，在工业化的推动下，英国城市化水平进一步提高。1891年，英国的城市人口占全国总人口的72%。[⑥] 1900年，英国城市人口比重已增至75%。[⑦]

工业化推动了英国城市化的进程。与此同时，城市的面貌也发生了巨大的变化，大量的村落变成了城市，城市日渐繁华，大量工厂开设在城市中。例如，在曼彻斯特，1786年仅有1家纱厂，至1836年约有50家纱

---

① 王民同：《英国经过工业革命发展成为近代工业强国》，《昆明师院学报》1979年第1期，第57～58页。
② 黄光耀：《工业革命时期英国人口发展的特点及对社会经济的影响》，《江苏社科科学》1993年第1期，第119页。
③ R. Floud, D. N. McCloskey, eds., *The Economic History of Britain since 1700*, Vol. I: 1700 – 1860 (Cambridge: Cambridge University Press, 1994), p. 89.
④ 陈紫华：《英国工业革命的特点和历史意义》，《西南师范大学学报》（人文社会科学版）1980年第3期，第92～96页。
⑤ 邬沧萍主编《世界人口》，中国人民大学出版社，1983，第365页。
⑥ 高珮义：《中外城市化比较研究》，南开大学出版社，1991，第157页。
⑦ 许学强、朱剑如编著《现代城市地理学》，中国建筑工业出版社，1988，第53页。

厂。在纱厂的周围,分布着绵延的工人棚屋。相反,在设有商店的中心区,已有宽阔的街道,街道的两边有大量砖砌的房屋。在城市最外面的东南方,建起了花园别墅,居住着新贵族和资产阶级。[①] 可见,英国工业化推动了城市的发展,城市的贫富差距也非常明显。

总之,伴随着工业化,英国的交通运输业蓬勃发展,农业生产效率显著提高,城市人口增长迅速,城市化进程不断推进。工业化还改变了英国的经济结构。农业在国民经济中所占比重逐年下降,工业在国民经济中所占比重上升。在工业革命之前,英格兰和威尔士的农业产值占国民生产总值的40%~45%,采矿和建筑业占20%~25%,交通运输业占10%~15%。1801~1851年,英国农业、林业和渔业产值在国民生产总值中所占比重从32.5%下降到22.1%,制造业、采矿业和建筑业产值所占比重从23.7%上升至34.3%,贸易、交通和海外收入占比从17.4%上升至20.7%。[②]

综上所述,英国工业化对交通、对外贸易、国民经济结构等诸多方面都产生了重要影响。英国工业化还给英国社会和人们的生活带来了巨大的变化,推动了欧洲多个国家的工业化进程。

[①] 〔法〕保尔·芒图:《十八世纪产业革命——英国近代大工业初期的概况》,杨人楩等译,商务印书馆,1983,第290页。
[②] P. Deane, W. A. Cole, *British Economic Growth, 1688–1959: Trends and Structure* (Cambridge: Cambridge University Press, 1969), pp. 290–291.

第二章　法国工业化的条件与成就

16世纪，法国资本主义生产关系开始萌芽。17~18世纪，法国资本主义经济进一步发展。至18世纪末，法国资本主义经济已有显著进步，资产阶级势力强大，与封建势力矛盾突出。1789年，法国爆发了大革命。法国大革命推翻了封建专制统治，建立了资产阶级政权，为法国工业革命的开启提供了政治保障。

18世纪末19世纪初，在政府政策支持、经济发展和技术革新等有利因素的推动下，法国开启了工业革命，工业发展速度加快，工业化成就显著。至19世纪中叶，法国的工业产值仅次于英国，居世界第二位。然而，普法战争后，法国工业发展速度变得缓慢起来。19世纪下半叶，法国的工业增长速度低于美国、德国的工业增长速度，工业总产值被美国和德国赶超。1880~1890年，法国的工业总产值下降到世界第四位。尽管如此，19世纪至20世纪初的工业化进程中，法国的轻工业和重工业都取得了较大进步，工业产值增长明显。

第一节　法国工业化的前提条件

由于法国资产阶级革命爆发的时间比英国晚，封建专制制度长期制约资本主义的发展，法国工业革命开启的时间比英国晚。18世纪末19世纪初，法国开始进行工业革命。法国工业革命的发生是资本主义政治制度建立、自由劳动力形成和科学技术进步等因素共同作用的结果。

一　自然条件

法国位于欧洲大陆西部，面积55万平方千米，是西欧国土面积最大的国家。法国东北与比利时、卢森堡、德国毗邻，东与瑞士、意大利接壤，南与西班牙、安道尔、摩纳哥相邻,东南与地中海相邻,西与英国隔海相望。法国国土呈六边形,与欧洲多国交往都十分便利。它自古以来就是地中海文明、大西洋文明和北欧文明交汇之地,是连接中欧和地中海的陆上通道,也是从大西洋进出欧洲的交通要道,地理位置重要。[①]

法国基本上是一个平原国家,平原和丘陵占领土的4/5,其中海拔250米以下的平原约占60%。地势由东南向西北倾斜。东部边境有巍峨的阿尔卑斯山,景色秀丽,是著名的旅游区。中部是中央高原,西北为丘陵、平原,北部是肥沃的巴黎盆地和卢瓦尔河平原,西南部是加龙河流域的阿坤廷盆地。这些盆地、平原是法国重要的农业地带。东部莱茵河谷及中南部的索恩-罗讷河谷地,也是重要的农业区。法国地处中纬度地区,受大西洋暖湿气流影响,气候温和,既无季节性显著温差,也没有地中海气候的干旱夏季,为农业发展提供了良好条件。

法国境内河流众多,且多源于中央高原,向西北、东南分流,构成辐射状水系。塞纳河为北部大河,水量丰富稳定,河床平坦利于航运。卢瓦尔河为全国最长河流,上游因穿过中央高原,水流湍急,水能丰富。罗讷河源于瑞士,在法国西部入地中海,上游与左岸支流水量大,水流急,水力资源十分丰富,约占全国水能资源的1/2。法国众多河流之间有运河相通,形成内河运输网络,有利于工业发展。在西欧各国中,法国部分矿产资源丰富,铁、铝土、铀的储量居西欧首位。铁矿主要分布在东北部的洛林,铝土矿主要分布在地中海沿岸,铀矿主要分布在卢瓦尔河流域。钾盐主要分布在罗兹地区,储量仅次于德国,居西欧第二位。但法国有色金属缺乏,煤、石油等能源不足。[②] 尽管如此,法国丰富的铁矿、钾盐等资源以及丰富的水力资源为法国的早期工业化提供了良好条件。

二 政治条件

工业革命不仅需要丰富的自然资源,而且需要良好的政治环境。18世纪下半叶,法国资产阶级革命的爆发推动了法国工业革命的发生。

[①] 张柏春、姚大志、孙承晟:《科技革命与法国现代化》,山东教育出版社,2020,第2页。
[②] 沈伯明主编《世界主要国家经济与贸易》,中山大学出版社,1999,第149页。

第二章 法国工业化的条件与成就

（一）18世纪80年代农奴制的废除

11世纪以前，法国农民深受农奴制的剥削。农奴没有人身自由权、婚姻自由权，需要为领主提供徭役，缴纳婚姻税、人头税、什一税、让渡金（佃农出让自己的采地）等各种税，领主可以随意买卖奴隶。11世纪末，领主独揽采地的司法权。12世纪，领主拥有最高裁判权（世袭、可让与、不受国王控制）和最低裁判权（轻罪裁判和关于土地的诉讼），拥有最高裁判权的主人有权判处死刑，即使是拥有最低裁判权的主人也能对农奴处以总数达到60苏①的罚金。②

11~14世纪，法国封建主逐渐用代役地租取代了徭役地租，许多农奴变成了佃租农民。从14世纪初开始，佃租农民就已占据法国乡村居民的大多数。③但是，农民仍然受到压迫，需要缴纳沉重的封建地租。

15~18世纪，封建制度还牢固地统治着广大农村地区，农民深受封建统治者的残酷剥削。17世纪，有些地方的农民收入有36%都被剥夺了。④由于封建剥削严重，许多农民被迫出卖份地。1789年法国大革命爆发，制宪议会于8月4~11日颁布八月法令，宣告废除农奴制和一切封建义务；废除贵族对农民的控制，农民成为自由劳动者。同时，八月法令也开辟了农业自由经营的时代，土地经营者可以自由地圈地、选择种植品种、采用轮作制度，甚至可以取消休耕，农民的自由经营为农业经济向资本主义方向的发展提供了条件。⑤

（二）1789年法国大革命的爆发

18世纪下半叶，法国还处在封建旧制度的统治之下，存在大量封建残余。经济上，各地关卡林立、度量衡不统一，无法形成一个统一、庞大的市场，封建、半封建性质的小农经济对农民的剥削沉重，农业发展萧条；政治上，法国对外战争耗资巨大、债台高筑，地方官僚腐败。工业部门

---

① "苏"为法国原辅助货币单位，现已不用。1法郎＝20苏。
② 〔苏〕波梁斯基：《外国经济史（封建主义时代）》，郭吴新等译，生活·读书·新知三联书店，1958，第279页。
③ 〔苏〕波梁斯基：《外国经济史（封建主义时代）》，郭吴新等译，生活·读书·新知三联书店，1958，第287页。
④ 马海编著《几个主要资本主义国家工业化的过程》，上海人民出版社，1956，第20页。
⑤ 陈晓律主编《世界现代化历程·西欧卷》，江苏人民出版社，2010，第181页。

中，行会制度残余阻碍了企业的兴办以及技术革新。以上各种因素制约了法国工业发展。

1789年，法国爆发了资产阶级大革命。此后，法国经历了一系列的政治变革，推翻了君主专制统治，清除了封建残余，为法国工业化扫清了道路。1789年，制宪议会颁布法令宣布废除封建制度，取消贵族特权，保证农民的人身自由权。1789年8月26日，制宪议会通过了《人权和公民权宣言》，提倡自由平等、人权、法治，确定了"主权在民"和分权原则，这些原则成为"改造封建社会，引导法国走向近代资本主义社会的指针"[①]。

法国大革命初期，制宪议会还制定了法国历史上第一部宪法，于1791年9月生效。宪法规定了法国是君主立宪制国家。宪法严格限制王权，确定了资产阶级的统治地位；取消等级制度，重新设置行政机构，调整行政区划，提高行政效率。1789~1790年，制宪议会陆续颁布了废除行会制度及其特权、废除内地税和商品入市税、取消政府工业法规等法令，这些措施对扩大企业规模，形成全国性的统一市场产生了重要作用。

1793~1798年，法国经历了雅各宾派上台执政以及督政府执政。在督政府执政时期，法国军队在反法同盟军的打击下节节败退。1799年11月9日，拿破仑·波拿巴发动雾月政变推翻了督政府的统治。1804年，拿破仑称帝。法兰西第一帝国时期（1804~1815年），拿破仑采取了多项措施促进经济发展，例如：有计划地完善公路网；奖励创造发明；建立法兰西银行以巩固金融制度；颁布《拿破仑法典》，以法律的形式确定了农民土地所有制；等等。这些措施为经济发展营造了良好环境，激励了资本主义经济的发展。[②]

第一帝国时期，拿破仑多次与反法同盟军交战，征服了欧洲莱茵兰、意大利西北部、比利时以及其他多个国家和地区，扩大了法国的领土范围，同时，占领区为法国工业发展提供了煤炭、铁等重要工业原料，推动了工业进步。

（三）七月王朝和法兰西帝国时期国家政策支持

1815年，法兰西第一帝国被颠覆，波旁王朝复辟，恢复了君主专制统治。1830年7月，法国再次爆发革命，建立了七月王朝。七月王朝（1830~

[①] 吴于廑、齐世荣主编《世界史·近代史编·上卷》，高等教育出版社，2001，第320页。
[②] 陈晓律：《世界各国工业化模式》，南京出版社，1998，第112页。

1848年）确立了资产阶级君主立宪政体，金融贵族掌握国家政权，限制了王权，扩大了议会权力。七月王朝建立后，实行了一系列发展工业的措施。例如：降低政府开支，支持铁路建设，保证铁路公司的最低利润；鼓励私人资本投资铁路建设；保护私人企业，减少税收；逐渐建立资本主义信用制度；鼓励银行业的发展；等等。这些措施促进了法国铁路建设和银行业的发展。铁路建设为工业品流通提供了便捷的交通，带动了诸如采煤、冶金等行业的发展，推动了煤炭和生铁产量的增长和冶炼技术的提高。银行业的发展集中了大量资本，为法国工业化的发展提供了资金。1830～1848年，法国的工业总产值年均增长率达到3%～3.5%，接近英国的水平，有的工业部门甚至达到5.6%。工业集中现象开始出现，工厂制得到进一步推广，工厂的规模也在不断扩大。[①]总之，七月王朝时期，法国工业总产值的增加、机械化的进步都离不开以上一系列发展工业的措施。

七月王朝之后建立的法兰西第二共和国（1848～1852年）政局不稳，为路易·波拿巴的复辟创造了条件。1852年12月，路易·波拿巴称帝，即拿破仑三世，建立了法兰西第二帝国。在法兰西第二帝国时期（1852～1870年），帝国政府运用国家力量颁布了一系列法令，推动法国的工业化进程。帝国政府主要采取了以下七个方面的措施。一是放宽对建立股份公司的限制，规定凡是建立资本不超过2000万法郎的公司无须预先得到政府的批准。二是改革金融体制，扶持信贷银行的发展。这些措施促进了资本的集中，加强了银行对各工业部门的投资，扩大了工业企业规模。三是大力发展公共交通。国家为铁路、运河建设提供贷款，延长铁路特许权，鼓励铁路公司合并。四是修改税收政策。政府减少部分工业产品、交通运输等方面的税收。五是实行自由贸易政策。政府改变过去的关税保护政策，与多国签订最惠国待遇，为本国工商业发展开拓了国际市场。六是积极扶持农业发展。政府鼓励开荒，出资组建农业经济组织，推广新的农业技术，改善农村交通状况。七是改善城市基础设施，对大型城市进行改建。城市改建不仅提供了大量的就业机会，改善了城市的生活条件，使得城市能够容纳更多的人口，增强了城市的吸引力，而且还带动了相关行业如建筑业的发展。由于这些经济政策

---

① 陈晓律主编《世界现代化历程·西欧卷》，江苏人民出版社，2010，第186～187页。

和措施的实施，法兰西第二帝国时期成为法国经济发展的黄金时期。[①] 这些措施也促进了法国工业的发展，19世纪50年代，法国的工业化达到高潮。

三 经济条件

工业革命的开启不仅需要良好的政治条件，而且需要大量的资金支持。在工业革命开启之前，法国通过多种方式积累了一些工业发展资金，工业生产取得了显著进步。

（一）资本原始积累

法国的资本原始积累主要源于以下五个方面。第一，实行重商主义政策。法国政府对内实行关税保护，对外积极开辟国外市场，鼓励本国商品出口。从16世纪上半叶开始，法国就实行了一系列促进工商业发展的政策，如路易十四时期的财政大臣科尔伯尔，采取降低税率、发展交通、废除国内某些关税、创办"王家手工工场"等方式推动工商业的发展。在政府政策的支持下，法国对外贸易发展迅速。1716～1789年，法国的对外贸易总额增加了4倍。到大革命前夕，年贸易总额已达11亿锂[②]左右，仅次于英国，居世界第二位。[③] 第二，通过殖民扩张增加国家财富。为了寻求财富，法国从地理大发现时代就开始积极向外探险，在这一过程中，法国主要通过创建商业公司、建立殖民据点、发展造船业、增强海上舰队实力、争夺海上霸权和海外殖民地等方式，构建起庞大的殖民体系。17世纪，法国进一步积极向外争夺殖民霸权，大力扩充海上舰队的实力。至17世纪70年代，法国已有军舰270艘，比17世纪60年代增加了13.5倍；配备大炮6000门，比17世纪60年代增加了6倍。[④] 同时，法国与荷兰、英国展开了激烈的海上霸权和海外殖民地争夺。1667～1697年的30年内，法国曾多次与荷兰和英国发生战争，在北美洲、西印度群岛、非洲以及印度半岛等地区建立了大量的海外殖民地。第三，发行国债。法国从路易十四时期开始大量发行国债，到1715年已达到25亿锂。法国大革命之后政权更迭频繁，国家赤字严重，政府经常通过发行国债来维持国家机器的运

---

① 陈晓律主编《世界现代化历程·西欧卷》，江苏人民出版社，2010，第189～191页。
② "锂"即"里弗尔"，1795年被法郎取代。1锂=1法郎。
③ 樊亢、宋则行等编著《主要资本主义国家经济简史》，人民出版社，1973，第185页。
④ 邓加荣、赵瑞：《资本原始积累史》，吉林人民出版社，1981，第84页。

转,国债发行量逐年增加,到1848年已高达55亿法郎。法国国债利息高昂,1789年,法国政府仅国债利息支出就占其全部财政预算总支出的62%。法国资产阶级凭借购买国家公债赚取了巨额的货币资本。① 第四,实行包税制。在这一制度下,资产阶级成为国家征收捐税的包税人,他们往往巧立名目,加征各种苛捐杂税,对农民进行残酷的压榨。例如,1840年法国农民需缴纳的各种捐税占其总收入的30%。资产阶级利用包税制敛财,从中获得了巨额的财富。据统计,1726～1776年,法国包税总会的40个股东及800多个代理人,从包税中获得的净利润达172亿锂。② 第五,勒索战争赔款。拿破仑掌权后频繁发动对外战争,要求战败国缴纳大量的战争赔款,向战败国勒索了巨额的财富。例如,1804年,法国从欧洲各国强征的"特别收入"达1.23亿法郎,相当于国家总收入的1/6。1807～1809年,法国从普鲁士及其盟国勒索了约10亿法郎,又从威斯特伐利亚王国夺走了7100万法郎。③ 通过以上方式,法国积累了较丰富的工业资金,为工业革命的开启奠定了经济基础。

(二) 资本主义农业的发展

欧洲农业和工业发展之间存在因果关系——没有农业的先期发展,工业的重大增长是不可能的。④ 15世纪末,法国出现农业资本主义萌芽,但是在大革命之前,法国的农业发展都较为落后。法国的农业生产长期实行二圃或三圃轮作制,实际耕地面积有限,农作物主要满足国内需求,不利于商品化、规模化生产。并且,法国盛行租佃制,地主通常不亲自管理和经营土地,土地分割过于零散,难以达到大规模、高度集中的状态,制约了规模化、商品化的资本主义农场的发展。1701～1790年,法国的农业生产年均增长率为0.6%,而工业生产的年均增长率达1.9%。⑤ 大革命时期,君主立宪派、雅各宾派等颁布了一系列法令,彻底废除封建土地所有制,逐渐建立起小农土地所有制,将农民从压迫中解放出来,开启了农业自由化经

---

① 邓加荣、赵瑞:《资本原始积累史》,吉林人民出版社,1981,第132页。
② 邓加荣、赵瑞:《资本原始积累史》,吉林人民出版社,1981,第137页。
③ 姜德昌、夏景才主编《资本主义现代化比较研究》,吉林人民出版社,1989,第207页。
④ 〔意〕卡洛·M.奇拉波主编《欧洲经济史·第三卷·工业革命》,吴良健等译,商务印书馆,1989,第380页。
⑤ 施雪华:《英法农业近代化特点比较及其启示》,《社会科学》1988年第7期,第54～57页。

营的时代,为法国资本主义农业发展提供了有利条件。

19世纪,法国的农业生产逐渐向商品性农业转变,葡萄、土豆、甜菜的种植量突飞猛进。虽然在这一时期,传统的谷物种植仍然占主导地位,但是商品性农作物的增长已经超过了谷物的增长。农业机械化也有了显著的进步,19世纪50年代和60年代,谷物脱粒机在法国得到推广。19世纪中叶,法国谷物脱粒机有6000台,1882年增至31万台。① 法国资本主义农业的发展为工业化提供了保障。

(三) 对外贸易的发展

15~16世纪,法国对外贸易发展迅速,出现了众多繁荣的港口城市,如波尔多、南特、鲁昂、安特卫普等。海外贸易成为法国的主要收入来源之一。17世纪,法国在重商主义政策的指导下,对外积极发展海外贸易,改善商品进出口结构,扩张海外市场,对内实行关税保护,扶持工场手工业发展。

18世纪,法国对外贸易取得了很大进步,为工业化打下了良好的基础。1720~1789年,法国出口商品总额从1.7亿锂增长到4.6亿锂。② 西班牙王位继承战争后,法国海外贸易的增长尤其显著,1784~1788年的年均海外贸易额达10.62亿锂,比1716~1720年增长5倍。③ 随着对外贸易的增长,1720~1780年,法国出口商品量在整个国民生产中的比重呈上升趋势,1720年为8%,1750年为12%,1780年为10%。④ 在世界贸易中,法国所占比重也不断上升。1780年,法国占世界贸易总额的12%,与同年英国在世界贸易中所占份额持平(具体情况见表2-1)。

表2-1 世界贸易中世界各国所占比例

单位:%

年份	英国	法国	德国	欧洲其他地区	美国	世界其他地区
1780	12	12	11	39	2	24

---

① 沈坚:《近代法国工业化新论》,中国社会科学出版社,1999,第89页。
② 张芝联主编《法国通史》,辽宁大学出版社,2000,第163页。
③ F. Crouzet, *Britain Ascendant: Studies in British and Franco-British Economic History*, Translated by Martin Thom (Cambridge: Cambridge University Press, 1985), p. 18.
④ 沈坚:《近代法国工业化新论》,中国社会科学出版社,1999,第91页。

续表

年份	英国	法国	德国	欧洲其他地区	美国	世界其他地区
1800	33	9	10	25	6	17
1820	27	9	11	29	6	19
1840	25	11	8	30	7	20
1860	25	11	9	24	9	21

资料来源：〔法〕米歇尔·博德《资本主义史 1500—1980》，吴爱美、杨慧玫、陈来胜译，东方出版社，1986，第121页。

四 社会条件

（一）工场手工业的发展

16世纪，法国在丝织工业、麻纺织业等诸多行业中出现了手工工场。17世纪，法国的工场手工业在重商主义政策的扶持下，获得了进一步的发展，法国成为著名的奢侈品和艺术品供应国，带动了佛兰德、诺曼底等地区工业的繁荣。但是，17世纪，法国的工场手工业以分散的工场手工业为主，集中的工场手工业仍然很少，手工工场的雇工多为散居在工场周围的家庭手工业者。到大革命前夕，法国集中的手工工场已增加至514家，生产规模进一步扩大，生产技术进一步革新。在一些大型的手工工场中，已经开始使用机器和蒸汽动力。[1] 18世纪，法国工业和手工业产品的年均增长率达到1.91%。[2]

18世纪后半期，在英国先进工业技术的影响下，法国手工工场中也开始应用新的生产技术。采矿业、冶金业和纺织业三大行业采用新技术的现象最为显著。例如，安得雷冶金工场能以新技术铸造大炮，奥尔良的纺织业中开始采用轻便而容易携带的"珍妮纺织机"，有的棉纺工场甚至引进了水力纺纱机。[3] 新技术的采用提高了手工工场的生产力，扩大了生产规模，促进了生产的集中，为工业发展提供了良好的条件。

---

[1] 樊亢、宋则行等编著《主要资本主义国家经济简史》，人民出版社，1973，第184页。
[2] R. Roehl, "French Industrialization: A Reconsideration", *Explorations in Economic History*, Vol. 13, Issue 3, 1976, p. 243.
[3] 陈晓律主编《世界现代化历程·西欧卷》，江苏人民出版社，2010，第170页。

(二) 技术革新开启

早在中世纪，在织布行业中，意大利的丝绸工业中心用于织造丝绸的推拉式织布机就已传播到法国。此后，法国人加兰特·布兰可和英格兰人约瑟夫·梅森都对其进行了改造。17世纪初，法国里昂的织工发明了杠杆推拉织机，通过这一技术改进，将编织宽度从800线提高到2400线。1725年，巴塞尔·布韦肯发明了不需要人工的自动推拉织机。3年以后，法尔肯又对其进行了改造。在路易十四时期，巴黎的纺织业中已经开始使用机器压光。法国君主积极支持纺织业的技术革新。例如，牧师威廉·李设计了第一架框架编织机，从而得到法国国王亨利四世的资助。[①] 这些技术革新为织布机的进一步改进打下了良好的基础。

16世纪，法国的卢维斯、色当、艾尔伯弗和阿伯维尔等地成为纺织业中心，布列塔尼、诺曼底、下缅因和勃艮第是亚麻和帆布生产中心，里昂的棉纺织业发达，而且也是丝绸制造和加工中心。[②] 17~18世纪，法国的纺织业进一步发展。1825年，英国解除了向外输出机械的禁令后，法国从英国进口了大批机器，特别是"珍妮纺纱机"、水力纺纱机等纺织机器，还从英国聘请了许多熟练的技术工人，在一定程度上推动了法国工业的发展。

在冶金业方面，法国的冶铁工业主要集中在多芬、弗朗什孔泰、尼韦奈和洛林。17世纪下半叶，在柯尔贝尔担任财政大臣时期，圣埃蒂安纳和弗莱兹的冶金工业取得了很大进展。此后，冶金工业的技术革新开启，至18世纪80年代法国的一些地方开始使用焦炭炼铁。冶金业、纺织业等工业部门的技术进步推动了工业革命的开启。

综上所述，工场手工业的发展和技术的革新为法国工业化提供了社会条件，资产阶级革命的成功为工业化提供了政治保障，资本原始积累和海外贸易的发展为工业化提供了经济基础。

[①] 〔英〕E.E. 里奇、〔英〕C.H. 威尔逊主编《剑桥欧洲经济史·第五卷·近代早期的欧洲经济组织》，高德步、蔡挺、张林等译，经济科学出版社，2002，第431~432页。

[②] 〔英〕E.E. 里奇、〔英〕C.H. 威尔逊主编《剑桥欧洲经济史·第五卷·近代早期的欧洲经济组织》，高德步、蔡挺、张林等译，经济科学出版社，2002，第470页。

第二节　法国工业化的过程与成就

18世纪末19世纪初，法国的轻工业部门率先使用机器进行生产，法国工业化随之开启。19世纪法国的工业化进程虽然比美国、德国等国家缓慢，但也取得了显著成就。在第一次世界大战爆发之前，法国已经完成了工业化。依据各个时期工业发展的特点，可以将法国的工业化进程分为三个阶段。

一　法国工业化的过程

（一）工业化起步阶段（1789~1829年）

1789年法国资产阶级革命爆发后，拿破仑于1799年上台执政。在拿破仑执政时期，建立了代表金融资产阶级和工商业资产阶级利益的政权。为了扶助国内工商业的发展，拿破仑政府实行严格的保护关税政策，支持企业发展，为企业提供订货和津贴补助，并采取了奖励专利、举办博览会等一系列措施。拿破仑政府还创办了法兰西银行，设立了工商部，颁布了旨在巩固资产阶级私有财产权的《拿破仑法典》。为了扩大影响力，控制整个欧洲市场，拿破仑还接连发动侵略战争，战胜了荷兰、意大利、奥地利和德意志等诸国，占领了欧洲许多土地。法国不仅从战败国掠夺到大量财富，而且也获得了国外市场。在兼并欧洲多个国家和地区后，法国的工业取得了显著进步。拿破仑执政时期，法国与英国展开了激烈的斗争。1806年，拿破仑宣布实行"大陆封锁政策"，不仅禁止所有隶属于法国的各国与英国进行贸易，而且规定它们与英国断绝一切往来。上述政策的实施刺激了法国纺织、食品、冶金等部分工业部门的发展。同时，资产阶级手里积累的财富也迅速增加。

波旁王朝和奥尔良王朝统治时期，法国国内外政治局势比较安定，战争的创伤已逐渐恢复。为了加快工业的发展，法国从国外招聘了许多熟练技工，从英国输入了大批机器，大大提高了国内工业技术水平。[1]

从大革命爆发到1815年，法国的生铁产量增加了1倍多，毛纺织品增

---

[1] 樊亢、宋则行等编著《主要资本主义国家经济简史》，人民出版社，1973，第195~197页。

加了3倍。工业中使用机器的工厂显著增多,还出现了一些规模较大的企业。例如,1810年,夏勒诺亚纺织工厂的雇佣工人达1.3万名,该厂甚至拥有自己的棉花种植场。

19世纪初,法国重要的工业中心鲁尔区有3000家工业企业,其中近50%是规模较大的企业。鲁尔区还有300多家矿业公司,雇佣工人超过1万人。[①]鲁尔区工业的发展促进了蒸汽机的使用,1816年,鲁尔区还只有12台瓦特蒸汽机,主要用于采矿业,1818年之后,蒸汽机越来越多地被用于纺纱厂以及武器制造和其他行业的金属加工中。1828年,鲁尔区有8个本地工厂制造蒸汽机。[②]

总之,这一时期有利于资本主义工业发展的条件进一步成熟起来,初步奠定了工业革命的基础。

(二)过渡到机器生产和大工业发展阶段(1830~1870年)

1830年七月王朝建立后,法国工业进一步发展,纺织业最先采用机器进行生产,工业革命进一步发展。至40年代末,全国已有棉纺织厂566家,共有11.6万台纺纱机和350万枚纱锭。1850年,法国有产业工人120万人,其中2/3是纺织工人。法兰西第二帝国时期,法国的工业发展尤其迅速,机械化程度普遍提高。至19世纪60年代末,法国部分省份纺织工业中机械化程度达到了80%。[③]

冶金、采矿业等工业部门中,因为采用了新技术和新设备,产量快速增长。1851~1870年,法国的煤产量从448万吨增长到1333万吨;钢轨产量从2.7万吨增长到17万吨;生铁产量从44.5万吨增长到117.8万吨。[④]鲁尔区的工业发展尤其迅速。1840~1880年,鲁尔区生产了法国1/3的钢铁、1/3的煤炭和几乎所有的丝带和棉纺织品。[⑤]

---

① H. Jeff, *The Path Not Taken*: *French Industrialization in the Age of Revolution*, *1750－1830* (Cambridge: The MIT Press, 2008), p. 227.

② H. Jeff, *The Path Not Taken*: *French Industrialization in the Age of Revolution*, *1750－1830* (Cambridge: The MIT Press, 2008), p. 247.

③ 王斯德主编《世界通史·第二编·工业文明的兴盛——16~19世纪的世界史》,华东师范大学出版社,2001,第135页。

④ 张芝联主编《法国通史》,辽宁大学出版社,2000,第397页。

⑤ H. Jeff, *The Path Not Taken*: *French Industrialization in the Age of Revolution*, *1750－1830* (Cambridge: The MIT Press, 2008), p. 247.

随着法国工业革命的大规模开展,法国工业部门的蒸汽机数量迅速增加,蒸汽机功率增大(具体见表2-2)。1820年法国只有39台蒸汽机,1830年增加到625台,1862年已经达到1.7万台,总功率达20.5万马力。1850~1870年,法国工业中使用的蒸汽机功率由6.7万马力增至33.6万马力。[1]

表2-2 蒸汽机数量和功率的变化

年份	蒸汽机数量（台）	蒸汽机功率（马力）
1830	625	10000
1839	2450	33000
1845	4114	50000
1848	5200	60000
1852	16080	75500
1862	17000	205000
1875	32000	401000

资料来源:〔意〕卡洛·M.奇拉波主编《欧洲经济史·第四卷·上册·工业社会的兴起》,王铁生等译,商务印书馆,1989,第38页。

这一时期,法国的科学技术也取得了显著进步。据统计,1851~1855年,法国总共颁布技术专利证书14964份,1865~1869年增至22652份。冶金业技术引进和突破十分显著。1854年,德维尔炼出了铝。1856年,法国引进英国先进的贝氏炼钢新技术。1864年法国采用了新的马丁炉炼钢,焦炭炼钢基本取代了木材炼铁。1860~1862年,勒努阿和博·德·罗萨制成了内燃机。在化工领域,1861年,索尔韦发明了新的制碱法。1867年,德里埃造出制冷机。1869年,贝尔热实现了水力发电。[2] 在技术革新的推动下,法国工业总产值从1850年的60亿法郎增加到1870年的120亿法郎。但法国重工业基础薄弱,这一时期轻工业依然占优势地位。

(三) 向垄断资本主义过渡阶段(1871~1914年)

19世纪70年代普法战争之后,由于巨额的战争赔款以及阿尔萨斯和洛林等重要工业区被割让给德国,法国工业一度陷入萧条。19世纪末,随

---

[1] 张芝联主编《法国通史》,辽宁大学出版社,2000,第399页。
[2] 王斯德主编《世界通史·第二编·工业文明的兴盛——16~19世纪的世界史》,华东师范大学出版社,2001,第135页。

着化学等新兴工业的兴起，法国的工业化再次进入快速发展时期。这一时期，由于国家的大力支持以及新技术的采用，冶金、化学、机械制造等重工业部门发展较迅速，并且这些部门中最先出现了生产集中和垄断组织，其中以冶金业最为突出。在冶金工业中，1877年，隆维辛迪加成立，联合了全法国13个最大的铸铁企业。与此同时，西克列达辛迪加掌握全世界铜销售总量的30%。20世纪初，法国的垄断组织得到进一步发展，施耐德和温代尔成为冶金工业中最大的垄断资本家。施耐德的经营范围广，包括钢铁、铁路、公用设施、军火和工业机械，而"钢铁大王"温代尔以洛林为大本营，控制了法国、比利时和卢森堡的铁，以及荷兰的煤。在化学工业中，佩施内、久尔曼和圣戈班三大巨头几乎控制了整个行业的生产。[①]

随着垄断组织的发展，生产的集中非常显著。例如，法国东北部的布里埃盆地，1914年已集中了全法国矿产的80%，其中1/3的产量又出自4个最大的矿山（矿山总数为39个）。1906年，冶金工业中97.2%的工人、采煤工业中98.5%的工人、化学工业中57.1%的工人、金属加工业中50%的工人都在拥有100人以上的大企业中工作。[②] 在此期间，轻工业中也出现了规模较大的垄断组织，其中最著名的垄断组织是亚麻辛迪加，它控制了各国麻织品产量的近90%。[③]

二 法国工业化的成就

在工业化进程中，尽管法国的工业发展较缓慢，但是轻工业和重工业部门都取得了较大的进步，工业总产值显著增加。

（一）棉纺织业

18世纪初，法国的纺织业以分散的家庭手工业为主，生产规模小。18世纪末，法国的工业生产基本上还处于工场手工业阶段。19世纪上半叶，棉纺织业开始使用新的机器生产，工业增长速度加快，棉纺织品成为人民增加收入的主要产品。1803年，阿尔萨斯的棉纺织厂开始采用"珍妮纺纱机"。1805年，织布厂开始使用飞梭织布机。1810年，阿尔萨斯的纺织厂

[①] 沈坚：《近代法国工业化新论》，中国社会科学出版社，1999，第56页。
[②] 樊亢、宋则行等编著《主要资本主义国家经济简史》，人民出版社，1973，第211页。
[③] 余开祥主编《西欧各国经济》，复旦大学出版社，1987，第55页。

中安装了第一批水力纺纱机。1812年，阿尔萨斯一个极小的织布厂里安装了第一台蒸汽机。1815年阿尔萨斯的牟罗兹附近已有50万枚纱锭，1847年时增至115万枚，占法国纱锭总数的1/3。1823年，牟罗兹附近开始使用动力织布机，1830年有2000架投入使用，1848年时增加到1万架。1846年，整个阿尔萨斯棉纺织区只保留了大约1.2万架手织机。

在法国境内各地区中，法国塞纳河附近的诺曼底因水力资源丰富，纺织业发展较快。1846年，诺曼底纺织区就有150万~200万枚纱锭。1867年，诺曼底地区拥有的纱锭占法国纱锭总数的一半以上，里尔地区占1/6，阿尔萨斯地区占1/3。与之相比，北方各省的棉纺织区由于蒸汽机普及速度慢，棉纺织业发展相对落后。1832年，里尔及其近郊仅有24台很小的蒸汽机。1849年，北方各省的整个棉纺织区仅有55万枚纱锭，织布工作也不是集中于工场中，而是在小农家中进行。[①]

19世纪上半叶，法国棉纺织业的增长速度较快，年均增长率达到2%~3%。普法战争之后，1876~1890年法国的棉纺织业进入了停滞期。法国棉纺织业陷入停滞期的主要原因如下。一是1871年普法战争后签署的《法兰克福条约》规定割让阿尔萨斯的大部分地区给德国，打乱了法国的制造业发展，导致阿尔萨斯的制造业主迁到其他地方重新设厂，削弱了棉纺织行业的实力。二是1873年法国与英国及比利时所签订的商业协定，制约了棉纺织业的发展。三是法国根据1881年关税率与其他国家签订了通商条约，对包括英国和比利时在内的一些国家提供最惠国待遇，关税比前十年有所降低，便于质量较好的英国货进入法国市场，对法国本国的棉纺织品造成了冲击。

1892年，法国开始实行梅林关税法，通过高额关税来促进本国工业化，促进了法国棉纺织业的发展。19世纪末20世纪初，法国东部地区棉纺织业的发展尤其迅速。1912年，法国全国的760万枚纱锭中，东部占将近300万枚；法国全国的11万台动力织布机中，东部有6万台。由于棉纺织品产量增加，1909~1914年，法国出口到殖民地的棉纺织品增长迅速。尽管如此，至第一次世界大战之前，法国的棉纺织业发展水平依然不如英国、德国等国家。1912年，法国有760万枚纱锭和14万台织机，与之相比，德国有1050

---

① 〔英〕克拉潘：《1815~1914年法国和德国的经济发展》，傅梦弼译，商务印书馆，1965，第83、280页。

万枚纱锭和23万台织机,英国有5700万枚纱锭和72.5万台织机。[1]

(二)毛纺织业

18世纪,由于法国本土生产的羊毛品质较差,法国毛纺织业一直需要从西班牙进口螺角羊毛。19世纪上半叶,法国的毛纺织业取得了显著进步,主要表现在两方面:一是法国本土培育了螺角羊,生产了优质羊毛,解决了毛纺织业的原料问题;二是法国从英国学会了如何制造羊毛织物和毛呢混纺品。

19世纪上半叶,法国的埃罗省、卢瓦尔-歇尔省、芒什省和卡尔瓦省等多省都有毛纺织中心,毛纺织生产已颇具规模。19世纪60年代后,法国毛织业发展速度加快。法国本国生产的毛织品大量出口到国外。1885~1889年,法国毛织品的年均出口价值达1392万英镑(具体情况见表2-3)。1890~1894年,法国毛织品年均出口价值为1228万英镑,1895~1899年为1088万英镑,高于同期德国、比利时和奥匈帝国的毛织品出口额(具体情况见表2-4)。

表2-3 1885~1904年法国毛织品年均出口价值

单位:百万英镑

年份	出口至英国	出口至其他国家	出口总额
1885~1889	5.53	8.39	13.92
1890~1894	5.82	6.46	12.28
1895~1899	5.89	4.99	10.88
1900~1904	5.23	3.56	8.79

资料来源:D. H. Aldcroft, *The Development of British Industry and Foreign Competition, 1875–1914* (Toronto: University of Toronto Press, 1968), p.141。

表2-4 1875~1904年欧洲主要国家毛织品年均出口价值

单位:百万英镑

年份	英国	德国	法国	比利时	奥匈帝国
1875~1879	19.03	—	12.37	1.44	1.93
1880~1884	20.27	9.00	14.68	1.13	2.30

---

[1] 〔英〕克拉潘:《1815~1914年法国和德国的经济发展》,傅梦弼译,商务印书馆,1965,第282~283页。

续表

年份	英国	德国	法国	比利时	奥匈帝国
1885~1889	22.62	8.75	13.92	1.01	2.04
1890~1894	20.75	8.00	12.28	0.92	1.56
1895~1899	20.28	7.80	10.88	0.70	1.62
1900~1904	20.75	8.82	8.79	0.58	1.89

资料来源：D. H. Aldcroft, *The Development of British Industry and Foreign Competition*, 1875 - 1914 (Toronto: University of Toronto Press, 1968), p.140。

但是需要指出的是，法国毛纺织业的机械化和动力发展缓慢。19世纪60年代以前，尽管部分毛纺织业中采用了大型圆柱梳毛机、水力纺纱机、剪毛机等机器，但很多工序仍然使用人工。在法国部分乡村毛纺织业中，手工织机一直使用到1914年。并且，法国各省毛纺织业采用机器的情况不平衡。1883年，法国机械羊毛织机的45%在北方省，20%在马恩省。19世纪60~80年代，北方省机械羊毛织机的数量以平均每年5.5%的速度增加，而马恩省的增速为2.1%。[1] 埃罗省、芒什省等地方的毛纺织业却在19世纪80年代衰落了。

20世纪初，鲁贝成为法国占支配地位的纺毛中心。1910年，法国约有200万枚纺毛锭，与之相比，1910年英国约有400万枚。法国的纺毛锭差不多有80万枚是在鲁尔和土尔昆这两个相连的城市中，梳毛业差不多全部是在鲁贝。[2]

（三）丝纺织业

19世纪20年代，法国在缫丝和纺丝工业中开始使用机器生产。1835年后，法国的丝织业中开始建立较大型的工厂。法国的丝纺织业以生产高级消费品闻名，里昂是法国著名的丝织中心。1830~1846年，里昂丝织业中的技术工人从4万人增加至6万人。1847年，法国丝纺织业共有纺织机器9万台，其中2/3集中在里昂。[3] 随着丝纺织业的发展，法国丝织品的

---

[1] 〔法〕弗朗索瓦·卡龙：《现代法国经济史》，吴良健、方廷钰译，商务印书馆，1991，第135页。
[2] 〔英〕克拉潘：《1815~1914年法国和德国的经济发展》，傅梦弼译，商务印书馆，1965，第285页。
[3] 樊亢、宋则行主编《外国经济史·近代现代·第一册》，人民出版社，1965，第126页。

输出额从1852年的2.7亿法郎增至1870年的4.5亿法郎。[①]

但是需指出的是，法国丝纺织业采用动力机械的时间较晚。1873～1903年，里昂的动力织机从6000台增至1.8万台，但直至1903年，里昂的手工织机还有5万台。[②] 这些手工织机主要用于家庭工业之中，用于生产精致、华丽的丝织品。

（四）冶金工业

19世纪中叶之前，法国的冶金工业呈现产能低、技术更新缓慢的特点。一是生铁产量增长速度较缓慢。1812年，法国的生铁产量是10万吨左右。1821～1847年，法国的生铁产量从20万吨增至59万吨，增长近2倍。与之相比，英国生铁产量从1821年的40万吨增至1847年的200万吨，增长4倍。由于生铁产量较低，不能满足国内铁路修建的需求，因此，直至19世纪中叶，法国还需要从英国进口铁轨。二是冶金工业中开工的炼铁炉和从业人员数量增长较缓慢。1830～1846年，法国冶金工业从业人员从2.5万人增至3.8万人，开工的炼铁炉从408个增至471个，仅增长63个。1841～1861年，法国冶金工业中开工的企业数量从1023家减少至1016家。[③] 三是尽管法国从1815年开始引进英国的焦炭炼铁、搅炼、旋转炼等技术，但从总体上看，19世纪上半叶，法国的冶金工业技术更新较缓慢。至1850年，法国的铸铁还有很大一部分依靠木炭进行生产，具体情况见表2-5。

表2-5 法国冶金业的高炉数量和铸铁产量

年份	高炉数量（个）		铸铁产量（吨）	
	使用木炭的高炉	使用焦炭的高炉	使用木炭生产的铸铁	使用焦炭生产的铸铁
1819	—	—	110500	2000
1825	379	14	194166	4000

---

① 四川大学经济系五六级同学集体编《外国国民经济史讲稿（近代、现代部分）上册》，高等教育出版社，1959，第78页。

② 〔英〕克拉潘：《1815～1914年法国和德国的经济发展》，傅梦弼译，商务印书馆，1965，第288页。

③ 〔苏〕列·阿·门德尔逊：《经济危机和周期的理论与历史·第二卷》，吴纪先等译，生活·读书·新知三联书店，1976，第894～896页。

续表

年份	高炉数量（个）		铸铁产量（吨）	
	使用木炭的高炉	使用焦炭的高炉	使用木炭生产的铸铁	使用焦炭生产的铸铁
1830	379	29	239257	27300
1835	410	28	241484	48314
1840	421	41	270710	70063
1845	353	79	246400	137000
1850	—	—	229400	176000
1860	282	113	316000	582000
1870	91	142	1178000	

资料来源：〔意〕卡洛·M.奇拉波主编《欧洲经济史·第四卷·上册·工业社会的兴起》，王铁生等译，商务印书馆，1989，第46页。

尽管如此，19世纪40年代后，由于铁路的修建，对机车、铁轨、车皮、钢梁、钢板等的需求增加，促进了法国冶金业的快速发展。19世纪50~60年代，法国生铁产量增长迅速。1869年，法国的生铁产量已经达到138万吨，其中3/4都是用焦炭冶炼的。法国钢产量在1851年只有1万吨，19世纪60年代开始采用贝塞麦炼钢法后钢产量有所增加，至1869年增至10万吨。① 1869年，法国钢和熟铁总产量第一次达到100万吨，仅次于英国同类产品的产量。②

19世纪70年代后，由于法国钢铁产业中引进托马斯炼钢法，冶金业迅速发展。1880~1913年，法国的生铁产量从172.5万吨增至907.1万吨，钢材产量从135.5万吨增至359.2万吨（具体见表2-6）。③ 至第一次世界大战之前，尽管法国冶金业的发展速度不如德国，但已经进入了欧洲前列。

---

① 樊亢、宋则行主编《外国经济史·近代现代·第一册》，人民出版社，1965，第128页。
② 〔英〕克拉潘：《1815~1914年法国和德国的经济发展》，傅梦弼译，商务印书馆，1965，第269~270页。
③ 〔英〕克拉潘：《1815~1914年法国和德国的经济发展》，傅梦弼译，商务印书馆，1965，第271页。

表 2-6　1871~1913 年法国钢铁生产情况

年份	炼铁厂工人数（千人）	生铁（包括铁合金）高炉数（座）用焦炭	生铁（包括铁合金）高炉数（座）其他	电炉数（座）	产量（千吨）	钢产量[a]（千吨）	钢材产量（千吨）
1871	—	114	77	—	860	86	759
1875	48.3	149	93	—	1448	256	1047
1880	58.6	139	44	—	1725	389	1355
1885	55.1	99	26	—	2063	554	1337
1890	58.2	100	9	—	2602	683	1406
1895	61.7	89	7	—	2833	876	1470
1899	77.1	103	8	—	3868	1499	2074
1900	79.9	111	10	—	4238	1565	1935
1905	78.2	110	6	73	5246	2255	2112
1910	98.9	113	4	68	6761	3413	2850
1912	111.9	127	2	80	8088	4429	3775
1913	118.0	129	2	76	9071	4687	3592

注：a1888 年以前为钢制品产量；1871~1913 年的数据不包括阿尔萨斯和洛林。

资料来源：中国科学院经济研究所世界经济研究室编《主要资本主义国家经济统计集：1848~1960》，世界知识出版社，1962，第 334 页。

（五）煤炭工业

法国早在 15 世纪就在德卡兹维尔开采出了煤炭。1734 年，北部矿区已开始开采煤炭。法国煤矿可分为北部煤矿和中部煤矿，北部煤矿拥有瓦朗谢纳煤田，中部煤矿（卢瓦尔地区的煤矿）包括德卡兹维尔、布朗济、圣太田、勒克勒佐、埃皮纳克等 10 个矿区。1846 年，法国北部发现加来海峡煤矿。此后，加来海峡煤矿的产量增长迅速。除此之外，法国的东部、南部、西部也都散布着一些小煤矿。[①]

1830 年，法国煤炭产量为 186 万吨，其中卢瓦尔煤矿的产量占法国总产量的 43%。1840 年，法国的煤炭开采量增至 300 万吨。19 世纪 50~60 年代，法国的煤炭产量增长迅速。1850~1870 年，法国的煤炭产量从 443 万吨增至 1333 万吨。19 世纪 70 年代至第一次世界大战之前，法国的煤炭产量增长速度变缓。

---

① 〔意〕卡洛·M. 奇拉波主编《欧洲经济史·第四卷·上册·工业社会的兴起》，王铁生等译，商务印书馆，1989，第 41 页。

1895~1904年，法国煤炭产量年均增长率下降到1.9%。1900年，法国煤炭产量达到3340万吨，在资本主义国家中位居第四。在法国境内，北部的加来海峡煤矿占据非常重要的地位。1886年，加来海峡煤矿的煤炭产量超过法国总产量的一半，而到第一次世界大战前夕，达到2/3。[1]

法国的采煤业存在煤炭资源不足、开采难度大、运输成本高、优质煤缺乏等问题。在19世纪的工业化进程中，法国煤炭开采量的增长速度不如英国、美国和德国。主要原因有以下两点。一是法国交通运输发展缓慢，煤炭运输成本高。法国煤炭运输成本是开采成本的两到三倍。1830年前后，法国国内产地的煤价为每吨15法郎，经卢瓦尔河运抵米卢斯后提高到每吨45~55法郎。[2] 二是缺乏优质煤炭资源，开采技术更新缓慢。由于国内煤炭产量有限，法国长期需要从国外进口煤炭。1820年，法国煤炭进口量占消费总量的20%。此后40年间进口煤炭所占比例一直在上升，1860年达到41.83%。1870~1890年，进口煤炭所占比例虽然有所下降，但仍然保持在较高水平（具体见表2-7）。

表2-7 1789~1900年法国煤炭的生产量、消费量和进口量

单位：万吨，%

年份	生产量	消费量	进口量	进口量在消费量中的占比
1789	23.0	45.0	—	—
1815	88.2	110.0	—	—
1820	109.4	130.0	—	—
1827	169.1	222.6	54.0	24.26
1830	186.3	249.4	63.1	25.30
1840	300.0	425.7	125.7	29.52
1850	443.4	722.5	279.1	38.62
1860	830.0	1427.0	597.0	41.83
1870	1333.0	2143.2	830.4	38.74

---

[1] 〔法〕弗朗索瓦·卡龙：《现代法国经济史》，吴良健、方廷钰译，商务印书馆，1991，第142页。
[2] 〔意〕卡洛·M.奇拉波主编《欧洲经济史·第四卷·上册·工业社会的兴起》，王铁生等译，商务印书馆，1989，第42页。

续表

年份	生产量	消费量	进口量	进口量在消费量中的占比
1880	1936.2	2884.6	948.4	32.88
1890	2608.3	3665.3	1052.0	28.70
1900	3340.4	4880.3	1539.9	31.55

资料来源：〔意〕卡洛·M.奇拉波主编《欧洲经济史·第四卷·上册·工业社会的兴起》，王铁生等译，商务印书馆，1989，第41页；中国科学院经济研究所世界经济研究室编《主要资本主义国家经济统计集：1848～1960》，世界知识出版社，1962，第336页。

（六）其他工业部门

19世纪90年代，法国兴起了汽车工业，发展十分迅速。汽车工业兴起后，企业引进了流水线作业方法和先进的工厂管理制度，汽车企业数量增长迅速，企业规模扩大。1900～1914年，法国的汽车企业数量从30家增加至155家。20世纪初，汽车工业出现了集中生产的趋势。例如，法国生产汽车的雷诺厂，1898年只有6名工人，每年生产6辆汽车，到1913年就已经有了4000名员工，每年生产4500辆汽车，相当于全国产量的1/10。1913年，法国的汽车产量仅次于美国，位居世界第二，但法国是第一大汽车出口国。汽车工业的兴起推动了钢铁、玻璃和橡胶等工业生产部门的发展。

此外，电力部门也是法国一个新兴的工业部门。19世纪末20世纪初，电力部门发电量增长迅速，对法国的经济发展发挥了重要作用。1900～1913年，法国的发电总量从3亿千瓦时增加到18亿千瓦时。法国电力的发展带动了涡轮发电机的发明和生产，也推动了修筑大坝和开挖隧道的机械设备的改进，而且廉价的电能推动了造纸、化工和金属加工等工业的发展。[1] 1866～1906年，法国化学工业中的就业人数从4.9万人增至12.5万人。[2]

综上所述，19世纪至20世纪初，在法国工业化进程中，除了电力、化学、汽车工业等新兴的工业部门发展较快外，冶金、煤炭等重工业部门和纺织业等轻工业部门也取得了显著成就。

---

[1] 沈坚：《近代法国工业化新论》，中国社会科学出版社，1999，第57页。
[2] 伍纯武：《法国社会经济史》，商务印书馆，1936，第197页。

第三节 法国工业化的特点及影响

法国的工业化模式既不同于英美模式（自由放任型），也不同于德日模式（政府主导型），是一种介于内生型和模仿型工业化模式之间的特殊类型。19世纪中叶，英国在自由放任经济发展模式的基础上确立了世界工厂的地位。在英国工业化取得世界优势地位的情况下，法国难以完全模仿英国模式实现经济发展。至于政府主导型工业化模式，法国早在路易十四时期就拥有强大的国家政权，但受诸多因素影响，未能促进工业迅速发展。因此，法国的改革志士试图以建立政治民主体制为先导的方式推动经济起飞，却因陷入反复的政治动荡而失败。因此，19世纪至第二次世界大战前，法国在自由放任式的工业化发展模式和政府主导型的工业化模式之间摇摆不定。[1]

一 法国工业化的特点

法国的工业化道路和工业化进程不同于英国和德国，具有自身的特点。

（一）法国工业化进展较缓慢，但具有循序渐进的特点

法国是继英国之后第二个进行工业革命的国家。在工业革命之前，法国已经拥有较发达的工场手工业。1815～1850年，法国工业发展速度较快。至1820年，法国仍然是世界上最大的工业国，至少在工业产值方面如此。[2] 七月王朝时期，法国工业总产值年均增长率达到3%～3.5%，接近英国的水平。[3] 19世纪50年代，法国的工业产值仅次于英国，位居世界第二。

19世纪下半叶，与英国、美国和德国相比，法国的工业增长速度相对缓慢。至1860年，法国工业产值在世界工业总产值中所占的比例已低于美

---

[1] 陈晓律：《论不同国家发展模式及其转轨》，《历史教学问题》1999年第4期，第29～36页。
[2] H. Jeff, *The Path Not Taken: French Industrialization in the Age of Revolution, 1750–1830* (Cambridge: The MIT Press, 2008), p. 3.
[3] 黄新：《法国：没有工业革命的工业化》，《南宁师专学报》1997年第1期，第43页。

国、英国、德国三国,且该比例在之后的60年里一直呈下降趋势。19世纪下半叶,法国工业产值退居世界第四位。1913年,法国工业产值仅占世界工业总产值的6%,同年,美国为38%,英国为14%,德国为16%。在第一次世界大战之前,法国的工业化水平和经济发展实力都远远落后于英国、美国、德国。可以看出,法国的工业化进展相对缓慢。

法国工业发展相对缓慢的主要原因有六:一是法国大革命之前,封建统治者连年征战,国债负担加重,从而加大了对农民、小地主和企业家的征税力度,削弱了广大人民的购买力;二是法国政府对国内市场严加保护,排斥外国商品进入,削弱了法国企业的竞争力;三是法国的高利贷资本比工业资本丰富,大量资本流向国外,影响了法国本土工业资本的投入和企业规模的扩大;四是法国农业资本主义发展较为缓慢,小农经济长期占主导地位,制约了雇佣劳动力的形成;五是资源条件不佳,大部分燃料依靠进口,增加了工业生产成本,削弱了法国工业产品的竞争力;六是19世纪法国教育落后于美国和德国,影响了劳动力素质的提高。[①]

尽管如此,在工业化进程中,法国的轻工业、重工业都取得了显著成就,工业化呈现渐进性和持续性发展的特点。以纺织工业为例,1828~1869年,法国6个东方省的纱锭数从55.7万枚增至210万枚,棉纱产量从1828年的4500吨增至1856年的2万吨。19世纪下半叶至20世纪初,法国的棉纺织业进一步缓慢发展。1877~1904年,棉纺织业的纱锭数从460万枚增长至615万枚。随着工业化的推进,法国的国民收入显著提高,从1850年的84亿法郎增至1900年的260亿法郎。[②]

(二)工业化进程中轻工业占优势地位

法国生产的食品、织物、家具、工艺品、首饰、化妆品等在世界上享有良好的声誉,特别是法国生产的高质量轻工产品或奢侈品闻名于世。据统计,1825~1854年,包括布料加工在内的纺织业产值占全部工业产值的40%;19世纪60年代,占比约为31%。[③] 1861~1865年,在法国工业

[①] 费希杰:《论近代法国工业化进程相对缓慢的深层原因》,《山东师范大学学报》(社会科学版)1998年第5期,第39~43页。

[②] 〔苏〕列·阿·门德尔逊:《经济危机和周期的理论与历史·第二卷》,吴纪先等译,生活·读书·新知三联书店,1976,第845、900、902页。

[③] 沈坚:《近代法国工业化新论》,中国社会科学出版社,1999,第40页。

总产值中,纺织业及与之相关的服装工业、食品工业等轻工业所占比重大(具体情况见表2-8)。

在纺织行业中,棉纺织业、毛纺织业、丝纺织业和麻纺织业并驾齐驱。首先,在棉纺织业方面,1834~1871年,仅上莱茵省的纱锭数就从53万枚增至141万枚,纱产量从6000吨增至2万吨。1875年,法国棉纺织业有1083家企业,就业工人达11.4万人。其次,在毛纺织业方面,1846~1869年,法国全国的毛纺织业纱锭数从126万枚增加到277万枚,至1873年,有机械织机2.4万台。再次,在丝纺织业方面,1830年,法国的丝织业有织机6.5万台,1867年达13.5万台。最后,在麻纺织业方面,1847~1877年,法国的亚麻和大麻工业纱锭数从21万枚增至59万枚。1875年,法国的亚麻、大麻、黄麻工业有699家企业,就业工人6.2万人。[①]

表2-8 1861~1865年各工业部门产值占工业总产值的比例

单位:%

工业部门	占比
纺织业(含印染)	31.4
食品工业	20.8
金属制品业	5.8
采掘工业	5.8
服装工业	5.2
冶金工业	5.1
科学和艺术品工业	5.1
化学工业	4.6
皮革业	3.4
交通运输材料业	2.6
木制品业	1.9
建筑材料业	1.8
家具工业	1.8
陶瓷业	1.7
奢侈品和娱乐品工业	1.7

---

① 〔苏〕列·阿·门德尔逊:《经济危机和周期的理论与历史·第二卷》,吴纪先等译,生活·读书·新知三联书店,1976,第902~909页。

续表

工业部门	占比
照明工业	1.4

资料来源：沈坚《近代法国工业化新论》，中国社会科学出版社，1999，第39页。

19世纪60年代末期，法国轻工业中仅纺织、服装、食品、家具和奢侈品等工业部门的总产值就有15亿法郎，而全部采矿业和金属加工业的资产只有5.65亿法郎。① 由于轻工业生产占优势地位，19世纪90年代末至20世纪初，法国超过40%的工人在纺织、服装、皮革部门就业（具体情况见表2-9）。

表2-9 1896年和1913年法国各工业部门中就业工人所占比例

单位：%

工业部门	1896年	1913年
农业和食品工业	7.8	7.8
矿物燃料业	2.8	3.6
电力、水力、金属加工业	0.2	0.4
建筑材料业	4.3	4.3
冶炼业	1.3	1.8
工程工业	11.0	12.9
化学工业	1.2	1.6
纺织、服装、皮革业	46.5	42.4
其他各种工业	11.0	10.9
建筑、公共工程项目	13.9	14.3
合计	100	100

资料来源：〔法〕弗朗索瓦·卡龙《现代法国经济史》，吴良健、方廷钰译，商务印书馆，1991，第128页。

（三）大企业和小企业共同发展，但中小企业占优势

随着工业化的开启，纺织业、服装业等行业中逐渐出现了一些规模较大的企业。在大企业不断发展的同时，法国的中小企业仍然占重要地位。19世纪60年代末，法国已基本完成第一次工业革命，但现代化的大工业

① 姜德昌、夏景才主编《资本主义现代化比较研究》，吉林人民出版社，1989，第215页。

占比极少。当时,工人数量不到10人的中小企业占企业总数的75%,全国69%的工人在中小企业工作,每家企业平均只有2.7名工人。19世纪下半叶,法国在第二次工业革命期间,重工业和轻工业部门进一步发展。然而,直到19世纪末20世纪初,现代化的大企业在法国依然占少数。1896年,在全国企业中,规模不到10人的企业占62%,1906年占59%。1896年,11~100人的企业占17%,1906年占16%。1896年,100人以上的大企业占21%,1906年占25%。[①]

然而,值得一提的是,20世纪初,法国大企业的雇佣工人数量比19世纪有所增长。1906年,法国的就业工人中,32%就业于1~10人的企业,28%就业于11~100人的企业,40%就业于超过100人的企业。[②] 可见,在法国19世纪到20世纪初的工业化进程中,尽管中小企业占优势地位,但是大企业的规模不断扩大。

(四) 工业化进程中资本输出增大

在工业化进程中,法国积累起来的大量资本不断输往国外,以获取高额的利润。输往国外的资本远远超过投资于本国的资本。19世纪下半叶到20世纪初,随着工业的发展,法国的对外投资额呈增长趋势,1914年达600亿法郎(具体情况见表2-10)。

表2-10 1869~1914年法国对外投资额

单位:亿法郎

年份	对外投资额
1869	100
1880	150
1890	200
1902	270
1914	600

资料来源:夏炎德《欧美经济史》,上海三联书店,1991,第459页。

19世纪末20世纪初,法国的对外投资额超过德国,仅次于英国。[③]

[①] 楼均信:《试论法国的工业近代化》,《杭州大学学报》1991年第3期,第99页。
[②] 沈坚:《近代法国工业化新论》,中国社会科学出版社,1999,第45页。
[③] 夏炎德:《欧美经济史》,上海三联书店,1991,第459页。

1885年法国资本输出额仅有33亿美元,到1915年增加到86亿美元,仅次于英国(195亿美元),成为第二大资本输出国。然而,法国的资本输出与英国有很大差别,主要体现在以下两个方面。

一是从资本输出形式看,英国输出的主要是生产资本,而法国输出的主要是借贷资本。1850年,法国在市场上公开挂牌上市的28种外国证券中24种是国债,1880年挂牌的137种外国证券中有85种是国债,1912年挂牌的464种外国证券中有230种是国债。还有数据表明,法国在俄国、奥匈帝国、土耳其和保加利亚的输出资本80%是国家借款,而英国输出资本中国家借贷资本只占1/4,德国也只有1/2。[1]

二是从资本输出地看,英国主要将资本输往其殖民地,而法国资本的主要输出地是欧洲,尤其是东欧和俄国。其中,俄国是法国资本输出最多的国家。20世纪初,法国输出资本的52%在欧洲,而英国只有5%。1914年,法国国外投资中的30%是投往俄国,而只有9%投往法国的殖民地。[2] 大量资金外流,制约了法国本国工业的发展。19世纪下半叶,法国工业产量比19世纪上半叶增长2倍。[3]

二 法国工业化的影响

法国的工业化与英国的工业化一样,对城市发展、交通运输、对外贸易等方面都产生了影响。

(一) 推动城市化进程

中世纪时,法国的要塞、城堡或修道院等地方兴起了一些城市,但是除了巴黎外,大多数城市规模不大。16~17世纪,法国已经形成了一个相当密集的城市网。从18世纪初到18世纪末,法国人口从2000万增至2800万。城市人口所占比例从1700年的15%左右增至1800年的20%[4],许多城市的规模扩大了。例如,18世纪,里昂的人口从1697年的7万发展到

---

[1] 沈坚:《近代法国工业化新论》,中国社会科学出版社,1999,第149~150页。
[2] 沈坚:《近代法国工业化新论》,中国社会科学出版社,1999,第150页。
[3] 〔法〕乔治·杜比主编《法国史·中卷》,吕一民等译,中国出版集团,2010,第1028页。
[4] R. Roehl, "French Industrialization: A Reconsideration", *Explorations in Economic History*, Vol. 13, Issue 3, 1976, p. 259.

1762年的11.5万。①

1811~1821年，法国的城市数量由422个增至455个，城市人口从420万增至459万②，增速缓慢。19世纪30年代至40年代，随着工业增长速度的加快和交通运输条件的改善，大量农村人口流入城市，推动了法国城市化进程。1831~1846年，法国人口在10万以上的大城市从3个增至4个，人口在5万~10万的城市由5个增至9个（具体情况见表2-11）。1848年，巴黎、马赛、里昂、波尔多和鲁昂的人口都已经超过10万。其中，里昂是丝织业城市，其他4个是商业城市。

表2-11 1801~1846年法国前25大城市人口变化情况

单位：人

1801年		1831年		1846年	
城市	人口数量	城市	人口数量	城市	人口数量
巴黎	547756	巴黎	774338	巴黎	1053897
马赛	111130	马赛	145115	马赛	183181
里昂	109500	里昂	133715	里昂	177976
波尔多	90992	波尔多	99062	波尔多	121520
鲁昂	87000	鲁昂	88086	鲁昂	99295
南特	73879	南特	77992	图鲁兹	94236
里尔	54756	里尔	67073	南特	94194
图鲁兹	50171	图鲁兹	59630	里尔	75430
斯特拉斯堡	49056	斯特拉斯堡	49712	斯特拉斯堡	71992
亚眠	40289	亚眠	45001	土伦	62832
尼姆	38800	梅兹	44416	布雷斯特	62792
奥尔良	36165	尼姆	41226	梅兹	55112
蒙彼利埃	33913	奥尔良	40161	尼姆	53497
昂热	33000	卡昂	39140	圣埃蒂安纳	49612
梅兹	32099	兰斯	35971	亚眠	49591
卡昂	30900	蒙彼利埃	35285	奥尔良	46258

---

① 〔法〕菲利普·潘什梅尔：《法国·下·环境：农村、工业和城市》，叶闻法译，上海译文出版社，1980，第189页。
② 陈恒等：《西方城市史学》，商务印书馆，2017，第327页。

续表

1801 年		1831 年		1846 年	
城市	人口数量	城市	人口数量	城市	人口数量
贝桑松	30000	圣埃蒂安纳	33064	蒙彼利埃	45794
南锡	29740	昂热	32743	昂热	44781
布雷斯特	27000	阿维尼翁	29889	卡昂	44047
雷恩	25904	布雷斯特	29860	兰斯	44015
凡尔赛	25000	南锡	29783	南锡	42765
克莱蒙	24478	雷恩	29680	贝桑松	39949
特鲁瓦	23880	贝桑松	29167	雷恩	39218
埃克斯	23686	凡尔赛	28477	利摩日	38119
格勒诺布尔	23500	土伦	28419	阿维尼翁	35169

资料来源：陈恒等《西方城市史学》，商务印书馆，2017，第327页。

19世纪50年代是法国工业化迅速发展时期，每年有10万～12万名农民流入城市[1]，城市人口增长较快。第二帝国时期，随着工业的发展，法国加大了对巴黎等城市的改造，城市面貌焕然一新。同时，由于大量人口流入城市，农村人口减少，城市人口大幅增长。1851～1866年，法国城市人口从913万上升到1159万，同期在全国总人口中，居住在5万名居民以上城市者所占比例由5.44%上升到10.83%。城市人口的增多和工业化的发展，吸引了广大农民到城市就业，引起农村人口减少，1851～1866年，农村人口所占比例从74.5%下降至69.5%。[2]

19世纪下半叶至20世纪初，城市交通条件和生活条件进一步改善，吸引了大量农村人口进入城市。1876～1881年、1896～1901年和1906～1911年，法国出现了三次移民高潮。1880～1910年，法国巴黎、里昂、马赛三大城市的人口总数从300.1万增加到391.1万。至1914年，城市人口占总人口的45%，农村人口占55%，拥有10万以上人口的城市达到16个。[3]

但是，总体上看，与英国和德国相比，法国的城市化进程缓慢。1840年，英国城市人口比例已达48.3%，而法国1870年城市人口仅占25%。

---

[1] 马生祥：《法国现代化》，河北人民出版社，2004，第895页。
[2] 马生祥：《法国现代化》，河北人民出版社，2004，第902页。
[3] 马生祥：《法国现代化》，河北人民出版社，2004，第906页。

直到1911年,法国仍然有很多人居住在农村,农村人口占总人口的55.8%(见表2-12)。1914年,法国只有13%的人生活在居民超过10万人的大城市。同年,法国有16个人口超过10万的城市,而德国有45个,英国有47个。[1] 如果说近代主要资本主义国家的城市化中英国属早熟型,德国、美国为后起急速型,那么法国则是后起缓慢型的典型。[2]

表2-12 1851~1911年法国总人口及城乡人口情况

单位:千人,%

年份	总人口	城市人口	农村人口	农村比重
1851	35783	9135	26648	74.5
1856	36039	9845	26194	72.7
1866	38067	11595	26472	69.5
1876	36906	11972	24934	67.6
1886	38219	13767	24452	64.0
1896	38518	15026	23492	61.0
1906	39252	16537	22715	57.9
1911	39602	17509	22093	55.8

资料来源:中国科学院经济研究所世界经济研究室编《主要资本主义国家经济统计集:1848~1960》,世界知识出版社,1962,第313页。

(二)推动交通运输业的发展

法国大革命前,法国已经建立了公路网,并修建了1000千米的运河。第一帝国时期,法国非常重视交通条件的改善。拿破仑时期,法国修建了巴黎大码头,改良了18条河道,修建了200千米以上的新运河,完成了多条公路的建设和修补,促进了法国交通运输的发展。拿破仑下台后复辟的波旁王朝和七月王朝也非常重视交通条件的改善,继续开挖运河,修建新的省级和县级公路。1830年之前,法国已经拥有了2100千米以上的可通航运河。1830~1848年,法国又增加了2000千米的水道[3],连通了罗讷河

---

[1] 〔法〕乔治·杜比主编《法国史·中卷》,吕一民等译,商务印书馆,2010,第1004页。
[2] 李其荣编著《世界城市史话》,湖北人民出版社,1997,第93页。
[3] 〔英〕克拉潘:《1815~1914年法国和德国的经济发展》,傅梦弼译,商务印书馆,1965,第126~127页。

与莱茵河、马恩河与索恩河等河流,并将巴黎与北部、东部工业区连接起来,推动了采矿业和冶金业的发展。在政府的大力支持下,1848年之前,法国已经拥有3.4万千米的国家公路和3200千米的运河。①

19世纪60年代后,为了促进工业的发展,法国政府对塞纳河、马恩河等河道进行了改良,以增加水道的货运量。1886~1896年,河道和运河船只载运的货物吨位数从2100万吨增至2950万吨,1906年增至3410万吨,1913年达4200万吨。19世纪下半叶,法国还开凿了一些运河。1869~1900年,法国通航运河从4560千米增至4850千米。②

在铁路建设方面,法国于1823年修建了第一条长20千米的铁路,主要用于运煤。1830~1840年,法国铁路建设速度相对缓慢。至1840年,法国还只有400千米长的铁路,而英国已达到2000千米,美国达到5000千米。③1842年,法国政府通过了建设铁路的法令,旨在建立以巴黎为中心、辐射各大城市的铁路网,掀起铁路建设的高潮。到1848年,法国已建成2200多千米的铁路。

第二帝国时期,在工业革命快速推进、政治稳定、经济繁荣、政府大力扶持铁路发展等有利因素的推动下,法国掀起了投资铁路的热潮,铁路建设进入了黄金时期。1852年,法国投资铁路建设的资金达1.31亿法郎,1853年增至2.69亿法郎,1854年增至3.39亿法郎,1855年达到4.96亿法郎。④

第二帝国时期,法国陆续建成了由首都通向四方的主要铁路干线。巴黎—波尔多(1853年)、巴黎—斯特拉斯堡(1853年)、巴黎—马赛(1856年)与巴黎—布雷斯特(1863年)等铁路干线相继完成。法国从此有了分布比较均衡的铁路网,此外,还修建了许多地方性的铁路。⑤1851~1869年,法国的铁路里程不断增长(具体见表2-13)。1869年,法国的铁路里程近17000千米,铁路载运的旅客达1亿人次,货物载运量达4000多万吨。⑥

---

① 楼均信:《试论法国的工业近代化》,《杭州大学学报》1991年第3期,第97页。
② 〔英〕克拉潘:《1815~1914年法国和德国的经济发展》,傅梦弼译,商务印书馆,1965,第390页。
③ 沈坚:《近代法国工业化新论》,中国社会科学出版社,1999,第153页。
④ 沈坚:《近代法国工业化新论》,中国社会科学出版社,1999,第157页。
⑤ 郭华榕:《法兰西第二帝国史》,北京大学出版社,1991,第101页。
⑥ 楼均信:《试论法国的工业近代化》,《杭州大学学报》1991年第3期,第98页。

表 2-13　1850~1870 年法国铁路里程

单位：千米

年份	铁路里程	年份	铁路里程	年份	铁路里程	年份	铁路里程	年份	铁路里程
1851	3558	1855	5532	1859	9084	1863	12032	1867	15634
1853	4036	1857	7445	1861	10004	1865	13610	1869	16994

资料来源：郭华榕《法兰西第二帝国史》，北京大学出版社，1991，第 101 页。

19 世纪下半叶，法国加强铁路支线建设，全国铁路里程增长十分迅速。到 1890 年，法国的铁路里程已超过了英国，表明法国发展铁路的后劲强。20 世纪初，法国分别于 1900 年、1913 年再次掀起铁路建设的热潮。1913 年，法国铁路里程已是意大利的 2 倍多，西班牙的 2 倍多，比英国多 8000 千米（具体情况见表 2-14），铁路运输能力日益提升。

表 2-14　1860 年和 1913 年部分西欧国家铁路建设情况

国家	领土面积（万平方千米）	1860 年 人口数量（万人）	1860 年 铁路里程（千米）	1913 年 人口数量（万人）	1913 年 铁路里程（千米）
意大利	28.7	2500	2000	3500	18000
英国	22.8	2300	15000	4200	33000
法国	53.6	3500	9000	3900	41000
德国	54.1	3700	12000	6800	64000
西班牙	50.4	1600	2000	2000	15000

注：领土面积指 1913 年前的疆域。

资料来源：P. O'Brien, ed., *Railways and the Economic Development of Western Europe, 1830-1914* (Oxford: The Macmillan Press Ltd., 1983), p.52。

随着铁路网的完善，法国的交通运输日益便利，铁路货运量不断增长，运输成本日益下降。1845~1913 年，法国运输货物的每千米运费下降了 50%。至 1914 年，通过铁路运输的货物占全国货物运输总量的 70%。[①] 铁路与水路、公路相互补充，构成了法国相对先进的交通系统，进一步推动了法国的经济增长和工业发展。

---

① P. O'Brien, ed., *Railways and the Economic Development of Western Europe, 1830-1914* (Oxford: The Macmillan Press Ltd., 1983), pp.7-11.

（三）促进对外贸易的发展

工业革命开启后，工业原料需求大增，法国从东方进口生丝，从印度和美洲进口棉花，从英国进口煤炭。

19世纪20~70年代，法国进口货物中工业原料所占比重较大（具体见表2-15）。尤其是1845~1854年，由于法国工业快速发展，进口货物中工业原料所占比重从67.5%增加到71.6%，而制造品进口所占的比例有所下降（具体情况见表2-15）。

表2-15 1827~1879年法国进口货物所占比例

单位：%

年份	食物	工业原料	制造品
1827~1829	27.8	53.7	8.5
1830~1834	23.1	64.2	6.7
1835~1839	20.2	71.1	8.8
1840~1844	23.2	70.1	6.7
1845~1849	27.0	67.5	5.5
1850~1854	23.4	71.6	5.0
1855~1859	28.9	67.0	4.1
1860~1864	25.3	69.3	5.4
1865~1869	23.3	69.2	7.5
1870~1874	27.2	62.4	10.4
1875~1879	30.6	58.2	11.2

资料来源：〔法〕弗朗索瓦·卡龙《现代法国经济史》，吴良健、方廷钰译，商务印书馆，1991，第87页。

法国进口的原材料中位居前列的是纺织业原料。法兰西第二帝国时期，由于纺织业的发展，法国进口的羊毛、棉花等纺织业原料大增。第二帝国末期，澳大利亚、阿根廷等地的羊毛大量输入法国。羊毛进口值从1847~1856年的每年平均5200万法郎上升至1867~1876年的每年平均2.7亿法郎。

19世纪下半叶，法国重工业的发展促进了煤炭的进口。1841~1845年，法国从英国进口的煤炭为47.6万吨，1861~1865年增至139.2万吨，1876~

1880年达300万吨。① 同期，法国的对外贸易总额不断增长。1860~1910年，法国的贸易总额从58亿法郎增至172亿法郎（具体见表2-16）。

表2-16 1830~1910年法国对外贸易额

单位：百万法郎

年份	贸易总额 合计	贸易总额 进口	贸易总额 出口	进口 合计	进口 食物	进口 工业原料	进口 制成品	出口 合计	出口 食物	出口 工业原料	出口 制成品
1830	1211	638	573	489	154	303	32	453	120	—	333
1840	2063	1052	1011	747	190	507	50	695	184	—	511
1850	2555	1120	1435	791	131	619	41	1068	322	—	746
1860	5805	2657	3148	1897	395	1443	59	2277	849	—	1428
1870	6954	3498	3456	2867	802	1777	288	2802	1377	—	1425
1880	10725	6113	4612	5033	1962	2472	599	3468	811	817	1840
1890	10293	5453	4840	4437	1445	2373	619	3753	855	897	2001
1900	11510	5988	5522	4698	819	3036	843	4109	769	1085	2255
1910	17208	9103	8105	7174	1413	4346	1415	6234	858	1931	3445

资料来源：杨昇同等编著《世界主要资本主义国家工业化的条件、方法和特点》，上海人民出版社，1959，第53页。

整个19世纪，法国对外贸易取得了显著的成绩。1820~1850年，商品出口额从3.73亿法郎增至10.68亿法郎；1870~1890年，商品出口额从28.01亿法郎增至37.47亿法郎；1913年达68.64亿法郎。进口额从1820年的3.6亿法郎增加到1913年的84.21亿法郎。②

总之，19世纪至20世纪初，工业化不仅促进了法国对外贸易的发展，而且对城市化、经济结构、国民财富和人民生活等方面都产生了影响。随着工业化的推进，法国的经济结构发生了显著变化，纺织工业和食品工业在法国工业中所占比重不断下降，而金属制造业和金属加工业的比重不断上升（具体情况见表2-17）。

---

① 〔法〕弗朗索瓦·卡龙：《现代法国经济史》，吴良健、方廷钰译，商务印书馆，1991，第88页。
② 沈坚：《近代法国工业化新论》，中国社会科学出版社，1999，第108页。

表 2-17　1845~1854 年和 1905~1913 年法国部分工业部门产值占比

单位：%

工业部门	1845~1854 年	1905~1913 年
电力工业	—	0.7
固体矿物燃料业	0.5	2.7
金属制造业	0.9	2.4
金属加工业	3.9	12.7
纺织工业	19.8	16.5
食品工业	16.0	14.0
服装和纺织品加工业	20.1	14.9
建筑和公共工程	23.2	13.2

资料来源：〔法〕乔治·杜比《法国史》，吕一民等译，商务印书馆，2010，第 1031 页。

伴随着工业化的发展，法国国民财富和国民收入也有显著的增长。据统计，1815~1914 年，法国年均经济增长率为 1.4%。[1] 国民财富从 1853 年的 1250 亿法郎增至 1900 年的 1950 亿法郎。[2]

综上所述，尽管 19 世纪法国工业的发展速度比美国和德国等国家缓慢，工业化规模相对较小，但是法国的工业化也取得了较大的成就。19 世纪上半叶，尤其是法兰西第二帝国时期，法国工业出现较大幅度增长，其中钢铁工业的年均增长率达到 10% 以上，其他工业部门的年均增长率达到 3%~6%。至法兰西第二帝国末年，机器大生产已经成为法国主要的工业生产形式，法国基本完成了工业革命。1885 年至第一次世界大战前，法国的冶金业以及化学、电力等新兴工业发展速度快，工业生产占据优势地位，工业化成就毋庸置疑。

---

[1] H. Jeff, *The Path Not Taken: French Industrialization in the Age of Revolution, 1750-1830* (Cambridge: The MIT Press, 2008), p.4.

[2] 〔苏〕列·阿·门德尔逊：《经济危机和周期的理论与历史·第二卷》，吴纪先等译，生活·读书·新知三联书店，1976，第 845 页。

第三章 德国工业化的条件与成就

17世纪，德意志境内还存在几百个分裂的小国家。17~18世纪，受政治分裂、商业衰落、农奴制存在和战争冲击等因素影响，德国经济落后。19世纪初，德国还是一个落后的农业国，自然经济占统治地位。1804年，德国80％以上的居民从事农业，即使是经济最发达的普鲁士，也有73％的人口居住在农村，城市居民中也有半数以上经营农业。[①] 19世纪中叶，德国境内还有38个小国家。由于长期处于分裂状态，境内封建邦国林立，政治割据严重。因此，在19世纪中叶之前，德国经济远远落后于英国、法国等先进的资本主义国家。长期的封建割据和农奴制的盛行，制约了德国工业的发展。19世纪三四十年代，德国开始进行工业革命，其开始时间比英国晚七八十年。[②] 19世纪40年代，德国大工业才开始发展。1870~1871年普法战争结束之后，德国才实现统一。德国统一后，大工业迅速发展，至20世纪初，德国已经完成了工业化，成为世界上的工业强国。

德国的工业化道路不同于英国、法国、美国，具有特殊性。德国的工业化是在国家上层的领导下，通过自上而下的方式实现的。在工业化进程中，铁路的修建和银行业的发展都发挥了重要作用。本章主要探讨德国工业化的条件、模式、特点、成就及其影响。

[①] 四川大学经济系五六级同学集体编《外国国民经济史讲稿（近代、现代部分）上册》，高等教育出版社，1959，第86页。

[②] 目前，德国学术界关于德国工业化的开始时间存在多种观点。第一种观点认为1800~1835年是德国工业化的起步阶段，1835年以后是德国工业革命的扩张时期；第二种观点认为德国工业化始于1834~1835年（或19世纪30年代中期）；第三种观点认为德国工业化始于1850年或19世纪中期；第四种观点认为德国工业化始于19世纪30年代末40年代初。而关于德国工业化完成的时间，德国史学界的看法比较一致，即认为结束于1913~1914年。参见邢来顺《德国工业化经济——社会史》，湖北人民出版社，2003，第101~103页。

第一节 德国工业化的条件

19世纪三四十年代，德国开始进行第一次工业革命，开启了工业化进程。1871年德国统一后，国内统一市场形成，开启了第二次工业革命。第二次工业革命期间，德国工业技术水平迅速提高，工业产值增长迅速，工业化进程加快。至20世纪初，德国已经完成了第二次工业革命，实现了工业化。德国的工业化是政治上的统一、经济的发展和科学技术的进步等多种因素共同作用的结果。

一 自然地理条件

德国位于欧洲中部，濒临北海和波罗的海，是欧洲邻国最多的国家。德国东部与波兰、捷克相邻，南部与奥地利、瑞士相接，西部与荷兰、比利时、卢森堡、法国接壤，北部与丹麦相连，是沟通东欧、西欧、北欧、东南欧和近东的重要交通枢纽。

德国处于温湿的西风带，西北部主要受海洋性气候影响，夏季不热冬季不冷，东部和东南部属于大陆性气候，冬冷夏热。德国北部以平原为主，中部以山地为主，南部以高原为主，总体地势是南高北低。德国东部农业十分发达，广泛种植小麦。南部纬度和海拔较低、气温高，主要种植马铃薯和甜菜等作物。西部的莱茵地区交通便捷，与法国和比利时相邻，工业发达。德国北部地区地势平坦，受海洋气候影响较大，有利于畜牧业和乳业发展。北部宽阔的北德平原有几条大河自东向西流过，为南北的交通运输提供了便利，宽广的河谷谷底土壤肥沃，大量种植裸麦和马铃薯。[①]

德国境内的主要作物是麦子、甜菜、烟草和马铃薯等，为轻工业发展提供了部分原材料。甜菜为制糖工业的发展提供了原材料，而马铃薯为酿酒业的发展提供了便利。德国统一之前，普鲁士酿造的马铃薯酒在欧洲市场上十分有名。

德国的煤炭资源丰富，质量优良。德国的鲁尔区、萨尔盆地和上西里

---

① 〔英〕E.D.拉博德：《西欧地理》，天津外国语学院英语系、天津师范学院译，天津人民出版社，1980，第180页。

西亚地区蕴含丰富的煤炭资源。德国石煤和褐煤储量丰富,鲁尔区和萨尔区是重要的采煤区。奥得河、威悉河、易北河中游地带,莱茵河西岸的科隆和波恩之间,中德地区萨勒河和姆尔河之间,东部地区黑埃尔斯特河和斯普雷河上游之间的劳齐茨山脉等地是褐煤煤田的主要分布区。① 丰富的煤炭资源为德国早期煤炭工业的发展提供了重要的原材料。

德国的鲁尔区和萨尔区还藏有丰富的铁矿。此外,齐格尔兰的铁矿、拿骚的赤铁矿、洛林的大褐铁层、梅谢尼希的铅矿、施托贝格附近的锌矿、曼斯费尔德的铜矿、西里西亚的铁矿和锌矿都有十分重要的意义。②

德国西部还有众多的小型石油矿、铅锌矿和不多的铁矿,南部有石墨矿,东部有铜矿等。1870~1871年的普法战争中,德国从法国手中夺取了阿尔萨斯和洛林。洛林是西欧最大的铁矿区,为德国重工业的发展提供了充足的工业原料。③ 1913年,欧洲各国铁矿石产量中洛林铁矿石的占比达47%,对德国工业的意义不言而喻。④

二 政治条件

中世纪末,德国境内有300多个独立的小邦国。三十年战争(1618~1648年)后,交战双方签署了《明斯特条约》和《奥斯纳布吕克条约》,这两个条约统称为《威斯特伐利亚和约》,和约承认了各诸侯国的分裂状态,加剧了德国的分裂局面。在德国的各诸侯国中,普鲁士的实力不断增强,逐渐登上了欧洲的政治舞台。18世纪,腓特烈大帝(1740~1786年在位)担任国王期间,普鲁士的军事实力增强,领土面积大增,为工业发展打下了良好的基础。

(一)自上而下的改革

从18世纪开始,德国农奴制开始解体。18世纪末,法国大革命进一步推动了德国的农奴制改革。1806年,普鲁士被拿破仑击败后,将莱茵河

---

① 邢来顺:《德国工业化经济——社会史》,湖北人民出版社,2003,第157页。
② 孙立新编著《百年巨变:19世纪德意志的历史和文化》,山东大学出版社,1994,第54~55页。
③ 杨异同等编著《世界主要资本主义国家工业化的条件、方法和特点》,上海人民出版社,1959,第83~84页。
④ P. N. Stearns, *The Industrial Revolution in World History* (New York: Routledge, 2021), p. 61.

左岸2万多平方千米的土地划给了法国。拿破仑在莱茵河沿岸地区进行了彻底的资产阶级改革，颁布了废除农奴制、取消封建贵族特权等法令。在拿破仑战争期间，普鲁士的战败也推动了德国封建诸侯自上而下的改革。

1797~1840年，腓特烈·威廉三世担任普鲁士国王。腓特烈·威廉三世当政期间，任命出生于容克地主家庭的施泰因担任普鲁士首相（1807~1808年在位），并授权他推行改革。施泰因主要在农业、城市自治和国家行政机构三方面进行了改革。在农业改革方面，施泰因颁布了解放农民和宣布地产自由的立法文件。1807年10月，施泰因正式颁布了《关于放宽土地占有条件限制和自由使用地产以及农村居民的人身关系的敕令》和《关于废除国有土地上农民世袭人身隶属关系的敕令》（简称《十月敕令》）。敕令规定废除农村居民的人身隶属关系；自1810年11月11日起，宣布废除普鲁士境内一切庄园的农奴制；解除土地买卖和流通中的种种封建限制，允许农民和市民获得庄园地产，贵族和容克地主也可以进一步扩大地产或迁入城市从事工商业。[1] 该法令逐步放宽了对农民人身自由的限制，但同时也保留了农民应承担的一些封建义务。普鲁士政府还颁布了限制容克地主随意吞并农民土地的《二月法令》。农业立法是普鲁士从封建地产制转变为资本主义自由地产制的决定性步骤，影响最为深远。随着地产制变革的完成，普鲁士的社会结构和阶级关系都发生了变化。[2]

在城市自治改革方面，1808年11月，普鲁士政府颁布了《普鲁士王国各城市法规》。规定：城市拥有自治权，有财政、教育和公共事务管理权，国家只保留对城市的最高监督权、司法权和部分警察权；获得选举权的市民可选举城市代表，城市代表大会选出市参议会主持城市的自治机构。城市的行政中心是市议会，议员由选民无记名投票选出。此项改革措施提高了新兴工商资产阶级的地位，沉重打击了封建行会。

在国家行政机构改革方面，1808年11月24日，施泰因发布了名为《改善国家最高行政管理机构的规章》的文件。据此文件，普鲁士政府取消了内阁制度，解散了总执行局，以责任制大臣取代内阁；国家最高行政和监察职能由国务会议来执行。国务会议下设立内政、财政、外交、军政

---

[1] 郑寅达：《德国史》，人民出版社，2014，第170页。
[2] 丁建弘：《德国通史》，上海社会科学院出版社，2012，第151~152页。

和司法五个部门,各部门在大臣统领下分管各领域的国家事务。[1] 施泰因的改革措施损害了容克地主的利益,因而遭到了他们的激烈反对。1808年,施泰因下台后,不得已出逃国外。

1810年,哈登贝格担任首相,以更缓和的方式继续在农业、工商业、财政、军事和教育等方面实施改革。在农业方面,1811年9月,《关于调整地主与农民关系的敕令》颁布,简称为《调整敕令》。《调整敕令》详细规定了关于封建义务的赎免,该敕令主要包括以下三方面的内容。一是关于尚未获得所有权的世袭农民地产,只有农民将全部地产的1/3割让给主人后才能将其田庄转为私有财产;赎免必须交出包括田地、边地、草地、牧场和小树林在内的全部地产的1/3,当事人也可以自由达成协议,以现金或实物租、货币租予以偿付。二是关于非世袭农民地产,庄园主有权割取此类田庄的一半,并入自己的庄园。三是关于劳役和其他义务的赎免和调整,以两年为期,采取协商的方式解决。事实上,在实行《调整敕令》的地方,容克地主靠剥夺农民土地、租税、现金而大发横财。1816年的《王家公告》进一步修改了《调整敕令》,使之更加符合容克地主的利益。公告规定:能够赎免的农民必须是1763年前就已登记入册的农户,并且农户需有牛马才能算作农民,才能赎免。[2] 从中可以看出,普鲁士的农业改革和土地改革有利于容克地主。1821年,普鲁士通过《公有地分割敕令》,其中规定:对以前领主和农民共同使用的土地,可根据当时的使用情况在领主和农民之间加以分割,并把它变成私有土地。然而,土地改革法令遭到了容克地主贵族的强烈抵制,未能得到及时执行。1848年德国革命爆发之前,仅有6/7的上层富农和1/5的下层贫农获得了赎免封建义务的机会。[3]

在工商业和财政改革方面,哈登贝格的改革意义最为重大。1810年10月,普鲁士政府颁布了《财政敕令》和《工商税敕令》。《财政敕令》规定:按平等援助原则建立新的纳税人登记册,普遍征收所得税、土地税、财产税和消费税,实行经商和契约自由。《工商税敕令》取消了行会法规,

---

[1] 郑寅达:《德国史》,人民出版社,2014,第171页。
[2] 丁建弘:《德国通史》,上海社会科学院出版社,2012,第153~154页。
[3] 张新光:《农业资本主义演进的普鲁士范式和德国的农业现代化》,《燕山大学学报》(哲学社会科学版)2009年第2期,第94页。

强调从商自由，为工商业的自由发展创造了有利条件。普鲁士还进行了关税改革。1818年，普鲁士政府颁布新税法，废除境内所有关卡和关税，实行对外关税统一，制定了每种产品的具体出口税率。[①] 这些改革措施为普鲁士统一市场的形成提供了保障，促进了普鲁士工商业的发展，为德意志关税同盟的建立打下了良好的基础。

(二) 1848年资产阶级革命

1848年，欧洲多个国家爆发了反对君主独裁的革命。1848年1月，意大利西西里爆发了革命。2月，法国爆发了革命。3月，维也纳爆发了革命。在欧洲革命风暴的影响下，德国境内的民族矛盾和阶级矛盾不断激化。

19世纪上半叶，德国资本主义经济逐渐发展，然而，旧的封建制度依然存在，国家处于分裂状态，制约了资本主义经济的发展。19世纪资产阶级和封建统治者的矛盾也变得尖锐起来，资产阶级迫切要求废除农奴制度，掌握国家政权，实现国家统一。随着德国境内矛盾的激化，1848年，德国境内多地爆发了大规模的资产阶级民主革命。1848年2~3月，巴登、黑森和巴伐利亚等地的民众举行了反对封建统治的示威游行。巴登的民众提出了废除封建特权、实行出版自由、平均分摊捐税、任命责任政府、实行共和制度、在普选的基础上召开全德议会等要求。在民众的压力下，巴登大公被迫罢免了三名反动大臣。[②] 1848年3月，普鲁士的柏林也发生了革命，大批民众举行了集会，向国王提出了将军队撤出柏林、允许成立市民自卫团、保证无条件出版自由、召开联合议会等要求。在起义民众的压力下，普鲁士国王任命自由派人士康普豪森组阁，康普豪森担任内阁首相。同年5月，普鲁士国民议会开幕。11月，随着整个德国革命形势的回落，保守派力量开始了反扑，自由派政府被迫辞职，保守派上台组建内阁。12月，普鲁士国王颁布命令，宣布解散议会。[③] 1848年德国革命以失败告终。

尽管1848年革命不彻底，政权依然掌握在贵族手中，国家也未能实现统一，但是，1848年革命动摇了德国的封建统治基础，革命期间开展的废

---

① 丁建弘：《德国通史》，上海社会科学院出版社，2012，第155页。
② 郑寅达：《德国史》，人民出版社，2014，第221页。
③ 郑寅达：《德国史》，人民出版社，2014，第222~225页。

除农奴制等封建制度的社会解放运动并没有因革命失败而停止。19世纪五六十年代，普鲁士通过农业改革逐渐过渡到资本主义经营方式，德国进入了产业革命和资本主义经济迅速发展的时期，由农业国开始向工业国转变。

（三）1871年国家的统一

17世纪中叶至19世纪中叶，德国长期处于分裂状态，制约了工商业发展。19世纪六七十年代，为了实现国家的统一，普鲁士与丹麦、奥地利和法国发生了三次王朝战争。1864年，普鲁士联合奥地利对丹麦发动了王朝战争，使石勒苏益格和荷尔斯泰因脱离了丹麦的统治。根据1864年10月签订的《维也纳条约》，石勒苏益格和荷尔斯泰因分属于普鲁士和奥地利。普丹战争结束，普奥矛盾日益尖锐。1866年，普鲁士军队进攻荷尔斯泰因，普奥战争爆发，奥地利战败。普奥战争结束后，普鲁士占领了全德2/5的领土，统治2/3的人口，以普鲁士为首的"北德意志邦联"成立。为了进一步实现国家的统一，1870年，普鲁士首相俾斯麦篡改电文，以此激怒法国。1870年7月，法国向普鲁士宣战。最终，法国战败，拿破仑三世被俘。普法战争之后，莱茵河以南的巴伐利亚、巴登、符腾堡和黑森四邦国加入了德国，德国实现了统一。因这些战争持续的时间短，对工业发展未能造成太大的影响，相反，战争期间的大量军事订货刺激了铁路的大规模修建，推动了德国的工业发展。

19世纪50~70年代，为了实现统一，德国政府直接出资修建了大量铁路，改善了德国的铁路系统。至19世纪60年代，德国境内各主要铁路线已开始相连，形成了较密集的铁路网。铁路建设带动了煤炭和钢铁等重工业部门的快速增长。1850~1870年，德国的煤炭年产量从670万吨猛增至3400万吨，生铁产量由21万吨增加到139万吨。[①] 同时，由于国家统一，制约国内贸易往来的因素消失，统一了货币和银行体系，德国的经济实力大幅增强，有利于国内统一市场的形成，推动了德国工业化的进程。

三 经济条件

从16世纪开始，随着新航路的开辟，世界商业中心由地中海转向大西

---

① 方在庆等：《科技革命与德国现代化》，山东教育出版社，2020，第16页。

洋地区。1648年，三十年战争后，德国失去了波罗的海和北海的港口，在海外贸易上丧失了既有优势。17~18世纪，由于德国境内长期封建割据，国内邦国林立，缺乏统一的市场，经济发展滞后。至19世纪初，德国经济依然十分落后。19世纪上半叶，关税同盟成立后，国内统一市场逐渐形成。

(一) 关税同盟和国内统一市场的形成

17世纪中叶，德国分裂成300多个邦国和1000多个独立骑士领地。到1815年，德意志联邦还有38个邦国。境内小邦国各自为政，关卡林立，严重阻碍了经济发展。例如，由水路从贝尔纳运货到莱比锡，须缴纳32道易北河关税。直至19世纪初，德国境内还有67个关税区、17个不同的邮政组织。境内货币制度杂乱，有60多种期票法令。从边境运货到中部，须缴纳十几种通行税。[1]

关税的繁多严重制约了工商业的发展。为此，德国北部、中部和南部各邦国的新兴资产阶级提出了统一关税的要求。在德国北部，1818年，普鲁士首先颁布了关税法令，宣布废除内部的关税，取消了60个关税区，创建了一个涵盖约1000万人口的统一市场。1826年，德国北部6个邦国成立了关税同盟。在德国南部，巴登、巴伐利亚、符腾堡、黑森和图林根等邦国及达姆施塔特自立市达成了关于统一关税的协议，于1828年成立了关税同盟。1834年，德国南部和北部的关税同盟合并，成立了全德关税同盟，德意志38个邦国中有18个邦国加入了关税同盟，占德意志领土面积的3/4，人口约2350万。1835~1851年，加入关税同盟的邦国不断增加，巴登、拿骚、法兰克福、瓦尔德克、不伦瑞克、卢森堡和汉诺威等相继加入，关税同盟成员领土占全德领土的4/5，人口达3300万。[2] 至1852年，德国所有邦国都加入了关税同盟。关税同盟成立后，废除了内地关税，同盟各邦国之间贸易免税，对同盟外的货物实施统一关税和税率，关税收入按各邦国人口比例分配。同时，规定对进口的工业品征收高额的关税，原料可以自由输入。[3] 关税同盟有利于应对英国工业品的竞争，为德国工业

---

[1] 刘天怡：《外国近代经济史》，甘肃人民出版社，1992，第252页。
[2] 郑寅达：《德国史》，人民出版社，2014，第212~213页。
[3] 四川大学经济系五六级同学集体编《外国国民经济史讲稿（近代、现代部分）上册》，高等教育出版社，1959，第92页。

品创造了一个巨大的保护市场。关税同盟通过保护性措施启动了德国工业化，为德国新兴产业的发展提供了保护伞。[1]

关税同盟的成立，不仅加强了德国各邦国经济上的团结，还为德国多个邦国增加了税收来源，为统一市场的最终形成提供了便利条件。19世纪上半叶，德国各邦国对同盟外实施保护关税政策，关税收入不断增加，为德国工业的发展创造了有利的条件。

（二）资本的原始积累

因新航路开辟后商路转移，德国的海外贸易一度低迷不振，商业资本积累较少。在工业革命之前，德国的资本积累不如英国充分，资本总量较少。尽管如此，18世纪和19世纪初，德国通过开采金银矿、战争赔款、增加租税、发行国债和发展对外贸易等方式积累了一些资本，为工业的初步发展提供了资金。例如，1761~1771年，夫赖堡矿山的矿产品价值为131205银马克，萨克森和其他矿山矿产品的价值共为21624银马克；1796~1801年，夫赖堡矿山的矿产品价值增至241299银马克，萨克森和其他矿山的矿产品价值增至36397银马克。[2] 在战争的赔款方面，英法七年战争期间，德国获得了贿赂和补助金，折算成20世纪的市价约为10亿马克；拿破仑战争法国失败后，普鲁士从法国获得了100万法郎的赔款。[3] 1871年，普法战争结束后，根据双方签署的《法兰克福条约》，法国割让阿尔萨斯（贝尔福地区除外）和洛林东部给德国；法国赔款50亿法郎，在赔款付清之前，德军留驻巴黎和法国北部诸省。德国从法国获得高额的战争赔款，一部分用来修筑军事要塞和建设海陆军，一部分用来偿还国债和投资工业建设。赔款转变为工业资本，推动了德国的工业发展。

（三）农业资本主义的发展

19世纪上半叶，普鲁士进行了土地改革。在土地改革中，一部分农民可以通过出让土地或支付地租的形式来赎免自己的封建义务。据统计，

---

[1] W. R. Lee, ed., *German Industry and German Industrialisation: Essays in German Economic and Business History in the Nineteenth and Twentieth Centuries* (London: Routledge, 1991), p. 82.
[2] 〔日〕加田哲二:《德国社会经济史》，徐汉臣译，商务印书馆，1936，第161页。
[3] 〔日〕加田哲二:《德国社会经济史》，徐汉臣译，商务印书馆，1936，第162页。

1816~1848年，德国容克地主从7.1万名农民的封建义务赎免中共得到153.3万德亩土地。[①] 通过土地改革，部分农民被剥夺了土地，沦为雇农，而容克地主占有的土地面积扩大了，大地产所有者通过赎金的形式获得了巨额资本。这种赎金成为一种特殊形式的"原始积累"，共计9亿~10亿马克，并被容克地主们用来对庄园进行资本主义改组。[②] 此后，资本主义农业逐渐发展，但普鲁士农业深受农奴制残余的影响。

1848年德国资产阶级民主革命失败后，各邦国统治者为了防止新的革命爆发，不同程度地进行了农奴制改革。1850年，普鲁士颁布《调整地主和农民关系法》，无偿废除了农民的20多种次要封建义务，并将赎免封建义务的范围由富裕农民扩大到下层农民，同时要求农民缴纳相当于每年应付地租25~30倍的赎金，或割让相当于赎金的份地给地主，以换取人身自由。其他各邦国也进行了类似的改革。改革推动了农业资本主义发展，开拓了农业资本主义发展的"普鲁士道路"。一些容克地主利用获得的赎金、土地和自由劳动力，按照资本主义经营方式建立农场，将庄园转变为资本主义企业，从事谷物生产，兼营甜菜制糖、马铃薯酒酿制等。[③] 从1825年起，普鲁士的容克地主积极扩大马铃薯酒生产，这种酒大量出口国外。

19世纪上半叶的农业改革后，德国的马铃薯和甜菜种植面积迅速扩大，牲畜业迅速发展。19世纪上半叶，西里西亚、萨克森和其他地区都扩大了甜菜的种植，甜菜产量增加，促进了德国制糖业的发展。1837年，德国的制糖厂达122家。1836~1865年，糖的产量由1500吨增加到38.5万吨。1851年，西里西亚就有47家制糖工厂，而在安哈尔特有21家。1816~1849年，德国的牲畜数量增长迅速，其中，马匹从120万匹增加到150万匹，牛从400万头增加到530万头，绵羊从820万只增加到1620万只，猪

---

① 张新光：《农业资本主义演进的普鲁士范式和德国的农业现代化》，《燕山大学学报》（哲学社会科学版）2009年第2期，第94页。
② 〔苏〕波梁斯基：《外国经济史（资本主义时代）》，郭吴新等译，生活·读书·新知三联书店，1963，第169页。
③ 蔡东洲：《试析德国工业化的道路》，《南充师院学报》（哲学社会科学版）1984年第4期，第90页。

从140万头增加到240万头,山羊从14万只增加到58万只。① 养羊业的发展为毛织业提供了充足的羊毛,推动了毛织业的发展。

19世纪中叶,随着农业耕作技术的提高,德国的小麦等农作物产量明显提高,马铃薯和甜菜的产量居世界首位。1862年,德国谷物的总产量达1538万吨。②

资本主义农业的发展不仅为德国的轻工业发展提供了大量的原材料,还为工业人口提供了蔬菜和粮食,推动了工业的发展。

四　社会条件

(一)　工场手工业的发展

14~15世纪,神圣罗马帝国的手工业取得了显著进步,城市行会手工业日益占据重要地位,逐渐取代农村手工业。当时神圣罗马帝国生产的纺织品、采矿品、兵器、雕刻品和印刷品都在欧洲较为闻名。地理大发现后,一方面,由于商路中心的转移,德国各城市的贸易地位衰落了;另一方面,由于德国内部政治分裂,没有统一的度量衡制度,各邦国互设关卡,关税林立,制约了商品经济的发展。

三十年战争后,瑞典和荷兰又分别夺取了德国在波罗的海和北海的出海口,德国成为一个内陆国家,隔绝于新的世界贸易中心之外,不利于工商业的发展。17世纪后,德国的工商业逐渐衰落,大量外国工场手工制品不断涌入,城市工业受到致命打击。在外国商品的冲击下,莱茵河一带和多瑙河一带的城市工业以及萨克森的呢绒工业完全崩溃。18世纪,奥古斯堡纺织品的产量只为16世纪的1/12,之前的6000名手织工只剩下500人。③

16~17世纪,当英、法等西欧先进国家的资本主义手工工场迅速发展的时候,德国的手工工场却日渐衰落。17世纪末,德国的经济逐渐活跃起来,在农村中兴起了资本主义手工工场,出现了资本主义生产关系萌芽。

---

① 〔苏〕波梁斯基:《外国经济史(资本主义时代)》,郭吴新等译,生活·读书·新知三联书店,1963,第170~171页。
② 王健:《农业中资本主义发展道路的比较研究——法国范式与普鲁士范式》,《上海社会科学院学术季刊》1990年第2期,第159页。
③ 刘天怡:《外国近代经济史》,甘肃人民出版社,1992,第255~256页。

在分散的手工工场出现在德国农村之前，德国商人最先是在农村低价收购农民生产的家庭手工业副产品，然后拿到市场上出售。后来，在德国的西部和西里西亚等地，包买商将原材料分发给农民，让农民为他们从事毛麻织物、花边、纱线等生产，形成了一批分散的手工工场。后来，随着生产规模的扩大，形成了集中的手工工场，纺织物的染色和最后加工步骤都在集中的手工工场内进行。

17世纪末，德国城市中也兴起了手工工场。17世纪末18世纪初，尼德兰、捷克和瑞士等国的新教徒受到本国天主教徒的迫害，纷纷移民到德国东部的一些城市。截至1703年，大约有2万名法国新教徒和1.3万名其他国家的新教徒移居勃兰登堡。这些新教徒绝大部分是熟练的手工业者和商人，他们随身带来了资金、先进技术和管理经验，促进了德国城市手工业的进步。在勃兰登堡和东普鲁士的一些小城市里，出现了工场手工业，产生了一些新的工业部门。外国人在勃兰登堡建立了毛织和棉织手工工场，从事丝织加工业，开始种植桑树，传播麻织品的印染技艺，从事天鹅绒、绢带、墙纸和蜡烛等的生产，推动了玻璃、皮革、金属品等制造部门的发展。[1]

18世纪，德国莱茵区的冶金、金属加工和纺织业，以及萨克森的采矿、金属加工、玻璃、陶瓷和纺织业逐步发展起来，成为德国工业最发达的地区，建立了一大批手工工场。18世纪末，莱茵区出现了第一批机器。1783年，德国安装了第一台水力纺纱机。1786年，德国手工工场内的工人数量达16.5万人，年产值总计9100万马克，其中柏林手工工场内工人数量为1万人，年产值为1800万马克。[2]

19世纪20年代末，德国出现了大批集中化的手工工场中心。萨克森和西里西亚分布着棉和麻纺织业中心，莱茵河左岸地区分布着采矿、冶金和金属加工中心。地区分工和工场内分工日益精细，生产工具日趋专门化，更多工人掌握了熟练的生产技术，这些都为机器化生产奠定了技术基础。[3] 19世纪上半叶，德国工场手工业不断发展，生产日趋专门化，为向机器大工业生产过渡提供了条件。

---

[1] 刘天怡：《外国近代经济史》，甘肃人民出版社，1992，第257页。
[2] 樊亢、宋则行等编著《主要资本主义国家经济简史》，人民出版社，1973，第238页。
[3] 孙炳辉、郑寅达编著《德国史纲》，华东师范大学出版社，1995，第96页。

第三章　德国工业化的条件与成就

(二) 科学知识的传播和文化教育的进步

15世纪中叶，德国的谷登堡创造了活字版印刷术。到1500年，已有12个邦国知道了印刷术的秘密，印刷出版了4万种书籍，其中2/3以上是用德文和意大利文出版。① 由于印刷技术的改进，介绍冶金技术、开矿技术、机器装置、动力等的书籍能够印刷出版，科学文化知识得到广泛传播。16世纪初，卡尔夫②的吕莱恩在奥格斯堡出版了《实用矿山手册》，书中介绍了开矿炼铜的工序，此书几次再版。1557年，乔治·阿格里科拉的《金属的本质》德文版出版。一些介绍机器制造的重要手册，如雅克·贝松的《各种工具的介绍》于1595年出版了德文版。书中介绍了各种机器，包括挖掘机、起重装置、撞杆、抽水设备、研磨机器、建筑吊车、传动链以及切削车床的使用方法。③

17~18世纪，德国建立了多所大学和多个团体，进一步推动了科学知识的快速传播。1694年，德国哈勒大学成立，教授青年学生开明思想和实用知识。1700年，腓特烈公爵支持德国著名哲学家、科学家布尼兹创办了柏林科学院。1708年，席姆勒在哈勒城创办了"数学、力学、经济学实科中学"，后来推广于德国许多城市。④ 这些早期创建的学校传播了先进的科学知识，为德国后来的工业化奠定了一定基础。18世纪，德国建立了许多科学院和学术团体，鼓励科学技术进步，对农业进步和先进的技术设计给予奖励。⑤ 德国工业化初期，科学知识的传播帮助了手工工人和农民学习知识，提升了手工工人和农民的工作效率，在德国农业和手工业进步过程中发挥了重要的作用。

19世纪初，德国许多科学家参与了企业工作，有些受过科学训练并有管理经验的人被任命为大学教授，为工业发展提供了较好的条件。例如，

---

① 〔意〕卡洛·M.奇波拉主编《欧洲经济史·第二卷·十六和十七世纪》，贝昱、张菁译，商务印书馆，1988，第157页。
② 卡尔夫为德国巴登-符腾堡州中部的一座市镇，坐落于黑森林的北部，在中世纪为重要的商业小镇，以服饰和皮毛交易为主。
③ 〔意〕卡洛·M.奇波拉主编《欧洲经济史·第二卷·十六和十七世纪》，贝昱、张菁译，商务印书馆，1988，第159页。
④ 刘笑盈：《推动历史进程的工业革命》，中国青年出版社，1999，第127页。
⑤ 〔美〕小威廉·贝拉尼克、〔美〕古斯塔夫·拉尼斯编《科学技术与经济发展：几国的历史与比较研究》，胡定等译，科学技术文献出版社，1988，第84页。

药剂师约翰·沃尔夫冈·德贝赖纳在自己创办的小企业生产药品和化学品，后来又经营漂染店、啤酒厂和蒸馏酒厂，于1810年担任大学的化学教授。普鲁士科学院的化学家约翰·弗里德里克·威廉·赫梅斯塔耶特曾在一家化学企业工作，在企业中建立了化学实验室。1790~1811年，他先后被任命为皇家药剂师和外科医生学院的教授，普鲁士公共卫生局成员，工厂和贸易管理局成员，普鲁士军队的药剂师、军事参赞和医学参赞，柏林大学化学教授。① 此外，还有卡尔·韦尔茨恩、贾斯特斯·利比希等化学教授，他们为化学厂商提供咨询服务，培养学生为企业工作，加速了科学知识的传播。

1821年，普鲁士政府建立了贸易局，多方吸收新的技术方法和知识，并加以传播。德意志帝国建立后，政府对教育制度进行了改革，培养了大批科学技术人才，促进了德国工商业的发展。

1825年，普鲁士开始实行普遍义务教育制。至19世纪60年代，已有97.5%的学龄儿童入学。19世纪上半叶，德国创建了多所大学和教研机关。1810年，普鲁士创建了柏林大学。1828年，德累斯顿工业大学建立。1870年，亚琛工业大学建立。

19世纪上半叶，德国不仅普通教育迅速发展，技术教育也取得了很大成就，成立了多所综合性技术学校，培养专门的技术人才。19世纪下半叶，德国工科大学的发展尤其迅速。1898年，德国9所工科大学的在校生已超万人。同年，德国最知名工业企业下辖105家研究所，共有3281名技师，其中1124名是工科大学毕业生。②

(三) 科学技术的进步

德国工业革命的时间晚于英国。在工业革命初期，德国吸收了英国、法国等国家先进的技术，引进英国、法国等国家的先进设备和优秀人才，推动了本国工业发展。1815~1820年德国引入了英国的"搅拌法"冶炼技术，19世纪30年代，又开始大规模引进英国的先进冶铁技术。③ 德国还引进了纺纱机和织布机等机器。此外，在两次工业革命期间，德国人自己在

---

① 〔美〕小威廉·贝拉尼克、〔美〕古斯塔夫·拉尼斯编《科学技术与经济发展：几国的历史与比较研究》，胡定等译，科学技术文献出版社，1988，第90~91页。
② 李吟枫等：《世界产业革命与管理现代化》，上海社会科学院出版社，1989，第136页。
③ 邢来顺：《德国正确的产业发展战略与高速工业化》，《世界历史》2001年第5期，第43页。

纺织、电气、内燃机、化学、炼钢等工业部门中也做出了多项发明，推动了工业发展。

在纺织业方面，德国人路易斯·舍纳发明了织布机，提高了织布效率。1785年，德国制造出第一台蒸汽机。但是，德国各工厂主要还是用畜力作动力，部分新型的棉纺织企业则利用水力驱动机器。1816年，巴伐利亚州只有6台蒸汽机，1825年，在工业发达的萨克森仅有3台蒸汽机。①

在电气工业方面，1800年前后，约翰·威廉·里特尔发现了紫外光，欧姆创立了电阻定律，为之后德国在第二次工业革命中电力与化学工业的发展打下了良好的基础。1866年，德国工程师威尔纳·西门子提出了将机械力变成电力的原理，该原理被运用于实践中后，电动机得以发明。1879年，西门子将电动机运用于交通运输中，设计出了电车。1882年，吉普列发明了远距离送电方法，为德国新兴工业的崛起提供了保障。1890年，德国劳芬瀑布地区建成了世界上第一家水电站，为德国部分工业城市提供了电力，推动了德国电气工业的发展。

在其他方面，德国人也做出了一些发明。1814年，德国发明家克尼哥和瓦米尔制造了快速印刷的设备，提高了印刷的速度。1835年，别赛利发明了金刚砂轮机。1836年，谷米利发明了印花机。1845年，萨克森的纺织工人克烈尔发明了用机械加工木质纤维的方法，这对造纸工业意义重大。纽伦堡居民法比尔大大地改进了铅笔的生产工艺。②

1867年，诺贝尔发明了炸药，该发明很快被应用于军工业部门中，推动了军工业的发展。1876年，德国人奥托造出了第一台以煤气为动力的四冲程内燃机。该机器具有马力大、重量轻、体积小和效率高等特点，可作为交通工具的发动机使用。内燃机的发明促进了汽车工业和石油工业等部门的发展。1885年，德国机械工程师卡尔·本茨制成了第一辆汽车，被誉为"汽车之父"。1897年，德国工程师狄塞尔发明了柴油机。柴油机发明后，被广泛运用于船舶、火车和汽车等交通运输工具之中。

第一次世界大战之前，德国人在物理学、化学和医学等领域取得了

---

① 邢来顺：《德国工业化经济——社会史》，湖北人民出版社，2003，第113页。
② 〔苏〕波梁斯基：《外国经济史（资本主义时代）》，郭吴新等译，生活·读书·新知三联书店，1963，第368页。

巨大成就。在物理学领域，涌现了伦琴、普朗克和爱因斯坦等著名的物理学家，为物理学的进步做出了巨大贡献。维勒、李比希、肖莱马和凯库勒等化学家在农业化学、有机化学等领域做出了巨大贡献。1828年，维勒首先用无机物人工合成了有机物——尿素，打破了只有靠动植物有机体中的生命力才能制造出有机物的生命力论。1840年，李比希发表了经典著作——《化学在农业中的应用》，从科学上说明了施肥的道理。为研发有关化学工业产品，德国政府和企业成立了许多研究机构和实验室，聘请科学家进行研究。德国人在化学领域成就突出，在第一次世界大战之前，阿道夫·冯·拜耳（1905年）、爱德华·波赫纳（1907年）、奥托·瓦拉赫（1910年）等多名化学家获得了诺贝尔奖。[1] 德国提取氨、苯、人造染料和药品等的方法十分先进，兴起了许多新兴的化学工业部门。科学技术的进步推动了德国工业的发展，为德国工业化打下了基础。

（四）劳动力市场的形成

随着人口的增加和农业的发展，农业人口中的剩余劳动力不断向城市流动，推动了城市工业的发展。德国工业发展的劳动力主要是由本国农民转化而来。19世纪初，普鲁士推行了改革，宣布废除农奴制，部分农民通过转让土地或缴纳赎金的方式获得了人身自由。1816~1848年，约有30万农民获得了自由。在获得自由的同时，农民也失去了土地，只能依靠出卖劳动力为生，沦为雇佣劳动者。

1848年革命后，为缓和社会矛盾，统治阶级不得不实施新的改革。1850年3月，普鲁士政府颁布了新的调整法，规定无偿废除农民一些次要的封建义务，还规定农民可以赎免主要的封建义务，如强制性奴役和地租，赎金相当于每年货币地租的18倍。为加速赎免进程，政府成立专门缴纳赎金的土地银行。与1816~1848年相比，1850~1860年赎免封建义务的农民增加了9倍。1865年，仅普鲁士就有150万农民办完了赎免手续。[2] 农民为获得自由，要让出大份的土地，还要缴纳巨额赎金，大多农民倾家荡产。黑森和巴登于1802年，巴伐利亚于1808年，拿骚于1812年，符腾

---

[1] 吴友法、黄正柏主编《德国资本主义发展史》，武汉大学出版社，2000，第179~180页。
[2] 周友光：《两次工业革命概述》，武汉大学出版社，1996，第46页。

堡于1817年,库尔辛格于1821年,都宣布废除了农奴制。农奴制的废除为工业发展提供了充足的自由劳动力。

19世纪上半叶,德国农业经济快速发展,粮食产量迅速增加。随着农业的发展,19世纪50~60年代,德国农村的阶层结构发生了重大变化,为德国工业的发展提供了廉价的劳动力和资金,有助于推进德国工业化的进程。[1] 德国农业发展为其人口增长提供了物质条件。1800~1850年,德国(以1871年的疆界为统计基础)的人口由2300万增长至3600万,增长幅度超过50%。[2] 随着人口增长,大量农民进入工厂务工,为工业发展提供了大量劳动力。

19世纪,德国行会制度的崩溃也为工业发展提供了劳动力。与英、法两国相比,德国行会制度存在的时间更长,导致德国发生工业革命的时间晚于英、法两国。18世纪,普鲁士和奥地利王朝鼓励资本主义发展,打击行会制度。19世纪初,在货币经济发展、市场扩大和人口增加等因素的影响下,行会内部的矛盾加剧。1806年,拿破仑战胜普鲁士后,在莱茵河左岸地区彻底废除了行会制度。1807~1811年普鲁士农业改革中,专门颁布法令取消行会制度,规定任何人只要缴纳营业税后,就有经营自由,为资本主义工业的发展提供了大量的自由劳动力。

(五)交通运输条件的改善

18世纪,德国的陆路交通状况十分落后,出行主要依靠骑马、坐马车和步行等传统方式。1753年,巴伐利亚政府修建了第一条碎石公路,而普鲁士在1788年才开始仿效巴伐利亚修建公路,但进展十分缓慢。1815年拿破仑战争后,出于军事用途和发展农业的需求,普鲁士在西部和中部地区修建了一些新的公路。1816~1830年,普鲁士的公路从3836千米增至7301千米,1850年增至16689千米。[3]

在铁路运输方面,19世纪50年代,德国境内的铁路系统并不发达,各大城市间的铁路线还不能彼此连接。1848年欧洲大革命爆发后至1870年间,德国政府直接出资修建了大量铁路。1845年,德国的铁

---

[1] 吴友法、黄正柏主编《德国资本主义发展史》,武汉大学出版社,2000,第6页。
[2] 邢来顺:《德国通史·第四卷·民族国家时代》,江苏人民出版社,2019,第79~80页。
[3] 邢来顺:《德国通史·第四卷·民族国家时代》,江苏人民出版社,2019,第101页。

路长度为2000多千米,1855年达7000多千米(具体数据见表3-1)。从1860年起,主要的铁路线路已连为一体,并开始形成有主干和支线的铁路网。

表3-1 1845~1910年德国铁路的发展规模

单位:千米

年份	铁路长度	年份	铁路长度
1845	2131	1880	33865
1850	5822	1885	37572
1855	7781	1890	41818
1860	11026	1895	45203
1865	13821	1900	49878
1870	18560	1905	54680
1875	27795	1910	59031

资料来源:〔日〕加田哲二《德国社会经济史》,徐汉臣译,商务印书馆,1937,第197页。

第二次工业革命开启后,德国又新建了一些铁路支线和地方性铁路,铁路里程数增长迅速。1870~1910年,德国的铁路里程由1.8万千米增至5.9万千米。

在内河运输方面,从19世纪30年代起,德国开始大规模开拓运河,拓展水上运输渠道。1836~1849年,巴伐利亚开通了多瑙河和美因河之间的路德维希运河。1850年,东普鲁士的奥伯兰运河开通。德国境内的水道也不断拓宽,1845年,莱茵河水道从9米拓宽到30米。多瑙河、伊萨尔河和鲁尔河得到了修缮,主要港口的运输业务不断拓展。1879年,杜伊斯堡-鲁尔奥特已经成为世界上最大的内河港口,成为德国水路网的中心和最大的轮船制造业中心。19世纪上半叶,莱茵河及其支流的运输业快速发展,鲁尔地区成为欧洲重要的工业中心。在海上运输方面,德国的海上运输一直比较发达。汉堡和不来梅在德国的对外贸易中发挥重要作用。自19世纪80年代后,汉堡和不来梅的港口规模不断扩大,已成为海外贸易的枢纽,涉外航线分别为12条和4条。[①]

---

① 李富森:《试论德国成为第二次工业革命中心之原因》,《沧州师范学院学报》2013年第1期,第72页。

蒸汽轮船的发明对德国的交通运输革命产生了重要影响。19世纪上半叶，蒸汽轮船被越来越多地运用于海上运输业务之中。19世纪70~90年代，在内燃机的助推下，机车、轮船、飞机和汽车等新式交通工具不断普及。1871~1914年，德国轮船总吨位由8.2万吨增加到510万吨，德国已成为航运大国。发达的交通运输成为推动德国第二次工业革命的重要条件。①

第二节 德国工业化的历程与成就

由于长期封建割据和农奴制的制约，德国工业革命的时间明显晚于英、法两国。19世纪40年代，德国大工业才开始发展。1871年德国统一之后，大工业迅速发展。有了英、法、美的前车之鉴，德国少走了弯路，一跃成为第二次工业革命的中心，在短短的几十年中成为世界工业强国。至1914年，德国已成为欧洲工业化程度最高的国家，在工业基础和技术水平方面仅次于美国。据统计，1913年，德国生产了全球90%的染料、30%的药品、35%的电气产品、27%的化学品、29%的机械和17%的内燃机。②

在第一次世界大战之前，德国的工业化可分为三个阶段。第一阶段为1830~1870年。由于封建农奴制逐渐解体以及资本主义经济发展，纺织业、制铁业、采煤业和机器制造业等工业部门不断崛起。19世纪30年代，以纺织工业为首的轻工业部门最先开始了工业革命。随之，德国的陆路交通条件迅速改善，铁路建设里程迅速增加，钢铁、机械制造和煤炭等工业部门也发展起来。至19世纪60年代末70年代初，德国基本上完成了第一次工业革命，工业产值在国民经济中所占比重逐年增加，工业总产值仅次于英国和美国。

第二阶段为1871~1895年。这一时期，由于改进生产技术，德国的钢铁和煤炭等重工业部门迅速扩张，机械化水平迅速提高，工业产值增长迅速。在工业产值中重工业所占的比重增大，德国的化学工业也迅速崛起。

---

① 李富森：《试论德国成为第二次工业革命中心之原因》，《沧州师范学院学报》2013年第1期，第72页。
② I. D. Salavrakos, "Is the Current German De-industrialization Similar to the British Case of the 1870 – 1914 Period? Similarities and Differences", *European Research Studies*, Vol. X, Issue (1 – 2), 2007, p. 4.

第三阶段为 1896~1914 年。这一时期德国的煤炭、钢铁、机械制造和化学等重工业发展迅速，电力工业突飞猛进，工业产值跃居世界前列。德国生产的钢铁等产品已超过了英国的水平，工业步入繁荣时期。随着工业的快速扩张，工业企业高度集中，产生了垄断组织。

一 轻工业和重工业齐头并进（1830~1870 年）

19 世纪三四十年代，德国开启了第一次工业革命。在第一次工业革命期间，德国以纺织业为首的轻工业部门广泛采用新机器和技术，工业发展速度较快，工业产值迅速增加。

工业革命开始之前，德国的纺织工业以工场手工业和家庭手工业为主。1810 年，麻纺织工厂从国外引进纺织机后，纺织工业开始使用机器生产。1831 年，普鲁士已有麻织机 25 万架（包括手工织机在内），棉纺织业有纱锭 50 万枚。[1] 1837~1846 年，德国亚麻纺织工厂数量从 5 家增至 14 家，纱锭从 1.03 万枚增至 4.5 万枚。德国的麻纺织工业主要集中于西里西亚等地区，萨克森的开姆尼茨也是棉纺织业中心。萨克森于 1789 年创立以水力驱动的棉纺厂，至 1800 年萨克森已有 2000 多台珍妮纺纱机，1814 年纱锭数达 27.66 万枚，1846 年增至 47.5 万枚，被誉为德国的"曼彻斯特"。[2]

1830~1837 年，德国棉纺织业总投资增加了近 3 倍，产值增加了 67 万马克，从业工人增加了 4600 人；1840~1842 年，德国棉纺织业的总投资下降，但产值增速较快（具体数据见表 3-2）。

表 3-2　1830~1842 年德国棉纺织业的发展规模

年份	总投资（万马克）	增加值[a]（百万马克）	就业（人）
1830	57.0	6.67	13600[b]
1834	63.4	5.52	15400[c]
1837	201.8	7.34	18200[d]

---

[1] 四川大学经济系五六级同学集体编《外国国民经济史讲稿（近代、现代部分）上册》，高等教育出版社，1959，第 87 页。
[2] 四川大学经济系五六级同学集体编《外国国民经济史讲稿（近代、现代部分）上册》，高等教育出版社，1959，第 94 页。

续表

年份	总投资（万马克）	增加值ᵃ（百万马克）	就业（人）
1840	90.7	8.90	19500ᵉ
1842	40.2	11.31	18500ᶠ

注：a 是扣除了折旧费用后的增加值；b 是 1830~1831 年的平均值；c 是 1834~1836 年的平均值；d 是 1836~1838 年的平均值；e 是 1839~1841 年的平均值；f 是 1844~1848 年的平均值。

资料来源：W. R. ，Lee，ed. ，*German Industry and German Industrialisation：Essays in German Economic and Business History in the Nineteenth and Twentieth Centuries*（London：Routledge，1991），p. 111。

在毛纺织业方面，德国于 18 世纪下半叶引进西班牙的美利奴羊，为毛织业的发展提供优质羊毛。此后，德国的美利奴羊繁育速度加快，1803 年，仅萨克森选帝侯国就有 200 万只美利奴羊。1831 年，普鲁士的美利奴羊已达 240 万只。①

19 世纪 30 年代以后，德国的毛纺织业快速发展。1835 年，德国毛纺织业中 30% 实现了机械化生产，1850 年达到了 50%。1861 年，德国有 622 家毛织厂，拥有 3655 台机械织机和 9068 台手工织机，主要集中于普鲁士（将近 3/4）和萨克森（将近 20%）。② 19 世纪中叶，开姆尼茨、格劳豪和茨维考等地的毛织业也快速发展。

在丝织业方面，克雷费尔特是古老的丝织工业中心。关税同盟形成之后，丝织工业发展十分迅速，丝织品广泛在莱比锡集市上销售。1846 年，克雷费尔特有 8000 台丝织机、20 个染房。关税同盟形成之后，埃尔勃费尔特和柏林的丝织业也快速发展，从奥地利和意大利进口的原料迅速增加。1834 年，生丝的进口量超出出口量 6969 公担③，1845 年超出 14388 公担。④

19 世纪中叶，德国的钢铁、煤炭、机械制造等重工业部门也取得了较大成就。1850 年，德国的金属冶炼、金属加工、采矿、玻璃制造、化学、木材、造纸和印刷等工业部门的产值在工业总产值中的比重从 36.2% 增加到 42.6%。⑤

在煤炭工业方面，19 世纪 30 年代，德国的采煤量开始迅速增加。

---

① 邢来顺：《德国工业化经济——社会史》，湖北人民出版社，2003，第 117 页。
② 邢来顺：《德国通史·第四卷·民族国家时代》，江苏人民出版社，2019，第 99 页。
③ 1 公担 = 100 千克。
④ 〔苏〕波梁斯基：《外国经济史（资本主义时代）》，郭吴新等译，生活·读书·新知三联书店，1963，第 370 页。
⑤ 〔美〕小威廉·贝拉尼克、〔美〕古斯塔夫·拉尼斯编《科学技术与经济发展：几国的历史与比较研究》，胡定等译，科学技术文献出版社，1988，第 85 页。

1830~1840年，煤炭开采量几乎翻了一番。1840~1870年，随着煤炭开采技术的提高，德国煤炭产量增加了7倍。[1]

19世纪上半叶，随着蒸汽动力的广泛使用，鲁尔、萨克森和上西里西亚等地的煤炭工业迅速崛起。1843年，普鲁士的煤炭产量为310万吨。1848年，德国各邦国的煤炭产量为440万吨。1860年，全德（包括卢森堡在内）的煤炭产量达到1637万吨，1870年增至3400万吨。[2]

在钢铁工业方面，德国取得了巨大成就。1791年2月，马拉帕内皇家工厂建造了第一台焦炭高炉。1794年6月，英国工程师约翰·贝尔登和两位德国技术人员于格莱维茨建造了焦炭高炉。此后，德国境内还陆续安装了一批冶金焦炉。但在1850年之前，只有10%的铁是用焦炭冶炼。19世纪50年代，德国的铁产量以每年14%的速度增长。[3]

在德国各地区中，鲁尔区的钢铁工业较发达，生产规模最大。1818~1820年，鲁尔区建立了一批著名的钢铁生产和加工企业，有数千名工人在钢铁企业中就业。19世纪40年代后，随着铁路建设的展开，钢铁需求增大，推动了机器制造业的发展以及冶铁技术的提高，德国钢铁工业加速发展。1840年，德国的生铁产量为14.3万吨，已赶上了比利时。1850年，德国的生铁产量增至20.8万吨（具体数据见表3-3）。1850年，德国开始生产锻铁。19世纪60年代，德国每年约生产生铁、棒铁、铸铁和钢材100万吨。到1870年，德国生铁和钢的产量已分别增至139万吨和17万吨，已超过法国和比利时。[4]

表3-3 1840~1870年德国的生铁产量

单位：万吨

年份	生铁产量
1840	14.3

---

[1] P. N. Stearns, *The Industrial Revolution in World History* (New York: Routledge, 2021), p. 61.
[2] 〔日〕加田哲二：《德国社会经济史》，徐汉臣译，商务印书馆，1936，第168~169页。
[3] P. N. Stearns, *The Industrial Revolution in World History* (New York: Routledge, 2021), p. 61.
[4] W. R. Lee, ed., *German Industry and German Industrialisation: Essays in German Economic and Business History in the Nineteenth and Twentieth Centuries* (London: Routledge, 1991), p. 185.

续表

年份	生铁产量
1850	20.8
1860	52.9
1870	139.1

资料来源：〔日〕石滨知行《唯物史观经济史·中册·资本主义经济史》，施复亮译，上海昆仑书店，1929，第117页。

19世纪上半叶，德国的冶炼技术不断改进，在铁制品生产中，矿物燃料逐渐取代了木制燃料。19世纪30年代，普鲁士用木炭做燃料生产生铁的比例约为90%。19世纪40年代后，用木炭做燃料生产生铁的比例整体呈下降趋势，用矿物做燃料生产棒铁的比例整体呈上升趋势。至1865年，超过95%的棒铁是用矿物燃料冶炼的，而用木炭做燃料冶炼的生铁仅占7.8%，具体数据见表3-4。

表3-4　1836~1865年普鲁士的冶铁业规模

单位：万吨，%

年份	生铁产量及占比（用木炭燃料）		棒铁产量及占比（用矿物燃料）	
	产量	占比	产量	占比
1836	8.87	—	5.05	32.1
1837	9.95	90.4	5.87	31.8
1842	10.10	82.0	7.93	39.5
1847	13.79	—	15.85	70.2
1848	12.79	83.6	11.57	51.4
1849	11.71	73.3	10.74	62.3
1850	13.50	75.1	13.04	63.6
1851	14.78	67.9	14.95	67.6
1852	16.72	58.0	18.39	70.1
1853	21.09	56.8	20.90	73.3
1854	26.15	51.9	21.43	75.3
1855	30.14	44.4	24.75	80.9
1856	36.39	36.3	27.44	83.8
1857	39.73	30.0	28.27	87.2
1858	41.33	28.6	30.29	88.1

续表

年份	生铁产量及占比（用木炭燃料）		棒铁产量及占比（用矿物燃料）	
	产量	占比	产量	占比
1859	39.69	29.1	26.83	89.4
1860	39.47	24.1	26.57	89.7
1865	77.19	7.8	40.39	>95

资料来源：W. R. Lee, ed., *German Industry and German Industrialisation: Essays in German Economic and Business History in the Nineteenth and Twentieth Centuries* (London: Routledge, 1991), p. 62。

19世纪三四十年代，在铁路修建等因素的影响下，德国国内生产的生铁、铁轨和机车已不能满足本国需求，需要从英国和比利时等国家进口铁制品。当时，德国仅能生产22%～37%国内消耗的生铁，能生产16%～26%国内消耗的棒铁。1835～1845年，德国铁路建设所需的铁轨大多从国外进口。19世纪40年代初期，德国建立了许多运用英国现代技术的钢铁厂，生产产能扩大。1843年，普鲁士铁路建设所用的铁轨10.2%是由德国生产的，88.1%是由英国生产的，1.8%是由比利时生产的。19世纪50年代，德国所需大部分铁轨由本国生产。1863年，普鲁士铁路建设所用的铁轨85%是由德国生产，仅有13.3%由英国生产，0.7%由比利时生产。[1]

在机器制造业方面，1836年，德国人波雪克在柏林建立了机器制造厂，专门制造蒸汽机，1847年该工厂生产蒸汽机67台，1854年产量达500台。[2] 1847年，萨克森的开姆尼茨也设立了机器制造工厂，制造各种机器。至19世纪中叶，萨克森、柏林、莱茵兰和上西里西亚等地区已出现了第一批机器制造厂。19世纪50年代后，德国机器制造厂的效益增大。1846～1861年，德国机器制造厂由417家增至665家，同期工人数量由1.3万人增至3.6万人。德国统一之时，已有1400家机器制造厂。[3]

19世纪上半叶，德国修建了大量铁路，陆路交通运输条件迅速改善，进一步推动了采矿、冶金、木材加工和机器制造等工业部门的发展。1835

---

[1] W. R. Lee, ed., *German Industry and German Industrialisation: Essays in German Economic and Business History in the Nineteenth and Twentieth Centuries* (London: Routledge, 1991), p. 52, p. 63.

[2] 〔日〕石滨知行：《唯物史观经济史·中册·资本主义经济史》，施复亮译，上海昆仑书店，1929，第112页。

[3] 邢来顺：《德国通史·第四卷·民族国家时代》，江苏人民出版社，2019，第109页。

年，德国的铁路运营里程为6千米，1845年为2300千米，1855年增至8290千米，1865年达1.5万千米。① 铁路的修建降低了运输成本，为19世纪下半叶德国的工业发展提供了便利。

二 重工业突飞猛进（1871～1895年）

1871年德国统一之后，因资本大幅增加，生产技术不断改进，德国经济发展速度加快，以钢铁和煤炭为代表的重工业部门突飞猛进，以化学工业为代表的新兴工业部门迅速崛起。在第二次工业革命期间，德国的钢铁、煤炭、建筑、印刷、造纸和化学等工业部门迅速发展。

在冶金工业方面，1871年普法战争之后，德国占领了铁矿石储存丰富的阿尔萨斯和洛林，为钢铁工业的发展提供了重要的原料。炼钢技术的改进为冶金工业的发展创造了良好的条件。西门子发明的蓄热法，克虏伯父子发明的坩埚法，以及托马斯炼钢法的引进，提高了冶金工业的生产效率，促进了德国钢铁工业的迅速发展。1871年，德国的生铁产量为156万吨，钢产量为25万吨。1871～1873年，德国生铁工业的年均就业人数为2.5万人，占年均就业总人数的1/7左右；年均净产值为2600万马克，占年均国民生产净产值的1/7左右。② 1876年，德国生铁产量达184.6万吨，钢产量达39万吨；1880年，生铁产量增至272.9万吨，钢产量增至62.4万吨；1895年，生铁和钢产量分别增至546.5万吨和394.1万吨。1871～1895年，德国的生铁和钢产量分别增长了2.5倍和15倍，具体数据见表3-5。

表3-5 1871～1895年德国煤炭和钢铁工业的生产规模

单位：万吨

年份	石煤产量	褐煤产量	生铁产量	钢产量
1871	2940	850	156.4	25.1
1872	3330	900	198.8	31.2
1873	3640	980	224.1	30.3

---

① 邢来顺：《德国通史·第四卷·民族国家时代》，江苏人民出版社，2019，第106页。
② W. R. Lee, ed., *German Industry and German Industrialisation: Essays in German Economic and Business History in the Nineteenth and Twentieth Centuries* (London: Routledge, 1991), pp. 186, 195.

续表

年份	石煤产量	褐煤产量	生铁产量	钢产量
1874	3590	1070	190.6	35.4
1875	3740	1040	202.9	37.1
1876	3850	1110	184.6	39.0
1877	3750	1070	193.3	41.1
1878	3960	1090	214.8	48.9
1879	4200	1140	222.7	47.8
1880	4700	1210	272.9	62.4
1881	4870	1290	291.4	84.6
1882	5210	1330	338.1	107.5
1883	5590	1450	347.0	106.1
1884	5720	1490	360.1	114.9
1885	5830	1540	368.7	120.2
1886	5810	1560	352.9	136.1
1887	6030	1590	402.4	168.5
1888	6540	1660	433.7	186.2
1889	6730	1760	452.5	202.2
1890	7020	1910	465.9	216.2
1891	7370	2050	464.1	235.2
1892	7140	2120	493.8	275.6
1893	7390	2160	498.6	316.4
1894	7670	2210	538.0	364.2
1895	7920	2480	546.5	394.1

资料来源：〔苏〕尤·瓦尔加主编《世界经济危机：1848~1935》，戴有振等译，世界知识出版社，1958，第444~446页。

与欧洲其他国家相比，19世纪下半叶，德国钢铁工业的发展非常迅速。19世纪70年代，英国的钢铁产量是德国的4倍，然而，至1912年，德国的钢铁产量已经是英国的2倍。1913年，德国的钢铁产量为1600多万吨，占整个欧洲钢铁总产量的2/3。[1]

---

[1] L. Hirth, *State, Cartels and Growth: The German Chemical Industry* (Munich: GRIN Verlag, 2007), p.3.

钢铁工业的发展，推动了德国煤炭工业的崛起。这一时期德国的煤炭生产迅速发展，1871~1895年，德国的煤炭产量增长了近2倍。1871~1875年，德国年均煤产量为3448.5万吨，1881~1885年增至5446万吨，1891~1895年增至7497万吨。[1]

在第二次工业革命期间，德国的电气工业也迅速发展。1866年，维尔纳·冯·西门子发明了发电机，人类开始步入电气时代。1875年，德国共有81家电气工程企业，工人1157名。19世纪80年代，以维尔纳·冯·西门子和艾米尔·拉特瑙为代表的德国企业家利用电灯、电话等普及的契机，率先发展电气工业，使德国的电子工业在全球领先。[2]

三 传统工业和新兴工业繁荣（1896~1914年）

19世纪末20世纪初，德国经济快速发展，采矿业、交通运输业、冶铁工业等工业部门的年均增长率达4%~5%。一方面，以钢铁、煤炭和机械制造等为代表的传统工业部门快速发展，多种工业产品产量（如钢铁）已经超过英国；另一方面，德国的新兴工业部门，如电气、汽车和化学等工业部门发展迅速，德国工业步入了繁荣阶段。

就钢铁工业而言，1896年，德国的生铁产量为637.3万吨，1900年增至852.1万吨，1914年达1439万吨，具体数据见表3-6。

表3-6 1896~1914年德国生铁产量

单位：万吨

年份	生铁产量	年份	生铁产量
1896	637.3	1902	853.0
1897	688.1	1903	1001.8
1898	731.3	1904	1005.8
1899	814.3	1905	1087.5
1900	852.1	1911	1557.9
1901	788.0	1912	1786.9

---

[1] 〔日〕加田哲二：《德国社会经济史》，徐汉臣译，商务印书馆，1936，第169页。
[2] 邢来顺：《德国通史·第四卷·民族国家时代》，江苏人民出版社，2019，第350页。

续表

年份	生铁产量	年份	生铁产量
1913	1930.9	1914	1439.0

资料来源：〔日〕石滨知行《唯物史观经济史·中册·资本主义经济史》，施复亮译，上海昆仑书店，1929，第117页。

1908~1911年，德国冶铁工业的年均增加值达1.84亿马克，年均增长率达到5.4%，交通运输业、采矿业的年均增长率分别为5.3%和4.0%，具体数据见表3-7。

表3-7　1871~1873年和1908~1911年德国部分工业部门的年均增加值和年均国民生产净产值

单位：百万马克，%

	采矿业	交通运输业	冶铁工业	年均国民生产净产值
1871~1873年	388	419	26	18765
1908~1911年	1696	2878	184	47522
年均增长率	+4.0	+5.3	+5.4	+2.5

注：以1913年价格计算。
资料来源：W. R. Lee, ed., *German Industry and German Industrialisation: Essays in German Economic and Business History in the Nineteenth and Twentieth Centuries* (London: Routledge, 1991), p.198.

随着德国钢铁工业的发展，德国生铁出口量大增。1871~1913年，德国的生铁出口量增加了12倍，以至于第一次世界大战爆发时，德国成为世界上第二大生铁生产国。19世纪下半叶，德国钢铁工业的扩张对德国经济扩张的意义重大，以至于英国著名的经济学家凯恩斯认为："德意志帝国是真正建立在煤炭和铁的基础之上，而不是血和铁的基础之上。"[1] 1908~1911年，德国冶铁工业的年均就业人数增至4.5万人，年均净产值增至1.84亿马克，占年均国民生产净产值的39%，具体数据见表3-8。

---

[1] W. R. Lee, ed., *German Industry and German Industrialisation: Essays in German Economic and Business History in the Nineteenth and Twentieth Centuries* (London: Routledge, 1991), p.185.

表3-8　1871~1873年和1908~1911年德国冶铁工业的年均
就业人数和年均净产值

年份	年均就业人数（人）	占总就业人数的比例（%）	年均净产值（万马克）	占年均国民生产净产值的比例（%）
1871~1873	25000	14	2600	14
1908~1911	45000	15	18400	39

注：以1913年价格计算。

资料来源：W. R. Lee, ed., *German Industry and German Industrialisation: Essays in German Economic and Business History in the Nineteenth and Twentieth Centuries* (London: Routledge, 1991), p.195。

就煤炭工业而言，1896年，德国的煤炭产量达8569万吨，1900年增至1亿吨，1910年增至1.5亿吨，1913年达1.9亿吨，具体数据见表3-9。

表3-9　1896~1914年德国的煤炭产量

单位：万吨

年份	煤炭产量	年份	煤炭产量
1896	8569.0	1906	13711.8
1897	9105.5	1907	14318.6
1898	9631.0	1908	14767.1
1899	10164.0	1909	14878.8
1900	10929.0	1910	15282.8
1901	10853.9	1911	16074.7
1902	10747.4	1912	17487.5
1903	11663.8	1913	19010.9
1904	12081.6	1914	16138.5
1905	12129.9		

资料来源：〔日〕石滨知行《唯物史观经济史·中册·资本主义经济史》，施复亮译，上海昆仑书店，1929，第114~115页。

随着冶铁工业和煤炭工业的发展，20世纪初，德国铁矿、煤矿和其他采矿业的就业人数快速增加。在煤矿业中，1871~1873年，年均就业人数为16.4万人，1908~1911年，年均就业人数增至61.3万人。与1871~1873年相比，1908~1911年煤矿业的就业人数增速较快，具体数据见表3-10。

表 3-10 1871~1873 年和 1908~1911 年德国部分工业部门的年均就业人数

单位：人，%

	铁矿业	煤矿业	其他采矿业	铁路业	生铁行业
1871~1873 年	37000	164000	47000	202000	25000
1908~1911 年	41000	613000	72000	698000	45000
年均增长率	+0.3	+3.6	+1.1	+3.4	+1.6

资料来源：W. R. Lee, ed., German Industry and German Industrialisation: Essays in German Economic and Business History in the Nineteenth and Twentieth Centuries (London: Routledge, 1991), p. 196。

除了传统的工业部门发展迅速外，德国电气和化学等新兴工业部门也发展迅速。就电气工业而言，1896 年，德国电气工业有 39 家股份公司，19 世纪末 20 世纪初，逐渐形成了西门子股份公司、通用电气公司和法兰克福电气股份公司等七大巨头。1910 年，西门子和通用电气两大集团的产品价值已占据当时德国电气工业生产总值的 75%。[1]

1895~1907 年，德国电气工业的就业人数从 1.8 万人增至 9.8 万人，增长 444%，1913 年增至 25 万人。电气工业的产值迅速增长。1891~1898 年，德国电气工业总产值从 4500 万马克增至 2.3 亿马克，增长 411%。1913 年，德国电气工业总产值增至 13 亿马克。[2]

随着电气工业的发展，德国建立了大量发电站。1895~1913 年，德国发电站数量从 148 个增至 4040 个，每小时的发电量从 34 千瓦增至 2000 千瓦。[3] 1891 年，德国仅有 35 个地方可以使用电力，1913 年，已经有 1.8 万个地方通了电，约 50% 的德国居民使用了电灯照明。[4]

就化学工业而言，德国的化学工业在世界市场上处于领先地位。1856 年，德国专家发明了从煤炭中提取染料的方法，为苯胺工业的发展打下了基础。1861 年德国人从盐水中提取了氯化钾，并开始在农业中使用钾肥。1855 年，德国建成第一座过磷酸料工厂，19 世纪晚期德国人开始大批生产

---

[1] 邢来顺：《德国通史·第四卷·民族国家时代》，江苏人民出版社，2019，第 351 页。
[2] 齐洪、苏国荫、姚艾民等编著《世界主要资本主义国家工业化过程简述》，统计出版社，1955，第 75 页。
[3] 齐洪、苏国荫、姚艾民等编著《世界主要资本主义国家工业化过程简述》，统计出版社，1955，第 76 页。
[4] 邢来顺：《德国通史·第四卷·民族国家时代》，江苏人民出版社，2019，第 352 页。

人造肥料。①

就无机化学而言，1860年，德国开始采掘钾碱矿，1889年开采量达100万吨。1878年，世界硫酸产量为100万吨，德国的产量为11.2万吨，约占1/9。

19世纪下半叶，德国在化学工业方面取得了很大成就。19世纪60年代，在化学工业方面，英国公司还占主导地位，然而到1913年，德国生产的染料已占全球染料总量的85%。②

19世纪末20世纪初，德国酸、碱等基本化学产品的产量已占世界首位。1861~1907年，德国化学工业的从业人数从2.66万人增至17.2万人。至第一次世界大战之前，德国已拥有受过高等教育的化学家5000名。到1900年，德国生产的染料占全球染料总产量的4/5，其他化学品也大量出口国外。③

此外，德国还在物理学和医学等方面取得了很大的成就。1895年，德国物理学家威廉·康拉德·伦琴发现了X射线，为人类利用X射线诊断与治疗疾病开拓了新途径，开医疗影像技术的先河。1901年，伦琴因这一发现而获得了诺贝尔物理学奖。④

总之，在第二次工业革命中，德国的工业化成就十分显著。1870~1913年，德国工业总产值增长4.3倍，年均增长3.9%，仅次于美国。⑤至第一次世界大战前，德国已建立了完整的工业体系，工业产值已经超过英国，成为仅次于美国的工业化强国。

第三节 德国工业化的模式、特征及影响

工业化开启后，德国迅速成为世界工业强国。德国工业化的影响十分

---

① 李富森：《论德国第二次工业革命的成就与特点》，《临沂大学学报》2012年第3期，第29页。

② L. Hirth, *State, Cartels and Growth: The German Chemical Industry* (Munich: GRIN Verlag, 2007), p. 1.

③ 李吟枫等：《世界产业革命与管理现代化》，上海社会科学院出版社，1989，第133页。

④ 李富森：《论德国第二次工业革命的成就与特点》，《临沂大学学报》2012年第3期，第29页。

⑤ 马世力主编《世界经济史》，高等教育出版社，2001，第252~253页。

深远,不仅对本国的政治、经济和社会等方面产生了诸多影响,而且对全球经济和社会发展也产生了重要影响。

一 德国工业化的模式

德国的工业化模式不同于英美模式。德国的工业化是在政府主导下,通过自上而下的方式实现的,是模仿型工业化的典型代表。德国通常被称为工业化第二集团的追随者,在向第一集团学习和模仿的过程中,它利用有效的社会军事组织,创立了一种成功的模式。德国工业化模式最大的特点是在政府主导下,学习和模仿先进工业国家的工业化。德国的工业化和欧洲其他多个国家一样,也是从纺织业开始的。

(一)德国工业化始于纺织业

纺织业是德国的传统产业。德国和英国、美国和法国一样,工业革命也是从棉纺织业开始的,棉纺织业最先使用机器进行生产。1794年,迪塞尔多夫建立了第一家使用阿克莱特水力纺纱机的棉纺厂。1800年前后,德国部分地区的纺织业已引进蒸汽机进行生产,但德国蒸汽机的推广速度非常缓慢,直至1825年,德国棉纺织业都极少使用蒸汽机。在拿破仑实行大陆封锁政策期间(1806~1814年),英国纺织品很难进入欧洲大陆,德国的棉纺织业速度发展稍快。大陆封锁政策结束后,德国棉纺织业的发展速度再次放缓。1825年,德国仅有45万枚纱锭,仅为英国的1/15,法国的1/4,美国的1/2。[1]

1825~1840年,布勒斯劳、莱比锡和奥格斯堡相继建立了纺纱厂。1854年,拉文斯贝格纺纱厂建立,后来发展成德国最大的麻纱厂。1864年,比勒费尔德成立了机械纺织股份公司。[2]

就织布工业而言,1821年,德国首次引进了雅卡尔式织布机,1826年开始生产纺纱机。1831年,普鲁士已有棉织机2.5万台,丝织机9000台,麻织机252万台。[3]在2.5万台棉织机中,2.4万台是手工织机,机械织机只有1000台。德国纺织业企业的规模很小,有些还是家庭企业,且十分分

---

[1] 〔苏〕列·阿·门德尔逊:《经济危机和周期的理论与历史·第一卷》,吴纪先等译,生活·读书·新知三联书店,1976,第285页。
[2] 孙立新编著《百年巨变:19世纪德意志的历史和文化》,山东大学出版社,1994,第53页。
[3] 刘立:《德国化学工业的兴起》,山西教育出版社,2008,第10页。

散，19世纪三四十年代之后这种情况才有所改变。1834年关税同盟建立，促进了纺织业的发展，机器化大型纺织厂的数量不断增加。随着纺织业的发展，德国境内纱锭数量增长较快。1846年，关税同盟各邦已拥有13家纺纱厂和75万枚机械纱锭，其中以萨克森的开姆尼茨最为著名。[1] 1835~1865年，关税同盟区域内的纱锭数从58万个增加到235万个，同期棉纱产量由3786吨增加至37128吨。[2]

总体而言，19世纪50年代以前，德国纺织业的机械化水平很低。1846年，普鲁士机械织机的占比仅为3.79%。1850年，呢绒工业机械织机的占比为50%。在绒线工业中，手工业式的企业和家庭手工业仍然占据主导地位，1850年，机械织机的占比仅为6%。亚麻工业则更为落后，仍以手工生产为主。[3] 与之相比，英、法、美等国纺织工业的机械化程度很高，这些国家的纺织品无论是在数量还是质量上都优于德国，德国纺织品很难与其竞争。19世纪50年代前，受纺织品价格下降以及原材料缺乏等因素影响，德国纺织业发展缓慢。从1815~1850年主要西欧国家的原棉消费量可以看出德国纺织业的发展规模，具体数据见表3-11。

表3-11 1815~1850年主要西欧国家的原棉消费量

单位：吨

年份	英国	法国	比利时	德国
1815	36932	—	—	
1816	40245	—	1349	
1817	48956	—	811	
1818	49864	—	1788	
1819	49684	—	2198	
1820	54582	—	1100	
1821	58530	—	1970	
1822	66011	—	2245	
1823	69918	—	2054	
1824	74955	—	1175	

---

[1] 刘笑盈：《推动历史进程的工业革命》，中国青年出版社，1999，第129页。
[2] 邢来顺：《德国通史·第四卷·民族国家时代》，江苏人民出版社，2019，第100页。
[3] 李工真：《德意志道路：现代化进程研究》，武汉大学出版社，2005，第78页。

续表

年份	英国	法国	比利时	德国
1825	75680	—	2372	—
1826	68149	—	3213	—
1827	89473	—	3115	—
1828	98866	—	2311	—
1829	99455	—	4804	—
1830	112341	—	3016	—
1831	119192	28217	971	—
1832	125634	33623	2435	2422
1833	130217	35534	3071	1814
1834	137657	36881	2032	7536
1835	144327	38712	4784	4498
1836	157620	44294	6673	7618
1837	165923	43789	6978	10219
1838	189062	51173	6855	8996
1839	173182	40301	4053	6823
1840	208208	52182	9049	12835
1841	198771	55689	7508	11148
1842	197410	57141	6107	12145
1843	235294	59584	7482	15336
1844	247181	58506	6680	13310
1845	275582	60377	8452	17048
1846	279076	63952	4823	16008
1847	200631	45191	6807	13830
1848	262153	44760	6924	15427
1849	286335	63903	10709	19815
1850	222046	59273	7222	17117

资料来源：D. S. Landes, *The Unbound Prometheus: Technological Change and Industrial Development in Western Europe from 1750 to the Present* (Cambridge: Cambridge University Press, 2003), p. 165。

尽管如此，德国纺织业、皮革工业依然取得了较大成就。1800～1850年，尽管德国的纺织工业没有其他工业部门发展快，但就业人数依然增加了50万人。① 1846年，普鲁士有机械织机4600台，1861年增至15258台。1895年，全德有毛纺工人15.3万人，棉织工人6.9万人，大型纺织企业304家，棉花消费量达25万吨。②

需要指出的是，19世纪三四十年代，尽管德国棉纺织业最先开启了工业革命，但是19世纪上半叶，德国棉纺织业的发展规模、机械化程度不如英国、法国和比利时等西欧国家。德国的棉纺织业由于发展速度缓慢，未能推动其他工业部门机械化水平的提高，而英国棉纺织业的发展推动了多个工业部门的机械化。英国走出了一条通过纺织业实现全面机械化、工业化的道路，而德国是通过铁路建设推动工业化的发展，铁路建设代替纺织业成为工业化的先锋军。

（二）铁路建设是德国工业化的先导

1825年，世界上第一条铁路在英国建成。此后，德国于1835年开通了从纽伦堡到富尔特的铁路，进入了铁路时代。铁路在德国工业化进程中发挥着特殊的作用。

19世纪初，德国境内的铁路修建并不顺利。当时，德国还处于分裂状态，封建保守势力根深蒂固，一些邦国政府担心铁路建设不能得到丰厚的回报而不愿投资，对外邦通过本邦的铁路建设多方阻止。在此过程中，德国的一些企业家和学者大力宣传铁路建设的意义，并提出相应措施。其中，最具有代表性的人物是企业家哈尔科特和经济学家弗里德里希·李斯特。1833年，哈尔科特发表了《从明顿到科隆的铁路》一文，呼吁修建从威悉河畔明顿到莱茵河畔科隆的铁路，从而形成连接德国中西部地区的快捷交通。③

1824年李斯特流亡英国之时，目睹了斯托克顿—达林顿铁路的施工过程。1825年，李斯特在符腾堡监禁期间，曾将草拟的铁路建设计划呈给符腾堡政府，但遭到符腾堡政府的拒绝。1827~1828年，李斯特流亡美国期间，目睹了铁路建设带来的好处。回国后，他利用文章、信件和演讲等各种方式宣传铁路建设的意义，但起初并未引起普鲁士等政府的重视。但

---

① 〔美〕小威廉·贝拉尼克、〔美〕古斯塔夫·拉尼斯编《科学技术与经济发展：几国的历史与比较研究》，胡定等译，科学技术文献出版社，1988，第85页。
② 刘立：《德国化学工业的兴起》，山西教育出版社，2008，第10页。
③ 邢来顺：《德国通史·第四卷·民族国家时代》，江苏人民出版社，2019，第104页。

是，李斯特并没有泄气，而是继续游说各邦，宣传铁路建设的意义，亲自参与组建铁路公司的实践活动，研究适合德国的铁路建设方案。为了解决资金问题，1837年，李斯特提出了"私办公助"的集资政策。[①] 1833~1835年，李斯特发表了76篇文章阐述铁路的具体规划与国家政策。为此，李斯特成为"德国铁路网理论"的奠基人。[②] 在李斯特的努力下，各邦政府开始关注铁路建设。

从19世纪30年代中期开始，普鲁士和巴伐利亚等邦国政府积极鼓励通过银行贷款和私人投资修建铁路，积极投入铁路建设工作，建成了一系列铁路。1838年，柏林与波茨坦之间的铁路通车。随后，不伦瑞克—沃芬比尔特铁路通车。1839年，普鲁士已建成133千米的铁路。

从19世纪30年代中期开始，由于铁路建设的投资利润率高，德国出现了铁路投资的热潮，政府与私人积极参与铁路建设，铁路里程迅速增长。1837~1848年，全德建成了5000千米铁路线，是法国的1.5倍。1837~1847年，德国铁路投资额从2100万马克猛增到4.54亿马克。[③]

在工业革命开始阶段，在固定资产投资中，铁路建设投资所占比重很大。1840年，铁路投资额为8580万马克，1845年为2.8亿马克，1850年为8.9亿马克。在国民经济中，铁路投资达到22%。19世纪40年代，私营铁路公司的利润率最低为5%，最高达7%。[④] 在投资浪潮的推动下，德国铁路建设成就显著。1841年，柏林在奥古斯特·博尔齐希的领导下建造出第一个火车头。1841年从柏林到安哈尔特、1842年从柏林到什切青、1843年从安特卫普到莱茵河岸的科隆之间的铁路相继通车。[⑤] 1840~1850年，全德铁路总长度从549千米增至6044千米，其中1/3是政府经营的铁路，各邦政府投资达1.5亿泰勒[⑥]，占总投资额的1/2。1860年，铁路总

---

① 马世力：《李斯特与德国资本主义工业化》，《社会科学战线》1989年第3期，第203页。
② 马世力：《李斯特与德国近代铁路建设》，《史学月刊》1991年第2期，第95页。
③ 〔苏〕列·阿·门德尔逊：《经济危机和周期的理论与历史·第一卷》，吴纪先等译，生活·读书·新知三联书店，1976，第512页。
④ 姜德昌、吴疆：《马克骑士——再度崛起的德意志》，吉林人民出版社，1998，第59页。
⑤ 〔美〕科佩尔·S.平森：《德国近现代史·下册》，范德一等译，商务印书馆，1987，第114页。
⑥ 1泰勒=3马克。

长度达1.38万千米,1870年增至1.89万千米。[1]

大规模的铁路建设降低了运输成本,加强了城乡之间以及原材料生产地和加工地之间的联系,推动了采矿、冶金和机器制造等工业部门的发展。1840~1860年,德国铁路运输每吨货物的价格从16.9芬尼[2]/千米下降到7.5芬尼/千米。[3]铁路建设使德国的工业化呈现一种连锁效应。由于铁路建设对钢轨、车皮、机车和车厢的需求迅速增加,刺激了钢铁工业和机械制造业的迅速发展。铁路网的完善又为冶金业和采矿业的发展提供了便利条件。随着铁路的修建,莱茵河西岸的鲁尔区和萨尔区迅速成为德国的煤炭、采矿和冶金中心。与此同时,萨克森、汉诺威和拿骚的煤炭和钢铁工业迅速发展起来。

铁路的修建为德国统一市场的形成和政治上的统一提供了良好的条件。1871年德国统一后,俾斯麦开始着手铁路国有化,到19世纪70年代末,铁路成为推动国民经济发展的大动脉。19世纪80年代,德国的铁路密集度在欧洲首屈一指,与此同时,德国工业飞速发展。因此,铁路推动了德国工业化的进程,是德国工业化的先导。

(三) 政府是德国工业化的主导

德国的工业化是在模仿先进国家的基础上,在政府的主导下实现的。在普鲁士统一德国之前,普鲁士的商人、贵族和地方政府敦促建立"工厂"以生产纺织品、玻璃、化学品、有色金属和黑色金属。在工业发展初期,因资本缺乏,德国和法国两国政府对传统工业部门进行了一定的投入和补贴。普鲁士西哈德隆在19世纪40年代的做法最具代表性。西哈德隆不仅投资海运,还投资公路、铁路和不同的工业部门。1840年,西哈德隆在乌斯特·吉尔斯多夫建立了普鲁士第一家动力精纺厂。[4]

为了促进工商业发展,普鲁士政府派遣官员到英国等国家学习高端技术,普鲁士工商局局长鲍斯曾两度造访英国。中央银行为工业企业提供大

---

[1] 周友光:《两次工业革命概述》,武汉大学出版社,1996,第47~48页。
[2] 1芬尼=0.01马克。
[3] H. A. M. Klemann, J. Schenk, "Competition in the Rhine Delta: Waterways, Railways and Ports", *Economic History Review*, Vol. 66, No. 3, 2013, p. 827.
[4] D. S. Landes, *The Unbound Prometheus: Technological Change and Industrial Development in Western Europe from 1750 to the Present* (Cambridge: Cambridge University Press, 2003), p. 157.

量贷款，借此推动工商企业的发展。在工业化进程中，政府积极渗入各大企业部门，在各工业部门发展过程中具有重要作用。

在铁路修建过程中，普鲁士政府的支持也发挥了重要作用。19世纪40年代至德国统一之前，普鲁士为了促进铁路建设，不仅给股份公司优先颁发许可证，以确保国家铁路计划的贯彻实施，还通过贷款形式直接投资铁路建设。[①] 如果没有政府的支持，德国铁路网很难建成。此外，政府还监督和补贴造船业[②]，支持建立投资银行，解决资金问题。

德国统一后，为了保护本国工业发展，德国实施关税保护政策。1879年6月，德国通过新的关税法，根据该法案，德国将对纸张、皮革、木制品及一些化学制品等进口产品征收进口税。[③] 德国的关税保护政策有效保护了本国年轻的工业，推动了工业发展。

（四）科学技术革命是德国工业化的推动器

德国工业革命开始的时间晚于英国和法国，为了缩短与先进国家的差距，德国一方面不断学习英国、法国、比利时和瑞士等国家的先进技术和经验，提升自身的技术水平；另一方面不断进行探索和研究，在物理学和化学等领域的发明创造不断。在科学技术的推动下，德国工业化发展速度快，工业化成就显著。

就德国冶金业中的技术革命而言，19世纪上半叶，在德国、法国和比利时三个国家中，德国是最后在冶炼行业中使用大型焦炉的国家。直到1840年，德国唯一使用矿物燃料的熔炉在西里西亚，当时西里西亚绝大多数企业还使用木炭炼铁。1840年，焦炭炼铁技术被成功引入萨尔盆地，后来传入莱茵兰。1849年，第一个焦炭炉才传入鲁尔。当时，关税同盟约1/10的铁制品是用焦炭炉冶炼的。德国采用新技术炼铁后生产技术更新速度最快。在关税同盟内，普鲁士的铁产量占90%。1842～1852年，普鲁士用木炭炉炼铁的比例从82%下降到60%，至1862年仅占12.3%。1848年鲁尔地区木炭冶铁的占比为100%，1850年、1856年和1863年的占比分

[①] 李工真：《德意志道路：现代化进程研究》，武汉大学出版社，2005，第80页。

[②] T. Veblen, *Imperial Germany and the Industrial Revolution* (New York: The Macmillan Company, 1918), p.174.

[③] 靳艳：《近代德国经济高速发展的历史因素》，《社科纵横》2006年第8期，第68页。

别为63%、4.2%和1.3%。①

在矿物燃料取代木炭的过程中，德国炼铁设备的规模不断增大。1850~1870年，德国的熔炉高度增加了1倍，容量增加了1倍多。1850年，每个熔炉的平均产铁量为720吨，至1871年超过5000吨。1870年，鲁尔区最大的熔炉每周约生产250吨生铁。② 由于技术更新速度快、产能高，19世纪70年代后，德国的钢铁产量超过了英、法等国。

在进行工业革命之前，德国没有像英、法等国一样进行彻底的资产阶级革命。德国容克资产阶级取得完全统治地位之后，在政治上也没有进行资产阶级化的民主政治变革，但是德国却比英、法两国发生了更彻底、更广泛的技术革命和经济革命，这是德国于19世纪末20世纪初成为世界第二工业强国的重要原因之一。③

二 德国工业化的特征

19世纪德国在工业化进程中，不仅吸收了先进国家的工业化经验和技术，而且结合了本国的特点，在政府主导下，推动了工业的快速发展。

(一) 德国工业化开启时间晚，但实现了飞跃式发展

德国工业革命开启的条件不同于英国、法国和美国等国家。英、法、美进行工业革命时，资产阶级已经掌握了国家政权，国内统一的市场已经形成。然而，德国工业革命时期，政治上还处于分裂状态，政权还掌握在封建王朝的手中，还没有取得资产阶级革命胜利，国内没有形成统一的市场，也没有广大的殖民地市场。基于以上原因，德国工业化开始的时间比英国、法国等国家晚。19世纪三四十年代，德国才开始进行工业革命。

德国工业化开始的时间晚，主要原因如下：一是政治上分裂成不同邦国，缺乏统一的市场，直到19世纪30年代关税同盟创造了更大的全国统一市场之后工业化才开启；二是德国行会和农奴制度废除的时间晚，制约

---

① D. S. Landes, *The Unbound Prometheus*: *Technological Change and Industrial Development in Western Europe from 1750 to the Present* (Cambridge: Cambridge University Press, 2003), pp. 216 - 218.

② D. S. Landes, *The Unbound Prometheus*: *Technological Change and Industrial Development in Western Europe from 1750 to the Present* (Cambridge: Cambridge University Press, 2003), p. 218.

③ 吴友法、黄正柏主编《德国资本主义发展史》，武汉大学出版社，2000，第24页。

了劳动力的自由流动；三是德国与法国、美国等国家不同，德国在早期工业化进程中新发明少，主要靠引进英国和美国等国家的技术，并且至1870年还依然高度依赖外国技术；四是19世纪上半叶德国缺乏对纺织品的关税保护，阻碍了纺织业的发展。①

19世纪上半叶，德国只有少数地区的工业发展速度快，大部分地区的工业发展十分缓慢。19世纪20年代，莱茵和威斯特伐利亚等地区开始使用机器生产。1834年关税同盟建立后，推动了德国纺织、煤炭和冶金等工业部门的发展。1820~1840年，德国工业总产值从8500万英镑增至1.5亿英镑。1846年，参加关税同盟的各邦国共有纱锭70多万枚，主要集中在普鲁士和萨克森。1837年，德国的蒸汽机数量只有419台，至19世纪40年代末已增至1450台。1846年，仅普鲁士的煤产量就有320万吨。随着工业发展，德国的交通运输条件不断改善，1835年德国建成第一条由纽伦堡至富尔特的铁路，1845年普鲁士境内的铁路已有2000多千米。②

1870年，德国在世界工业总产值中所占比重已达13.2%，超过法国，开始跻身欧洲先进资本主义国家的行列。③

随着资本主义经济的发展，德国要求国家统一的愿望更加强烈。德国在1871年实现统一后，大工业迅速发展。19世纪下半叶，德国工业发展异常迅速，呈现飞跃式发展的特征。1870~1913年，德国的煤产量增长了460%，铁产量增长了1192.3%，钢产量增长了9800%。④ 同时，德国蒸汽机的功率增长迅速，1859年为6.2万马力，1875年增至25万马力，1900年增至370.7万马力，1908年高达637.2万马力，1914年提升至649.3万马力。⑤

随着德国工业的发展，德国就业人数迅速增加。1861年，德国的工人数量为5.1万人，1882年增至35.6万人，1896年达58.27万人，1907年高达112万人。

---

① P. N. Stearns, *The Industrial Revolution in World History* (New York: Routledge, 2021), pp. 60–61.
② 瞿季木、黄鸿剑编著《世界近代史纲》，南京大学出版社，1985，第136页。
③ 孙炳辉、郑寅达编著《德国史纲》，华东师范大学出版社，1995，第100页。
④ 四川大学经济系五六级同学集体编《外国国民经济史讲稿（近代、现代部分）上册》，高等教育出版社，1959，第238~239页。
⑤ 彭迪先：《世界经济史纲》，上海书店出版社，1989，第221~222页。

19世纪末20世纪初,由于德国工业迅速发展,在世界工业总产值中的比重超过法国和英国,仅次于美国,居世界第二位。

(二) 德国工业化与军事化需求联系密切

19世纪50~60年代,普鲁士为了实现统一的政治目标,大力发展与军事工业相关的钢铁、机械制造等重工业,大规模修建铁路。由于军事订货需要,普鲁士开发了新矿山,建立了新钢铁厂,铁路建设也出现了热潮。普法战争后,德国实现了统一,形成了统一的国内市场。同时,普法战争后,依据《法兰克福条约》,法国需支付50亿法郎的巨额战争赔款,这直接推动了德国19世纪70年代初期工业的发展。依据双方签署的条约,德国获得了阿尔萨斯和洛林,德国人口增加150万,纱锭数增加了56%,织布机增加了88%,印染设备增加了1倍。[1] 巨额的战争赔款让德国巩固了金本位制,偿还了国债,还建立了现代化的要塞和兵营。同时,数十亿法郎流入德国,使得德国证券市场空前活跃,形成了一股创办企业的热潮。[2]

德国实现统一后,军工业发展迅速。1871~1914年,德国陆军在普鲁士、萨克森和巴伐利亚有三个军工武器制造厂,能制造口径为21厘米的步枪。德国海军在基尔、但泽和威廉港有三个造船厂以及一个鱼雷和鱼雷发射管制造车间。德国皇家海军还制造了船体、战舰、巡洋舰和潜艇机械,雇佣工人数量从1888年的6500人增加到1900年的1.55万人,1912年达2.15万人。[3]

在国家的干预下,德国的军事工业发展迅速,军工企业数量迅速增加。著名的克虏伯军工厂1871年的工人数量为1.6万人,1913年达10万人,42年间增长5倍以上。[4] 1871~1913年,德国的科学技术快速发展,机械化程度和劳动生产率提高快,因此,德国军事工业的实际产量增速加快。19世纪末,随着经济实力和军事实力的增强,德国加快了对外扩张的步伐,侵占了大量殖民地。

---

[1] 李吟枫等:《世界产业革命与管理现代化》,上海社会科学院出版社,1989,第134页。
[2] 孙炳辉、郑寅达编著《德国史纲》,华东师范大学出版社,1995,第142页。
[3] M. Epkenhans, "Military-Industrial Relations in Imperial Germany, 1870–1914", *War in History*, Vol. 10, No. 1, 2003, pp. 1–3.
[4] 刘天怡:《外国近代经济史》,甘肃人民出版社,1992,第280页。

(三) 银行业发展为工业化提供了条件

在工业发展的过程中，德国银行业的发展非常迅速，许多银行以股份制的形式运营，为货币储蓄和资本的集中创造了条件，有利于工业发展。19世纪40年代后，一些私营银行陆续成立，为工业筹集资金。1848年，科隆的沙夫豪森银行联合会是第一家以股份公司形式建立起来的银行企业。新建立的私营银行对推动工业发展发挥了非常重要的作用。1849年，沙夫豪森银行联合会帮助采矿业建立了第一家新型股份公司。1851~1852年，它帮助建立了第一家股份制钢铁企业，并参与了科隆棉纺厂、科隆机器制造股份公司等股份制企业的建立活动。[1]

19世纪50~60年代，德国兴起了多家股份制大银行。1853年，达姆斯塔特工商银行建立，注册资本1710万马克。1856年，德意志信贷银行建立，注册资本2400万马克。1870年，德意志银行建立，注册资本1500万马克。1850~1870年，仅普鲁士就有20家股份银行成立，注册资本达9470万马克。[2]

1871年德国统一后，统一了货币，对银行体系进行了改组。1873年，德国成为英国之后仅有的确立金本位制的国家。1875年，改组普鲁士银行为帝国银行，建立了统一的中央银行，原来互相对峙的33个所谓的"中央银行"至此不复存在。[3] 到了20世纪初，帝国银行共有4000家支行，并发行全国90%以上的货币。德国银行不仅为工商企业提供巨额贷款，给工业发展提供了大量资金，而且派出代表参加工业公司的董事会，甚至直接参与工业企业的经营管理，直接推动了德国工业化的发展。

(四) 重工业占优势地位

虽然德国最先开始工业革命的是轻工业，但德国不像英国那样等二三十年之后才转向重工业的发展，而是在轻工业开启工业革命后，重工业紧跟着就开始了工业化进程。[4] 19世纪40~60年代，一方面因铁路修建的需求，另一方面因军事工业发展的需要，德国优先发展钢铁、煤炭和机器制

---

[1] 邢来顺：《德国通史·第四卷·民族国家时代》，江苏人民出版社，2019，第120~121页。
[2] 孙炳辉、郑寅达编著《德国史纲》，华东师范大学出版社，1995，第100页。
[3] 刘天怡：《外国近代经济史》，甘肃人民出版社，1992，第284页。
[4] 刘天怡：《外国近代经济史》，甘肃人民出版社，1992，第270页。

造等重工业部门。

19世纪中叶,德国刚刚兴起的钢铁工业就采用了全新的炼钢技术。1861年,钢铁工业采用了贝塞麦炼钢法炼钢,1866年,钢铁工业又采用了平炉炼钢法。由于新技术的采用,克虏伯公司和蒂森公司等钢铁企业迅速崛起,德国的钢铁产量迅速增加。1850~1880年,德国钢产量从6000吨增至62.4万吨,1895年更是增至394万吨,1913年达1690万吨。1895~1913年,德国钢产量增加了3倍。[1]

随着钢铁工业的发展,煤炭工业也迅速发展。19世纪40年代,德国开始机械采煤。亚琛、萨尔、鲁尔和西里西亚的煤炭储量丰富,成为德国主要的煤炭开采地。19世纪下半叶,德国煤炭工业中广泛使用快速钻探机、电动泵和电动通风机等新设备,德国采煤业规模扩大,煤炭开采量迅速提升。1871~1913年,德国的石煤开采量由2900万吨猛增到1.9亿吨。[2]

19世纪40年代后,德国的机械制造业发展迅速。1846~1861年,德国机械制造厂数量由130家增到300家。1861年机械制造厂内工人数量达9.8万人。1837年在柏林建立的波尔锡蒸汽机制造厂,到1866年已成为世界上最大的机械制造厂,工人达1600人。1850~1870年,德国机器制造产品的数量增长2倍,机械输出量跃居世界第一位。[3]

19世纪下半叶,德国的重工业发展尤其迅速。1850~1913年,包括建筑业在内的工业生产总值增长10.1倍,其中:纺织工业增长4.6倍,服装与加工工业增长3.7倍,食品工业增长3.9倍,采矿与制盐工业增长29.3倍,金属加工业增长37.5倍,金属品工业增长65.7倍。1860~1913年,电力、煤气和自来水工业生产总值增长180.8倍。到1913年,在采矿业、工业和手工业1172万就业人口中,重工业工人为596.1万人,占50.9%;轻工业工人为575.9万人,占49.1%。[4] 1879~1913年,德国煤产量增长

---

[1] 姜德昌、吴疆:《马克骑士——再度崛起的德意志》,吉林人民出版社,1998,第63~64页。
[2] 李富森:《试论德国成为第二次工业革命中心之原因》,《沧州师范学院学报》2013年第1期,第74页。
[3] 姜德昌、吴疆:《马克骑士——再度崛起的德意志》,吉林人民出版社,1998,第64页。
[4] 马世力主编《世界经济史》,高等教育出版社,2001,第253页。

8.1倍，生铁产量增长10.1倍，钢产量增长34倍。[①] 至第一次世界大战之前，德国成为以重工业为主导的工业化强国。

（五）工业企业集中显著

19世纪50年代后，德国工业化进程的一个显著特征是工业生产集中程度高，出现了许多新型的大公司和卡特尔组织。特别是19世纪70年代以来，随着德国工业的飞速发展，电力和化学等新兴工业部门的生产集中过程尤其迅速。这些部门一开始就采取股份公司的形式。德国统一后，股份公司的发展速度快。1850年，普鲁士的股份公司仅有123家，资本总额2.3亿塔勒[②]，而1851～1872年新建股份公司达295家，资本达8.02亿塔勒。[③] 1871～1873年，德国股份公司的资金总额超过12亿塔勒，几乎相当于法国的战争赔款总额，各种形式的银行组合和工业公司迅速发展。[④]

随着工业的发展，德国工业企业集中的现象显著。德国工业企业中，1882年雇佣工人数量为51～1000名的大企业共有9847家，1907年增至31501家。拥有1000名工人以上的大企业，1882年为127家，1907年增至506家，具体数据见表3-12。

表3-12 1882～1907年不同规模德国工业企业的数量

单位：家

年份	1～5人	6～50人	51～1000人	1000人以上
1882	2882768	112715	9847	127
1895	2934723	191301	18701	252
1907	124198	267410	31501	506

资料来源：〔苏〕莫洛克、〔苏〕奥尔洛夫编《世界近代史教学资料选辑·第二辑》，何清新译，生活·新知·三联书店，1963，第64页。

随着大公司的建立和资本的迅速集中，大公司在德国多个工业部门中占主导地位。19世纪70年代，大公司克虏伯在德国的冶金和采矿业中占

---

① 孙秉莹等主编《世界通史纲要（近代部分）》，吉林文史出版社，1985，第326页。
② 1塔勒=3马克。
③ 〔苏〕尤·瓦尔加主编《世界经济危机：1848～1935》，戴有振等译，世界知识出版社，1958，第134页。
④ 〔德〕弗兰茨·梅林：《中世纪末期以来的德国史》，张才尧译，生活·读书·新知三联书店，1980，第209页。

主导地位，其分公司涉及采矿、金属冶炼、武器和船舶生产等部门。化工和电气设备等较新的工业部门很快被大公司垄断。1887年，德国通用电气公司在柏林成立，之后通用电气公司和西门子公司很快控制了德国90%以上的电气行业，并在国外建立众多分公司。在煤炭和钢铁工业中，也出现了煤炭卡特尔、钢铁卡特尔等垄断大企业。到19世纪末，德国共有300个卡特尔。①

德国的垄断组织最先是卡特尔。20世纪初，德国大多数卡特尔组织具有辛迪加的性质。在采矿、钢铁、电气、军工等重要工业部门中，还出现了少量的辛迪加、托拉斯和康采恩。1905年，在385家工业卡特尔组织中，约200家已具有辛迪加性质。在第一次世界大战之前，莱茵-威斯特伐利亚煤炭辛迪加的煤炭产量占鲁尔区煤炭产量的95%，占全国煤炭产量的50%。德国钢业联盟和铁业联盟垄断了全国钢铁产量的98%。

（六）各工业部门发展速度不平衡

在德国工业化进程中，各工业部门的发展速度不平衡。1860~1870年，德国全部工业的年均增长率达2.7%，其中煤气、铁矿、生铁、煤炭工业的年均增长率分别为24.3%、17.1%、18.2%、11.4%，超过全部工业平均增长率的数倍（见表3-13）。1870~1880年，德国全部工业部门的平均增长率是4.1%，黄麻纺和硫酸工业的年均增长率分别为25.2%和20.2%。1890~1900年，德国全部工业的年均增长率为6.1%，钢和铝工业部门的年均增长率分别为31.3%和270%。

表3-13　1860~1913年德国发展速度高的工业部门

单位：%

1860~1870年的年均增长率			
全部工业	2.7	铜矿	12.2
煤气	24.3	铜	14.9
铁矿	17.1	煤炭	11.4
生铁	18.2	褐煤	7.4

---

① P. N. Stearns, *The Industrial Revolution in World History* (New York: Routledge, 2021), pp. 61-62.

续表

1870～1880 年的年均增长率				
全部工业	4.1	黄麻纺	25.2
硫酸	20.2	铜矿	13.3
铜	18.0		
1880～1890 年的年均增长率			
全部工业	6.4	黄麻纺	30.3
镍	19.6	铜	15.8
水泥	23.5	硫酸	22.4
1890～1900 年的年均增长率			
全部工业	6.1	铝	270.0
钢	31.3	橡胶	18.6
1900～1913 年的年均增长率			
全部工业	4.2	汽车	270.0
铝	60.3	镍	22.6

资料来源：〔苏〕尤·瓦尔加主编《世界经济危机：1848～1935》，戴有振等译，世界知识出版社，1958，第 32～33 页。

从表 3-13 可知，德国各工业部门发展不平衡的特征非常明显。由于不平衡问题突出，部分工业部门在一定时期内出现了生产过剩现象，从而产生了工业危机。

（七）工业化进程中出现工业危机

随着工业的发展和生产过剩的出现，德国于 1847 年出现了第一次工业危机。此后至第一次世界大战爆发前，德国每隔 7～10 年会出现一次工业危机，具体来说，德国分别于 1857 年、1866 年、1873 年、1883 年、1890 年、1900 年和 1907 年发生了工业危机。

1857 年工业危机的爆发既有外部因素的影响，也是内部因素推动的结果。就外因而言，受澳大利亚和加利福尼亚金矿开采、英国粮食关税的取消和克里米亚战争等因素的影响，德国与英国、美国一样，对外市场迅速扩大。就内因而言，主要是 19 世纪四五十年代铁路建设规模扩大，煤炭、冶金、机器制造、钢铁工业迅速发展，产量迅速增加（具体数据见表 3-14），从而出现了生产过剩，引发了工业危机。

表 3-14　部分国家的煤炭开采量和生铁产量

国家	煤炭开采量 1847年危机时期的最低水平（百万吨）	煤炭开采量 1857年危机以前的最高水平（百万吨）	增长率（%）	生铁产量 1847年危机时期的最低水平（万吨）	生铁产量 1857年危机以前的最高水平（万吨）	增长率（%）
英国	49.0	66.6	36.0	224.9	365.9	62.7
美国	6.3	12.1	92.1	56.4	78.9	39.9
德国	5.2	11.3	117.3	20.8	52.5	152.4
法国	4.0	7.9	97.5	40.6	99.2	144.3

资料来源：〔苏〕特拉赫坦贝尔格《资本主义再生产与经济危机》，方钢、王亦程译，人民出版社，1956，第101页。

1857年危机发生之前，滥建企业的现象高涨，投机活动盛行。1853～1857年，德国创办的公司资本额共计15亿马克，其中，银行、铁路公司、保险公司和工业公司的注册资本分别为6亿马克、4.2亿马克、0.9亿马克和3.9亿马克。1856年，滥设企业的热潮达到了顶峰，仅普鲁士新创办的公司资本额就达到4.5亿马克。[①] 这种滥设公司的活动，为投机倒把创造了温床，加速了危机的爆发。

随着危机的到来，工业品价格下降，产品囤积销售不出，股票暴跌，工业生产和对外贸易大幅减少。危机对轻工业和重工业都产生了重要影响。1856～1857年，德国棉纺织品消费量从5.2万吨下降到3.76万吨；1858～1860年，德国的生铁消费量从85.2万吨下降到63.6万吨。[②] 危机还影响了德国商品的销售和证券交易市场的行情。危机期间，德国的生产销售额下降25%。1857年危机发生后，德国证券交易所出现了混乱。短短数天，达姆斯塔特银行、维尔赫涅西列兹银行等大银行的股票下降了30%～70%。[③]

普法战争之后，德国工业迅速发展，受大规模的工业建设、滥设公

---

① 〔苏〕列·阿·门德尔逊：《经济危机和周期的理论与历史·第一卷》，吴纪先等译，生活·读书·新知三联书店，1976，第619页。
② 〔苏〕尤·瓦尔加主编《世界经济危机：1848～1935》，戴有振等译，世界知识出版社，1958，第134页。
③ 〔苏〕特拉赫坦贝尔格：《资本主义再生产与经济危机》，方钢、王亦程译，人民出版社，1956，第106页。

司、投机盛行等因素影响，德国于1873年发生了严重的工业危机。这次危机持续的时间较长，对德国的工业产生了较大影响。德国工业总指数下降了6.1%，生铁消费量直到1881年才恢复到危机前的水平，工业生产直到1876年才恢复到危机前的水平。此次危机还引发了较长时间的经济萧条。

19世纪八九十年代，德国再次发生危机，也严重地影响了德国经济。1883年和1890年的两次危机都与农业危机交织在一起，使工业危机影响更深刻，持续时间更长。1900年的危机在不同程度上打击了钢铁工业、棉纺织业和制糖业。1907年，德国又爆发了严重的工业危机。这次危机更加猛烈，它使德国整个工业生产总值降低6.5%，钢铁工业和造船工业受到的打击特别严重。[①] 周期性工业危机的爆发，影响了德国的工业生产，制约了生产力的进一步提高。

三 德国工业化的影响

工业化促进了德国的经济发展，改变了德国的经济结构，推动了城市化进程，改变了人民的生活，促进了社会阶层的转变，对德国社会产生了多方面的影响。

（一）引发经济结构变化

从19世纪三四十年代至20世纪初，德国经历了两次工业革命，经济结构发生了很大转变。农业在国民经济中所占的比重逐渐下降，而工业和服务业所占的比重逐渐上升。1800年，德国农业在国民经济中所占比重为62%，1875年下降到49%，1913年进一步下降到34%；工业所占比重从1800年的21%上升到1875年的30%，1914年进一步上升至38%。1800~1914年，服务业所占比重从17%上升至28%。[②] 德国由农业主导型国家转变为工业主导型国家。

1850~1871年，德国农业领域的国民生产净产值由43.97亿马克增至56.62亿马克，工业和手工业领域由19.54亿马克增加到43.84亿马克，服务业领域由30.98亿马克增至46.07亿马克。[③] 可见，第二产业对德国

---

① 樊亢、宋则行等编著《主要资本主义国家经济简史》，人民出版社，1973，第254页。
② 裘元伦：《德国工业化时期的农业》，《世界农业》1988年第1期，第4页。
③ 邢来顺：《德国通史·第四卷·民族国家时代》，江苏人民出版社，2019，第123页。

经济增长的贡献率最大。

随着工业的发展,各工业部门的就业人数增长迅速。1791~1846年,全德每1000人中工人的人数从93人增至122人。[①] 19世纪下半叶,德国建筑业、印刷业、机器与工具制造业和其他工业部门就业人数的增长尤其迅速。1882~1895年,建筑业的就业人数增长96%,化学工业的就业人数增长60.5%,金属加工业就业人数增长39.2%,具体数据见表3-15。

表3-15 德国各工业部门的从业人数增长情况

单位:人,%

工业部门	1882年	1895年	增长率
采矿业	430134	536289	24.7
土石陶器加工业	349146	558286	59.9
金属加工业	459713	639755	39.2
机器与工具制造业	356089	582672	63.6
纺织业	910089	993257	9.1
造纸业	100156	152909	52.7
皮革业	121532	160343	31.9
木材加工业	469695	593496	26.4
建筑业	533511	1045516	96.0
印刷业	70006	127867	82.7
化学工业	71777	115231	60.5

资料来源:齐洪、苏国荫、姚艾民等编著《世界主要资本主义国家工业化过程简述》,统计出版社,1955,第72页。

从表3-15可知,1882~1895年,整体上来看,重工业从业人员的增长速度明显高于轻工业。在重工业中,机器与工具制造业的从业人员增速高达63.6%,增速较慢的采矿业也达24.7%,而在轻工业中,最具有代表性的纺织业从业人员只增长了9.1%。

(二)推动城市化进程

18世纪末,在工业革命之前,德国共有2300万人口,只有1/4的人口居住在城市,其中,有不少居民仍需要依靠农业维持生计。工业革命开

[①] 〔日〕加田哲二:《德国社会经济史》,徐汉臣译,商务印书馆,1936,第166页。

启后，随着德国经济发展，人口迅速增长。1800～1850年，德国人口从2450万增至3170万，1900年达5060万，1910年更增至5850万。[①]

就城市人口而言，在工业革命之前，德国城市人口增长速度较缓慢。然而，随着工业革命的开启，大量农村剩余劳动力到工业中心充当工人或从事其他职业，德国各地中小城市和大城市逐渐繁荣。1819～1834年，德国拥有2万名以上居民的城市人口年均增长率为1.8%，1837～1843年的年均增长率为4.0%，1861～1871年为3.9%。

19世纪德国城市人口增长的主要原因是农村人口向城市迁徙。1865～1905年，普鲁士90%的城市人口增长是移民流入所致。同期，在普鲁士最大的城市，流入人口占人口增长总量的近75%。就汉堡而言，1867～1913年，净流入人口占人口增长总量的60%左右。[②]

由于工业的发展，向城市迁徙的移民数量迅速增加，城市规模不断扩大。19世纪三四十年代，随着德国纺织业的发展和交通运输条件的改善，科隆、爱贝菲特和巴门等城市在莱茵河沿岸崛起。1840年，德国北部重镇柏林与汉堡的人口已达到41.2万和17.5万。[③] 1840～1870年，德国工业迅速发展。在这一时期，大量农村劳动力到工商业较发达的城市就业，柏林、莱茵和鲁尔等地区的城市人口迅速增长，城市规模不断扩大。

1871年德意志帝国建立后，德国工业迅速发展，人口流动增强，德国城市化进入了繁荣阶段。1871～1875年，德国城市人口和工业人口的年均增长率分别达6%和7.6%，具体数据见表3-16。

表3-16 德国城市人口和工业人口的年均增长率

单位：%

年份	城市人口的年均增长率	工业人口的年均增长率
1871～1875	6.0	7.6
1875～1880	3.2	-1.0

---

① 〔意〕卡洛·M.奇波拉主编《欧洲经济史·第三卷·工业革命》，吴良健等译，商务印书馆，1989，第21页。
② W. R. Lee, ed., *German Industry and German Industrialisation: Essays in German Economic and Business History in the Nineteenth and Twentieth Centuries* (London: Routledge, 1991), p.158.
③ 王琼颖：《19、20世纪的德国巴伐利亚城镇化发展》，《全球城市研究》2020年第2期，第71页。

续表

年份	城市人口的年均增长率	工业人口的年均增长率
1880~1885	3.4	3.4
1885~1890	5.0	5.4
1890~1895	3.8	4.2
1895~1900	5.2	5.2
1900~1905	3.8	2.7
1905~1910	3.3	4.1

资料来源：W. R. Lee, ed., *German Industry and German Industrialisation: Essays in German Economic and Business History in the Nineteenth and Twentieth Centuries* (London: Routledge, 1991), p. 183。

1871年后，普鲁士的莱茵省和萨克森的城市化呈突飞猛进的势头。由于西部鲁尔区工业的发展，境内劳动力不断从东北部农业区向鲁尔区流动，城市人口迅速增长。在城市化进程中，德国人口由1815年的4110万增加到第一次世界大战前的6490万。在1万居民以上的城市里居住的居民比例从1871年的12.5%增加到1910年的34.7%。[1]

随着城市的发展，德国城市规模扩大。1800年，德国10万人口以上的城市只有2个，即柏林（17.2万人）和汉堡（13万人）。1850年，德国人口在10万以上的城市有4个，即柏林（41.9万人）、汉堡（13.2万人）、布雷斯劳（11.4万人）和慕尼黑（11万人）。从1850年至20世纪初，德国的工业化大大推动了城市的发展。1910年，德国10万人以上的城市已经有45个。1850~1910年，德国和奥地利拥有5万人口以上的城市由14个增加至76个，人口由185万增加到1365万。[2] 1890年，德国居住在10万人以上城市的人口占全国总人口的11.4%，1910年增至21.3%（1382.3万人）。[3]

随着工业化的发展，大量人口涌入城市，柏林、布雷斯劳、科隆和埃森等大城市的人口增长迅速，具体数据见表3-17。

---

[1] 肖辉英：《德国的城市化、人口流动与经济发展》，《世界历史》1997年第5期，第63页。
[2] 〔意〕卡洛·M.奇波拉主编《欧洲经济史·第三卷·工业革命》，吴良健等译，商务印书馆，1989，第24~25页。
[3] 〔英〕克拉潘：《1815—1914年法国和德国的经济发展》，博梦弼译，商务印书馆，1965，第315页。

表 3-17 德国八大城市的人口增长

城市	1820 年	1870 年	1900 年	1910 年
柏林	199510	774498	1888313	2071907
布雷斯劳	78930	207997	428517	517367
科隆	54937	200312	464272	600304
埃森	4715	99887	290208	410392
美因河畔法兰克福	41458	126095	314026	414576
汉堡	127985	308446	721744	953103
莱比锡	37375	177818	519726	644644
慕尼黑	62290	440886	659392	665266

资料来源：〔美〕科佩尔·S.平森《德国近现代史——它的历史和文化》，范德一等译，商务印书馆，1987，第 303 页。

至第一次世界大战之前，德国城镇人口的比重已经超过农村人口比重。1871 年，德国人口总数为 4100 万，其中农村人口占 63.9%，城镇人口占 36.1%。1910 年，德国的城市人口超过了农村人口。1910 年，德国人口 6500 万，其中农村人口占 40%，城镇人口占 60%。[1] 可见，在工业化的推动下，德国的城市化进程发展较快。与欧洲其他国家相比，一战之前，德国的城市化发展水平仅次于英国，这可以从城市人口在总人口中所占比例中看出。20 世纪初，英国城市人口占本国总人口的 77%，德国占 56.1%，法国占 41%，荷兰占 40.5%，瑞士占 22%，瑞典占 21.5%。[2]

（三）促进国内外贸易发展

1834 年关税同盟建立后，德国消除了内部贸易壁垒，国内贸易快速发展。1836~1854 年，美因河畔法兰克福、不伦瑞克、莱比锡、柏林和奥德河畔法兰克福五大博览会的国内货物交易量由 3.6 万吨上升到 4.8 万吨。[3]

19 世纪下半叶，随着工业化和城市化的发展，人们对粮食、服装和其他生活产品的需求量增加，德国的国内贸易日趋繁荣，从事零售业务的商人数量增长迅速。1850~1900 年，普鲁士每 1000 人中零售商的数量增长

---

[1] 〔美〕科佩尔·S.平森：《德国近现代史——它的历史和文化》，范德一等译，商务印书馆，1987，第 303 页。
[2] 〔意〕卡洛·M.奇波拉主编《欧洲经济史·第三卷·工业革命》，吴良健等译，商务印书馆，1989，第 69 页。
[3] 邢来顺：《德国通史·第四卷·民族国家时代》，江苏人民出版社，2019，第 117~118 页。

了2倍。①

在对外贸易方面，关税同盟成立后，德国与比利时的贸易往来十分密切。1839年，德国还与荷兰签订了商业条约。19世纪40年代，关税同盟和比利时的铁路开始相通，贸易联系更紧密，进一步签订了商业条约。②

关税同盟成立后，德国国内外市场不断扩大，对外贸易发展较快。1836~1850年，德国出口煤炭593万吨、钢铁8.5万吨、棉纱3.6万吨、棉织品0.65万吨、毛织品5万吨。③ 19世纪五六十年代，德国工业发展速度更快，出口额随之增长。1850~1870年，德国的对外贸易额增长2倍，1870年的外贸周转额达42亿马克。④ 同时，德国的对外贸易结构也发生了变化，由主要出口农产品和工业原料向主要出口工业制品转变。

19世纪上半叶，德国主要出口农产品以及木材和棉纺等工业原料，麻布和金属制品等工业品的出口量不高，主要进口棉纱、铁块和生铁等货物。1870年，德国主要出口机器、金属制品、煤炭、棉布和化学产品等工业品，主要进口铁矿石、锡、铜、棉花、羊毛等工业原料以及小麦、黑麦等农产品。

19世纪下半叶至20世纪初，随着德国工业的迅速发展，德国的对外贸易日渐繁荣。德国生产的钢铁、机器制造品、化工产品等重工业产品，以及棉纺织品、皮革等轻工业产品大量出口到欧洲、拉美、亚洲等地区。1913年，德国出口成品钢和半成品钢的具体数据见表3-18。

表3-18　1913年英国、美国、德国和比利时的半成品钢和成品钢出口量

单位：万吨

进口商	出口商			
	英国	美国	德国	比利时
澳大利亚	42.20	15.38	10.77	4.30
加拿大	11.89	122.30	6.89	1.44

---

① 〔意〕卡洛·M.奇波拉主编《欧洲经济史·第三卷·工业革命》，吴良健等译，商务印书馆，1989，第72页。
② 邢来顺：《德国工业化经济——社会史》，湖北人民出版社，2003，第174~175页。
③ 〔苏〕列·阿·门德尔逊：《经济危机和周期的理论与历史·第二卷》，吴纪先等译，生活·读书·新知三联书店，1976，第804~805页。
④ 孙炳辉、郑寅达编著《德国史纲》，华东师范大学出版社，1995，第100页。

续表

进口商	出口商			
	英国	美国	德国	比利时
斯里兰卡	2.12	—	0.12	0.08
印度	55.18	2.24	19.54	13.45
新西兰	11.06	0.70	0.16	—
南非	17.21	1.81	3.42	4.43
法国	3.88	0.13	5.91	4.88
德国	6.04	0.50	—	0.94
意大利	3.02	0.37	11.42	2.11
荷兰	6.22	1.04	44.65	10.15
俄罗斯	5.49	0.06	5.64	1.19
斯堪的纳维亚[a]	7.87	1.66	38.96	3.96
瑞士	1.90	0.09	24.32	0.31
英国	—	23.88	105.53	40.85
阿根廷	18.66	7.77	28.24	11.31
巴西	6.80	6.54	9.42	8.78
智利	3.44	5.88	6.16	1.96
古巴	0.30	10.20	0.06	0.85
墨西哥	1.32	9.79	1.35	0.63
乌拉圭	0.50	1.94	1.32	1.22
美国	4.80	—	3.20	0.66
远东	17.18	16.87	26.95	9.89
中国	4.32	2.54	4.36	4.49
日本	12.86	14.33	22.59	5.40
埃及	36.80	0.17	1.89	3.78

注：a 包括丹麦、芬兰、挪威和瑞典。

资料来源：United Nations, Economic Commission for Europe, *Statistics of World Trade in Steel, 1913-1959*（Geneva: United Nations, 1961）, pp. 2-13。转引自 D. H. Aldcroft, *The Development of British Industry and Foreign Competition, 1875-1914*（Toronto: University of Toronto Press, 1968）, p. 85。

1872 年，德国的对外贸易额为 55.83 亿马克，其中出口额为 23.21 亿马克，进口额为 32.62 亿马克。1900~1913 年，德国的对外贸易额从 103.77 亿马克增至 208.67 亿马克，增长 1 倍，具体数据见表 3-19。

表3-19 1872~1913年德国对外贸易规模

单位：亿马克

年份	出口额	进口额	对外贸易总额
1872	23.21	32.62	55.83
1881	30.29	29.62	59.91
1891	31.76	41.51	73.27
1900	46.11	57.66	103.77
1905	57.32	71.29	128.61
1913	100.97	107.70	208.67

资料来源：〔苏〕莫洛克、〔苏〕奥尔洛夫编《世界近代史文献·卷二》，耿淡如译，高等教育出版社，1958，第86页、330页。

从进出口商品的结构来看，重工业品所占比重最高。1872~1900年，德国采矿、冶金、金属加工、机器制造、化学工业等重工业产品的出口额在出口总额中的占比从26%上升至40%。同期，纺织、皮革、食品和缝纫品等轻工业品的出口额占比从46%下降到45%。[1]

对外贸易的高速增长推动了德国经济的飞速发展，海外投资快速增加。据统计，1883年，德国对外投资额仅为50亿马克，1893年增长到100亿~130亿马克，1905年达150亿~180亿马克，1914年猛增至220亿~250亿马克。到20世纪初，德国已经成为仅次于英国和法国的第三大资本输出国。[2]

综上所述，德国的工业化引发了德国经济结构的变化，推动了城市化进程，提高了德国的影响力。在工业化的推动下，德国的经济实力和军事实力大增。随之，德国的对外政策也发生了变化，由俾斯麦时期的大陆政策转变为世界政策，在全球范围内对外扩张，侵占了大量殖民地。为了夺取海外市场和殖民地，德国与英、美、法等国家的矛盾日渐突出，为第一次世界大战的爆发埋下了隐患。

---

[1] 〔苏〕列·阿·门德尔逊：《经济危机和周期的理论与历史·第二卷》，吴纪先等译，生活·读书·新知三联书店，1976，第781页。

[2] 杨鑫、徐继承：《工业化时期德国经济发展的原因及其影响》，《赤峰学院学报》2016年第8期，第45页。

第四章　美国工业化的条件及影响

美国位于大西洋与太平洋之间，地理位置优越，自然资源丰富。18世纪下半叶，北美13个殖民地赢得了独立战争的胜利，实现了政治上的独立和统一，建立了美国。美国独立后，工业发展速度加快。目前，关于美国工业革命开始的时间，主要有如下观点：第一种观点认为美国工业革命始于18世纪90年代；第二种观点认为始于19世纪20年代；第三种观点认为始于19世纪30年代；第四种观点认为始于19世纪40年代；第五种观点认为始于19世纪50年代；第六种观点认为始于美国内战以后。关于美国工业革命结束的时间，主要观点有三：第一种观点认为美国工业革命结束于19世纪末；第二种观点认为结束于第一次世界大战之前；第三种观点认为结束于20世纪20年代。笔者认为美国工业革命始于18世纪90年代，结束于19世纪末20世纪初。总体上看，美国北部、西部和南部开启工业革命的时间存在差异。18世纪90年代，美国工业基础较好的新英格兰地区[①]率先进行了工业革命，工业迅速发展。到19世纪50年代，新英格兰地区已经完成了工业革命。当新英格兰地区完成工业革命时，大西洋沿岸各州的工业革命接近尾声，但其他地区的工业革命正在进行，或者刚刚开始，直到19世纪末20世纪初，美国才全部完成工业革命。[②]

美国工业革命开始的时间晚于英国，但是美国工业发展速度快，工业化成就举世瞩目。1860年，美国的工业产值居世界第4位，是英国工业总

[①] 新英格兰位于美国大陆东北角，濒临大西洋，毗邻加拿大。新英格兰地区包括美国的6个州，由北至南分别为：缅因州、新罕布什尔州、佛蒙特州、罗得岛州、康涅狄格州和马萨诸塞州（麻省）。

[②] 张友伦主编《美国通史·第二卷·美国的独立和初步繁荣：1775—1860》，人民出版社，2002，第184、194页。

产值的1/2。随着美国工业的快速发展，到1890年，美国的工业产值已居世界第1位，占世界工业总产值的1/3。[①] 美国经历两次工业革命之后，在较短时间内便赶超了其他资本主义国家，成为世界上头号工业强国。

第一节 美国工业化的条件

18世纪末至19世纪五六十年代，美国进行了第一次工业革命，实现了轻工业部门的迅速发展，国民经济中工业所占比重逐年上升。南北战争后至19世纪末20世纪初，美国通过第二次工业革命实现了工业化，成为世界上的工业强国。美国的工业化是美国国内政治变革、经济发展和科学技术进步等多种因素共同作用的结果。

一 政治上的独立与南北的统一

1607~1733年，英国在北美占领了13个殖民地。17世纪下半叶，英国殖民政府不仅加强对北美殖民地的控制，而且垄断了北美的工商业，将其变成英国的原材料供应地和商品倾销市场。1770年，英军在纽约和波士顿制造了惨案，加剧了殖民者与当地居民的矛盾，激起了殖民地人民的反抗。为了反抗殖民者的统治，北美13个殖民地联合起来，于1774年9月成立了大陆会议。1775年4月19日，北美民兵与英军发生枪战，美国独立战争正式开始。1775年6月，第二届大陆会议在费城召开，大陆军成立，由乔治·华盛顿担任大陆军的总司令。第二届大陆会议还通过了致英王的请愿书。然而，请愿书遭到了英王和英国政府的拒绝。此后，英国下令禁止同北美殖民地进行贸易，没收北美殖民地的船舶，激化了双方的矛盾。1776年7月，大陆会议通过了由杰斐逊起草的《独立宣言》，宣布北美13个殖民地独立。独立战争爆发后，英军与美军进行了激烈的战争。1783年，北美13个殖民地赢得了独立，建立了一个新的国家，为资本主义的发展扫清了道路。美国独立后，美国政府采取了许多强有力的措施，为美国工业革命提供了保障。

---

① 丁则民主编《美国通史·第三卷·美国内战与镀金时代：1861—19世纪末》，人民出版社，2002，第83~84页。

美国独立战争结束后，英国和美国之间的主权之争并没有停止。1803年以后，英法关系恶化，导致美国作为中立国的商业利益受到了严重损害。英国不断向美国倾销工业产品，英美矛盾迅速激化。1812年，第二次英美战争爆发。战争初期，虽然英国在经济上和军事方面都强于美国，但由于英国将其主力部队部署在欧洲的反法战场，而布置在加拿大的正规英军仅5000人，因此，加拿大成为美军进攻的重要目标。1814年，拿破仑退位之后，英军将大量兵力调往美洲，英美军队在海上和陆上发生了多次战斗。在海上战场，虽然英军占据了优势，但是美军在加拿大前线获得了主动权。战争后期，双方展开了和谈，于1814年签署了《根特条约》，第二次英美战争结束。第二次英美战争对美国的制造业产生了巨大影响。战时英军对美国港口进行封锁，导致纺织品短缺，促进了美国纺织工业的发展。第二次英美战争之后，美国摆脱了对英国经济上的依赖，走上了独立发展工业的道路。

19世纪中叶，随着美国北部资本主义的迅速发展，美国北部的自由雇佣劳动制度和南部奴隶制度之间的矛盾激化，1861年美国南北战争爆发。南北双方展开了激烈的争夺，但是美国北部比南部略胜一筹。随着战争的推进，联邦政府采取了一系列促进资本主义工业发展的政策。1861年，美国国会通过了关税法。1862年，国会通过了宅地法，成立了联合太平洋铁路公司，加速西部开发进程，并且大力修建铁路，改善了交通条件，推动了资本主义工业发展。1864年，美国国会进一步提高进口商品的税率。同年，国会又通过移民法，并成立了移民管理局。这些政策的实施，保障了工业资产阶级的利益，推动了工业发展，也为联邦取得内战胜利奠定了基础。[①] 最终，美国北部赢得了战争的胜利，实现了国家的统一。1865年美国南北战争之后，国内统一的市场逐渐形成，为美国工业的快速发展提供了有利的政治保障。

南北战争之后，美国的经济实力增强，对外扩张进程加快，占领了大量领土和殖民地。19世纪初，美国趁欧洲各国混战以及拉美人民反对西班牙殖民统治的机会，夺取了英国、法国和西班牙在北美的大片殖民地。

---

① 丁则民主编《美国通史·第三卷·美国内战与镀金时代：1861—19世纪末》，人民出版社，2002，第25~26页。

1803年，美国以1500万美元的价格从法国手中购得了路易斯安那。1819年，从西班牙手中夺取了佛罗里达，1845年，又将原属墨西哥的得克萨斯并入美国。1846年，美国吞并了西北部的俄勒冈。1846～1848年，美国发动对墨西哥的战争，占领了半个墨西哥，掠夺了91.8万平方英里的土地。到1853年，美国的领土面积从1776年宣布独立时的36.9万平方英里扩大到302.7万平方英里，扩大了7倍多。① 1898年，美国与西班牙发生了战争，美国控制了菲律宾、波多黎各、关岛和古巴。1900年，美国参加八国联军侵华战争，在中国获得了许多特权。美国的殖民扩张为美国工业发展提供了广阔的市场和丰富的原材料。

二 工商业快速发展

英国殖民时期，北美13个殖民地的造船业、冶铁业、玻璃业、纺织业和手工制造业已有不同程度的发展，制造技术有了显著进步，为19世纪美国工业的快速发展创造了条件。早在1647年，波士顿就有专门从事木材加工、金属加工、皮革制造、编织等的手工工场。美国独立前的费城，有专门的印刷商、制革商、制鞋商、纽扣制造商、火药制造商、啤酒酿造商、橱柜制造商、磨坊主、马车制造商等，还有铁匠、裁缝、轮船匠、鞋匠、帽匠、织布工、制绳工、木匠、刀匠、枪匠、银匠、雕刻师、织布工和锯木操作员等。② 17～18世纪，英属北美殖民地的金属加工业和造船业都取得了显著进步。

殖民时期，工业基础较好的北部和中部殖民地已出现分散的手工工场。18世纪中叶，北部殖民地分散的手工生产已相当于英格兰16世纪末的生产水平。虽直至工业革命之前，美国各个工业部门中家庭手工业和分散的小型手工作坊仍然占优势，但造船业、冶铁业、玻璃业和纺织业等工业部门出现了集中的手工工场，如波士顿一家纺织手工工场拥有400架纺车，并设有搓线的机器和染色工场。③ 18世纪，新英格兰地区的造船业已

---

① 〔苏〕波梁斯基：《外国经济史（资本主义时代）》，郭吴新等译，生活·读书·新知三联书店，1963，第327页。
② G. S. Gibb, "The Pre-Industrial Revolution in America: A Field for Local Research", *Bulletin of Business Historical Society*, Vol. 20, No. 4, 1946, pp. 103–116.
③ 刘淑兰主编《主要资本主义国家近现代经济史》，中国人民大学出版社，1987，第101页。

相当发达。许多英国的商船都是北美殖民地制造的。18世纪末,北美殖民地供应的船舶占英国商船的1/3。

冶铁业和玻璃制造业中也出现了少数规模较大的冶铁手工工场和玻璃手工工场。从18世纪初开始,北美殖民地的生铁已开始输入英国。1745年,输入英国的美国生铁数量达2000吨,1771年增至7500吨。此外,纺织业中的大型手工工场发展起来了。到美国独立之前,美洲工场手工业的年产值已达2000万美元。[①] 集中手工工场的发展推动了工业生产的专门化,提高了生产效率,为美国的工业发展提供了有利条件。英国殖民时期北美地区的工业发展为19世纪美国工业的发展打下了良好的基础。

殖民时期,英属北美殖民地同欧洲国家以及加勒比海地区的贸易已粗具规模。南部殖民地将烟草、蓝靛以及皮毛出口到英国,从英国进口呢绒、布匹、金属器具、家具和其他制成品。新英格兰和中部殖民地将海产品、猪肉制品、牲畜、面粉、小麦和建筑材料等货物运往西印度群岛和欧洲南部,主要从西印度群岛进口奴隶和糖蜜等。1768~1772年,新英格兰地区出口到英国、南欧和西印度群岛的商品年均价值为:鱼类15万英镑、牛肉和猪肉9万英镑、木材6.5万英镑、鲸类6万英镑、谷物2万英镑、朗姆酒1.8万英镑。[②]

北美殖民地除了与欧洲和西印度群岛有直接的贸易往来外,还有各种各样的"三角贸易"。有一种三角贸易是将新英格兰及中部各殖民地的谷类、肉类、木材和鱼运往欧洲南部,在当地交换酒类、水果和其他商品,然后将这些商品运到英国,在英国换取工业品运回北美殖民地。另一种三角贸易是将新英格兰和中部殖民地的产品运到西印度群岛,用来交换糖蜜和其他商品,再用这些商品去英国交换工业品,最后将工业品运回北美殖民地。还有一种引人注目的三角贸易是将新英格兰及中部各殖民地酿造的甜酒运往非洲,换取非洲的奴隶,然后将奴隶运往西印度群岛,一部分奴隶被卖掉换取硬币或糖浆等,一部分奴隶被从西印度群岛运往美洲。[③] 在

[①] 〔苏〕琼图洛夫:《外国经济史》,孟援译,上海人民出版社,1962,第322~323页。

[②] J. E. Inikori, S. L. Engerman, eds., *The Atlantic Slave Trade: Effects on Economies, Societies, and Peoples in Africa, the Americas, and Europe* (Durham: Duke University Press, 1992), p. 213.

[③] 〔美〕福克讷:《美国经济史·上卷》,王锟译,商务印书馆,1989,第105~107页。

三角贸易中，北美殖民地的船主、商人和甜酒酿造商等获取了丰厚的利润，积累了大量的商业资本。

独立战争后，美国对外贸易进一步发展。美国对外贸易的发展与18世纪的欧洲局势密切相关。1789年，法国爆发资产阶级革命。1793年，英国、法国、俄国、普鲁士等纷纷卷入战争之中。拿破仑战争期间，英国、法国、荷兰和西班牙等国家被迫中止了同中、南美洲的商业往来，而美国商人趁机扩大了美洲殖民地和欧洲各国的贸易，美国对外贸易增长迅速。1790~1807年，美国的出口总额从2000多万美元增加到1.08亿美元；1791~1807年，进口总额从1900万美元增长到1.38亿美元。[①] 据统计，1793~1810年，美国对外贸易船只登记的吨位数从12.4万吨增加到98.1万吨。同期，用美国船只载运的进口货物占比从17.5%增加到93%，用美国船只载运的出口货物占比从30%增加到90%。[②] 1795~1801年，美国海运业的年均纯收入是3200万美元，相当于同期农产品收入总值的3/4。贸易繁荣促进了造船业的发展，美国船坞里建造的船只吨位数由1789年的20.2万吨增长到1810年的142.5万吨。[③]

随着对外贸易的发展，资本积累不断增加，大量商业资本转变为工业资本，成为工业资本的重要来源。第二次对英战争期间，因对外贸易受阻，美国大量商人投资制造业，推动了美国民族工业的发展。

三 资本主义农业的发展

殖民时期，农业是北美殖民地最主要的经济部门，美国独立战争爆发之时，殖民地的农业人口占总人口的75%以上。[④] 随着北美殖民地的经济发展，农产品除了满足当地民众需求外，还出口到欧洲等地。1768~1772年，英属13个殖民地出口的五大产品及其年均出口值如下：烟草76.6万英镑；面包与面粉41万英镑；稻米31.2万英镑；鱼产品15.4万英镑；靛青11.3万英镑。五大产品占殖民地出口总值的63%，而南部地区出口的

---

① 韩启明：《建设美国：美国工业革命时期经济社会变迁及其启示》，中国经济出版社，2004，第92页。
② 〔美〕福克讷：《美国经济史·上卷》，王锟译，商务印书馆，1989，第288~289页。
③ 〔美〕福克讷：《美国经济史·上卷》，王锟译，商务印书馆，1989，第315页。
④ R. D. Hurt, *American Agriculture: A Brief History* (West Lafayette: Purdue University Press, 2002), p.35.

主要产品——烟草、稻米和靛青约占五大类产品出口总值的68%。①

美国南部主要种植棉花、水稻和甘蔗等经济作物，西部主要种植玉米和小麦等作物。从18世纪末起，美国南部各州的棉花种植业迅速发展，棉花成为南部各州的农作物之王。美国国内的棉花产量迅速增长。1808年，美国棉花产量就已达到7.32万包，后来每10年增加1倍。1860年，美国全国棉花产量为384万包。② 美国生产的棉花大量出口到英国、法国和德国等国，美国成为欧洲很多国家棉纺织业原料的供应基地。棉花的出口巩固了美国在世界市场上的经济地位，为工业发展提供了良好的基础。

值得一提的是，18世纪末，大量移民涌入五大湖以南的广大地区（称为"旧西北"地区③），并对这片地区进行了开发。移民种植了大量玉米、黑麦、大麦、燕麦和小麦等农作物，并喂养了大量牛、羊、猪等牲畜。此后，"旧西北"地区的农业迅速发展，人口迅速增长，农业生产专门化趋势日益显著。到1860年，印第安纳州、伊利诺伊州和威斯康星州成为美国的小麦生产中心。与此同时，该地区的畜牧业发展迅速，逐渐成为美国谷物和牲畜的供应地。1840~1860年，"旧西北"地区各州的谷物产量从2.2亿蒲式耳增加至6.4亿蒲式耳。④ 在大西洋沿岸的北部各州，养殖业、蔬菜种植业和果树栽培业发展迅速。

南北战争之后，美国废除了奴隶制，农作物耕种面积进一步扩大，农业生产技术进一步改善，美国农业迅速发展。1860~1900年，美国耕地面积扩大20倍，农场数量从204.4万个增加到573.7万个，农产品的平均产量增长了3倍。1860年，美国的小麦产量为2.5亿蒲式耳，1900年增至6.55亿蒲式耳。1860年，美国的玉米产量为8亿蒲式耳，1900年增至25亿蒲式耳。1900年，美国的棉花产量增长到1000万包。⑤ 美

---

① 洪朝辉：《社会经济变迁的主题：美国现代化进程新论》，杭州大学出版社，1994，第61~62页。
② 〔苏〕波梁斯基：《外国经济史（资本主义时代）》，郭吴新等译，生活·读书·新知三联书店，1963，第335页。
③ "旧西北"地区后来成立了俄亥俄州、印第安纳州、伊利诺伊州、密歇根州、威斯康星州、艾奥瓦州。
④ 〔苏〕波梁斯基：《外国经济史（资本主义时代）》，郭吴新等译，生活·读书·新知三联书店，1963，第333页。
⑤ C. Palit, J. Mukherjee, *An Introduction to the History of America* (Cambridge: Cambridge University Press, 2014), p.119.

国农产品除了满足本国需求外,还大量出口到欧洲等地。美国农业的迅速发展为工业提供了重要的原材料和国内市场,也为后期工业化打下了良好的基础。

四 外来移民和劳动力的作用

美国的工业劳动力来源区别于英国、法国和德国。英国、法国、德国的工业劳动力来源主要是本国破产的农民和手工业者,美国则主要依靠外国移民和移民后裔。17~18世纪,大量移民从英国、爱尔兰、德国和瑞典等欧洲国家来到了北美大陆。他们当中有一部分人从事农业,也有一部分人成为工业劳动力。美国独立战争之后,不断向西部扩张领土,领土面积扩大吸引了大量海外移民。1790~1860年,美国的外国移民达500多万人。[①] 他们当中有许多人充当工人。据统计,1820~1860年移居美国的人中,有工人82.2万人、手工业者40.7万人、矿工3.4万人、纺织工人1.2万人。[②] 随着移民的不断涌入,美国的人口数量迅速增加。1790年美国仅有390万人,1820年达960万人,1860年则增至3150万人。[③]

南北战争结束后,进入美国的外国移民数量迅速增长。1861~1880年,有500多万名外国移民进入美国。1881~1900年,美国的外国移民数量达860多万人,1900~1914年更是高达1350万人。据统计,1861~1914年,到美国定居的移民数量高达2700余万人。[④]

19世纪末20世纪初,来自英国、德国、俄国和意大利等国家和地区的外来移民明显增加,具体数据详见表4-1。大量移民来到美国,不仅为美国西部开发、工业发展和铁路修建提供了充足的劳动力,还带来了先进技术和管理经验,促进了美国工业的发展。1790年,英国人塞缪尔·斯莱特将阿克莱特工厂的纺纱机的机器结构和工厂管理模式带入美国,在美国制造出了一架可以带动72个纱锭的新式纺纱机。新式纺纱机的仿制成功,提高了美国纺织工业的生产效率,开启了美国纺织工业的

[①] 樊亢、宋则行等编著《主要资本主义国家经济简史》,人民出版社,1973,第114页。
[②] 张友伦主编《美国通史·第二卷·美国的独立和初步繁荣:1775—1860》,人民出版社,2002,第192页。
[③] 〔苏〕列·阿·门德尔逊:《经济危机和周期的理论与历史·第二卷》,吴纪先等译,生活·读书·新知三联书店,1976,第696页。
[④] 樊亢、宋则行主编《外国经济史·近代现代·第二册》,人民出版社,1965,第30~31页。

新时代。塞缪尔·斯莱特也获得了美国"制造业之父"的称号。

表4-1 1895~1907年来自欧洲的美国移民数量

单位：万人

年份	"旧区"国家 （英国、爱尔兰、挪威、瑞典、德国）	"新区"国家 （捷克斯洛伐克、南斯拉夫、奥地利、波兰、俄国、意大利）
1895	13.42	10.55
1896	12.99	18.53
1897	8.48	12.24
1898	7.44	13.30
1899	8.48	20.09
1900	9.79	30.58
1901	10.64	33.46
1902	12.84	45.77
1903	18.67	57.27
1904	19.41	51.56
1905	23.83	68.21
1906	19.25	75.39
1907	20.13	88.31

资料来源：〔美〕乔纳森·休斯、〔美〕路易斯·P.凯恩《美国经济史》，邸小燕、邢露等译，北京大学出版社，2011，第342页。

五 科学技术的进步

由于纺纱机器的广泛应用，美国的纺纱工业迅速发展。1830年，美国机器纱锭的数量达125万个，1860年增至523万个。

纺纱技术的进步带动了织布技术的发展。1813年，波士顿商人洛厄尔仿制了新式织布机，提高了织布的效率，还建立了纺纱和织布一体的综合性工厂。1814年，动力织布机的发明成功开启了美国织布行业的机械化时代，提升了织布的速度。在先进技术和机器的带动下，美国棉纺织业迅速发展，19世纪初，棉纺织业已粗具规模。

1804年，奥利弗·埃文斯成功制造了美式蒸汽机。1817年，美国建立了一批制造蒸汽机的工厂。19世纪40年代，工厂中已经广泛使用蒸汽动力。1850年，美国蒸汽机总功率达168万马力，超过了英国。蒸汽机的广泛应用使许多工业部门摆脱了依靠水力驱动的限制，提高了生产效率。

美国政府鼓励科技发明和创造，1790～1800年，美国的发明仅有276项，而1850～1860年则增至2.52万项。19世纪60～90年代，各种发明创造达67.6万项，约占全部发明创造数量的80%。据福斯特估计，美国早期共有23项重大发明，轧棉机、制鞋机、轮船、电报、电话、电灯和电影机等对美国经济的发展产生了巨大推动作用，特别是爱迪生发明电灯泡（1879年）之后，美国科学技术摆脱了对西欧的依赖。[1] 1900年后，美国大企业纷纷成立实验室，配备科研人员，从事科学研究。20世纪初，美国的科学技术革命进入了新阶段，许多新的发明成果不断涌现。新发明创造推动电气和汽车等新工业部门的崛起，美国的工业也走在了世界前列。

第二节　美国工业化的发展历程

殖民时期，北美殖民地的经济以农业为主，但手工工场也有所发展，造船业、木材加工业和生铁冶炼业等手工工场已粗具规模。美国独立初期，工业发展速度缓慢。从19世纪20年代开始，美国工业发展速度加快，到1860年，美国已成为世界上第二制造业大国。南北战争之后，美国工业进一步迅速发展，到19世纪末20世纪初，美国完成了第二次工业革命，成为世界上工业化程度最高的国家。

一　美国工业化的历程

（一）英国殖民北美时期的工业发展

英国殖民北美时期，农业在经济中占主导地位。当时，在英国殖民政策、资本和技术不足、人口稀少、通货不充足、技术落后等因素的影响下，北美工业发展速度缓慢。[2] 虽然木材加工、造船、皮毛加工、纺织、

---

[1] 戴志先：《十九世纪的美国工业革命》，《湖南师院学报》（哲学社会科学版）1981年第1期，第63页。

[2] 〔日〕猪谷善一：《美国社会经济史》，张定夫译，河南人民出版社，2018，第38页。

炼铁和酿酒等工业都有所发展,但以家庭手工生产为主。家庭手工业主要有两种类型,一是生产家庭所需的手工业品。17世纪,每户农民都备有一架纺车和手织机,主妇们在家将羊毛、亚麻或棉花纺织成衣服,而男子则在农闲时期制造肥皂、酿造啤酒以及制作鞋子、手套和皮革等产品。家庭手工业逐渐发展成规模较小的家庭手工工场。二是生产供外销的手工业品,如洋钉、盖屋板、木箱和木桶等产品,这些产品大多销往西印度。

殖民时期,北部新英格兰地区的森林资源和水资源丰富,造船成本较低,木材加工和造船业日渐繁荣。17世纪,在缅因州和新罕布什尔州等地就已建立了一批木材加工工场,主要业务是砍伐、运输和销售木材。1634年,缅因州和新罕布什尔州建立了美国最早的锯木手工工场。1675年,波士顿北部至少有50家锯木手工工场,每年共可加工450万～900万英尺的木材,总价值达6750～13500英镑。[①] 18世纪,随着国内市场的发展和西印度市场木材需求量的增加,北美殖民地的木材产量增长迅速。南卡罗来纳州和乔治亚州木材产量的增长尤其迅速,有大量产品出口,具体数据详见表4-2。因木材资源丰富,18世纪北美殖民地生产的林木产品除了满足当地需求外,还大量出口到英国等地。到18世纪60年代,北美殖民地林木产品的出口额已占北美出口总额的7%左右。[②]

表4-2 1754~1763年南卡罗来纳州和乔治亚州的木材出口规模

年份	南卡罗来纳州木材（英尺）	南卡罗来纳州木板（块）	南卡罗来纳州木棍（根）	乔治亚州木材（英尺）	乔治亚州木板（块）	乔治亚州木棍（根）
1754	764607	822120	102290	—	—	—
1755	780776	952880	168121	387849	240690	203225
1756	202316[a]	522420[a]	109890[a]	289843	263000	196259
1757	234303[b]	664100[b]	83617[b]	270396	178400	182268
1758	639012	724000	145529	50215	68985	63339
1759	1018490	1204890	146172	273066	808580	102959

---

① T. L. Purvis, Richard Balkin, *Colonial America to 1763* (New York: Facts on File, 1999), p. 83.

② T. L. Purvis, Richard Balkin, *Colonial America to 1763* (New York: Facts on File, 1999), p. 83.

续表

年份	南卡罗来纳州木材（英尺）	南卡罗来纳州木板（块）	南卡罗来纳州木棍（根）	乔治亚州木材(英尺)	乔治亚州木板(块)	乔治亚州木棍(根)
1760	545333	1354500	135992	283961	581200	80500
1761	610952	1354500	236327	307690	606650	50969
1762	414754	896500	163990	417449	685265	325477
1763	647112ᶜ	1225160ᶜ	362065ᶜ	917384	1470120	594356

注：a 表示 9 个月的数据，b 表示 10 个月的数据，c 表示 11 个月的数据。
资料来源：T. L. Purvis, R. Balkin, *Colonial America to 1763* (New York: Facts on File, 1999), p.85。

17~18 世纪，北美殖民地的造船业不断发展。1631 年，马萨诸塞州总督出资建造了一艘可装载 80 人的中型船舶。17 世纪 40 年代以后，随着造船技术的改善，船舶产量逐年增多。1642 年，波士顿造成了载重量为 150 吨的船只 5 艘，后来又造成了排水量为 300 吨的大船。18 世纪初，新英格兰地区的造船业已经相当发达。波士顿是北美殖民地最大的造船中心之一。1675~1715 年，波士顿造船 300 艘，其中 1/5 销往国外。1720 年，仅波士顿一地就拥有 14 家造船厂，年均建造 200 艘船只。此外，塞勒姆、纽伯里波特、新贝德福德和索尔兹伯里的造船工业也迅速发展。① 1713 年，仅新英格兰的波士顿和拉萨姆就有水手 3500 人。② 1755 年，英国的船舶有 1/3 的船只由北美殖民地供应。③ 此外，北美还生产与船舶相关的产品，如黑油、松脂、沥青、桅杆和帆架等。18 世纪 60 年代，殖民地每年能制造 300~400 艘小船。④ 据统计，1763~1775 年，北美 13 个殖民地生产船只吨位数年均达 4 万吨，价值为 30 万英镑，其中吨位数达 1.8 万吨的船销往国外，价值达 14 万英镑。⑤

---

① 张友伦、林静芬、白凤兰：《美国工业革命》，天津人民出版社，1981，第 30 页。
② 〔苏〕阿·符·叶菲莫夫：《美国史纲：1492 年—19 世纪 70 年代》，庚声译，生活·读书·新知三联书店，1962，第 103 页。
③ 〔日〕猪谷善一：《美国社会经济史》，张定夫译，河南人民出版社，2018，第 40 页。
④ 〔美〕福克讷：《美国经济史·上卷》，王锟译，商务印书馆，1989，第 109~112 页。
⑤ J. E. Inikori, S. L. Engerman, eds., *The Atlantic Slave Trade: Effects on Economies, Societies, and Peoples in Africa, the Americas, and Europe* (Durham: Duke University Press, 1992), p.217.

17世纪，北美殖民地以家庭手工纺织业为主，但也出现了拥有2~3个雇佣工人的手工工场。18世纪，手工工场的规模不断扩大。1719年，新英格兰许多地区建立了麻纺手工工场。18世纪二三十年代，随着纺织技术的提高，北美殖民地的棉纱产量不断增加。除棉纺织业外，毛纺织业也逐步发展。17世纪三四十年代，马萨诸塞州已出现了毛纺手工工场、漂洗手工工场。17世纪50年代，马萨诸塞、弗吉尼亚、宾夕法尼亚和新泽西等殖民地的毛纺织业快速发展。17世纪末，北美殖民地生产的毛呢不仅能满足当地居民需求，还能提供出口，开始在国际市场上与英国产品竞争。英国政府为了保护本国毛呢商的利益，通过了《毛呢法令》，禁止北美殖民地的毛呢在织造地以外销售。①

18世纪，北美殖民地的冶铁业、渔业、酿酒业和海外贸易逐渐发展。就冶铁业而言，1640年，马萨诸塞的林恩和汤顿出现了最早的冶铁手工工场，林恩每周能冶炼生铁8吨。此后，马萨诸塞、康涅狄格和马里兰等殖民地的冶铁业逐渐发展。1771年，北美殖民地的生铁和铁条产量达7525吨，每吨价值为20英镑。②1723年，北美殖民地向英国出口生铁15吨。1775年，北美13个殖民地的熔矿炉数量已多于英格兰和威尔士，产量已与英格兰大致持平。随着生铁产量的增加，北美殖民地出口到英国的铁制品数量不断增长，由1750年的3000吨增长到1771年的7520吨。③据统计，1775年，北美殖民地的冶铁产量占当年世界总产量的1/7。④ 18世纪下半叶，北美殖民地的冶铁业已与英国和瑞典并驾齐驱，但远逊于俄国。

需指出的是，17~18世纪，由于北方的劳动力稀缺，价格昂贵，北美殖民地的冶铁业中广泛使用奴隶和契约劳工工作。宾夕法尼亚和新泽西州的冶铁手工工场中使用奴隶劳动的现象十分普遍，许多奴隶被训练成锻工。为此，国外有学者指出，奴隶制"使美国成为工业化早期的第一块现代殖民地"。⑤尽管此观点存在争议，但足以反映出殖民时期奴隶在北部殖

---

① 张友伦、林静芬、白凤兰：《美国工业革命》，天津人民出版社，1981，第31~32页。
② 〔美〕福克讷：《美国经济史·上卷》，王锟译，商务印书馆，1989，第116页。
③ 〔苏〕阿·符·叶菲莫夫：《美国史纲：1492年—19世纪70年代》，庚声译，生活·读书·新知三联书店，1962，第101~102页。
④ 付成双：《试论美国工业化的起源》，《世界历史》2011年第1期，第47页。
⑤ J. Bezís-Selfa, *Forging America: Ironworkers, Adventurers, and the Industrious Revolution* (Ithaca, New York: Cornell University Press, 2004), p. 1.

民地冶铁业中的作用。

就捕渔业而言，鳕鱼和鲸鱼是主要的捕猎对象。美国独立战争之前，新英格兰各港口雇用了1万名渔民，专门捕捉鳕鱼，产品价值高达200万英镑，鱼产品出口价值为整个新英格兰地区出口商品总值的50%以上。[①] 1765年，北美殖民地有600艘以上的船只和4000多人在从事捕鱼。殖民末期，捕渔业年均产值是22.5万英镑。[②] 捕渔业的发展推动了酿酒业和食盐业的发展，新英格兰的商人将鱼卖到西印度群岛，换回糖蜜制成甜酒，然后用甜酒去非洲换取黑奴。独立战争之前，仅马萨诸塞就有70多家酿酒厂。[③]

总体而言，到殖民末期，北美殖民地的冶铁、造船、纺织和木材加工等工业部门已形成较大规模。但是，英国殖民北美时期，长期将北美殖民地作为其原料供应地和工业品的销售市场，阻碍了北美殖民地工业的发展。例如，1609年，殖民当局通过法令阻止北美殖民地的羊毛和羊毛制品输入英国。1686年，弗吉尼亚州通过了法令鼓励该省纺织品发展，却遭到了殖民当局的否决。1699年，英国政府制定法令，禁止北美殖民地出口羊毛、毛线和布匹。1732年，英国议会通过了《制帽法令》，禁止殖民地出口帽子，且制帽者的学徒人数严格受到法律的限制。

英国还限制北美殖民地冶铁业的发展。17世纪，北美殖民地的采矿业和冶铁业发展缓慢，最初没有引起英国的关注。18世纪初，宾夕法尼亚、马里兰和弗吉尼亚的冶铁业开始发展，并将铁制品出口到英国，引起了英国政府的担忧。18世纪中叶，随着殖民地冶铁业的发展，生铁和铁器出口量日益增加。为了保护英国冶金工业的发展，同时也为了保障金属产品的需求，1750年，英国议会出台了《制铁法令》，在允许殖民地铁条进入英国的同时，禁止殖民地建立切碾工厂，以及安装剪轧机、熔铁炉和炼钢炉等。

（二）美国独立至南北战争时期的工业发展

美国独立之初，虽然政治上获得了独立，但经济上仍依附于英国，英

---

① 洪朝辉：《社会经济变迁的主题：美国现代化进程新论》，杭州大学出版社，1994，第34页。
② 〔美〕福克纳：《美国经济史·上卷》，王锟译，商务印书馆，1989，第114页。
③ 刘淑兰主编《主要资本主义国家近现代经济史》，中国人民大学出版社，1987，第95页。

国将大量廉价商品倾销到美国市场。加之国内交通不便,北部地区和南部地区还没有实现统一,国内统一的市场没有形成,美国工业的发展速度十分缓慢。1810年,美国制造业的产值仅为1.1亿美元,各工业部门的产值详见表4-3。

表4-3 1810年美国的制造业产值

单位:万美元

工业部门	产值
纺织业	3900
制帽业	430
制铁业	1440
贵重金属制造业	250
肥皂和制油业	180
皮革制造业	1800
酿酒业	1600
木材加工业	550
制纸业	190
玻璃制造业	100
烟草业	120
电缆和制绳业	420
合计	10980

资料来源:J. R. H. Moore, *Industrial History of the American People* (New York: The Macmillan Company, 1913), p.400。

1807年的《禁运法案》和1812~1814年的第二次英美战争是美国工业的转折点。1807年,美国政府通过《禁运法案》,该法案规定:一切美国船只和在美国的外国船只不得起航;美国所有海陆对外出口一律停止使用;某些特别规定的英国货物禁止入口。法案生效后的14个月中,所有美国的和来美国的船只全被封锁在美国港口,最多被允许从事沿海贸易。[1]《禁运法案》颁布后,对美国的船运业造成了一定冲击,导致美国的对外贸易额锐减,大量工人失业,最终该法案于1809年被废除。值得一提的

---

[1] 张友伦主编《美国通史·第二卷·美国的独立和初步繁荣:1775—1860》,人民出版社,2002,第107~108页。

是,《禁运法案》对美国本土工业的发展产生了积极的影响。由于《禁运法案》的实施,外国制造品不准进入美国,促进了美国本土民族工业的发展。《禁运法案》实施后,英美关系一度紧张,引发了第二次英美战争。在战争影响下,美国的对外贸易受挫,但更多商业资本转变为工业资本,推动了美国工业的发展。

英国的纺织业开始工业革命后,实行机械化大生产。1816年,美国采取保护关税政策,抵制英国的商品倾销到美国,借此保护本国工业,此后,美国的工业发展速度更快。

19世纪初,在工业较发达的新英格兰地区,棉纺织业、毛纺织业、机械制造业、冶金业和造船业的产值占制造业产值的1/3~1/2。[1]

从18世纪90年代至19世纪上半叶,纺织业的发展速度最快。随着纺织工业的机械化水平不断提高,服装工业、毛纺织业和纺织机械制造业快速发展。在棉纺织业的带动下,毛纺织、冶金、面粉加工、食品加工、木材加工等工业部门中的大机器逐渐增加,还建立了工厂制度,生产效率大幅提高,工业产值大幅增加。

1860年之前,美国的轻工业发展迅速,重工业发展较为缓慢。1810年,美国的钢产量只有917吨。1830年之后,美国的炼钢炉增加到14座,年均钢产量为1600吨。[2] 19世纪50年代之后,因新式炼钢方法的推广,美国的钢铁工业迅速崛起。1860年,美国钢铁产量已达1.2万吨。

1800~1820年,美国的生铁产量缓慢增长,此后随着新技术的采用,生铁产量明显增加。1800年,美国的生铁产量为4.1万吨,1810年和1823年分别为5.5万吨和5.6万吨。19世纪30~50年代,美国的生铁产量大幅增加,1830年为18万吨,1850年增长至98.8万吨。[3]

第一次工业革命期间,美国工业化成就显著。到1859年,美国共有大

---

[1] J. E. Inikori, S. L. Engerman, eds., *The Atlantic Slave Trade: Effects on Economies, Societies, and Peoples in Africa, the Americas, and Europe* (Durham: Duke University Press, 1992), p. 216.

[2] 张友伦主编《美国通史·第二卷·美国的独立和初步繁荣:1775—1860》,人民出版社,2002,第201页。

[3] 〔苏〕阿·符·叶菲莫夫:《美国史纲:1492年—19世纪70年代》,庚声译,生活·读书·新知三联书店,1962,第330页。

小工业企业14.0万家，全国制造业的总产值达8.5亿美元。① 1810~1860年，美国工业总产值增长了9倍。② 至1860年，美国的轻工业已经追赶上英国和法国。

就制造业规模而言，1860年，美国排在前10位的工业部门依次是谷物和面粉加工业、棉纺织业、木材工业、制靴与制鞋业、男装业、钢铁业、皮革业、毛纺业、制酒和饮料业以及机器制造业。1860年，上述工业部门的从业人员达59万人。③

（三）南北战争后至20世纪初的美国工业

19世纪60年代，南北战争进一步刺激了北部地区工业和运输业的发展。南北战争之后，美国实现了政治上的统一，国内外市场进一步扩大，多个工业部门实现了机械化生产，工业发展速度更快。南北战争后至20世纪初，美国工业进入了飞速发展时期，工业结构发生了较大变化，轻工业各部门相对衰落，机器工业尤其是以钢铁工业为首的重工业发展迅速。在此时期，重工业的增长速度明显超过了轻工业，在国民经济中逐步占据主导地位。

美国钢铁工业主要集于大西洋沿岸中部各州和大湖地区。1870年，大西洋沿岸中部地区的钢铁制品产量占全美同类产品总产量的57.6%，1910年占比为42.88%；1870年，大湖地区的钢铁制品产量占比为18.92%，1910年达32.8%。与钢铁工业相关的企业，如汽车制造厂、机车厂、车轴厂、轮胎厂、螺钉厂、钢轨厂、钢管厂、铁管厂、造船厂等同样集中在大西洋沿岸的中部工业区和大湖地区，因此，上述地区很快成为美国重要的工业中心。④

南北战争以后，美国的工业发展速度和规模都超过了其他资本主义国家。制造业的产值增加明显，注册企业数量迅速增加，从业人员数量大增。1890年美国领先工业部门的发展情况详见表4-4。

---

① 付成双：《试论美国工业化的起源》，《世界历史》2011年第1期，第51页。
② 樊亢、宋则行等编著《主要资本主义国家经济简史》，人民出版社，1973，第118页。
③ 〔英〕H.J.哈巴库克、〔英〕M.M.波斯坦主编《剑桥欧洲经济史·第六卷·工业革命及其以后的经济发展：收入、人口及技术变迁》，王春法等译，经济科学出版社，2002，第639页。
④ 〔英〕H.J.哈巴库克、〔英〕M.M.波斯坦主编《剑桥欧洲经济史·第六卷·工业革命及其以后的经济发展：收入、人口及技术变迁》，王春法等译，经济科学出版社，2002，第652~653页。

表4-4 1890年美国领先工业的增加值

	全部增加值（美元）	企业注册数（家）	就业人数（人）
铸造和机器修理	241556716	6475	247754
印刷和出版	205058048	16460	164234
木材加工	172111957	21011	286197
木匠和家具业	143348160	16917	140021
制铁和炼钢	135176505	645	152535
男子成衣加工	122172752	4867	156341
麦芽酒加工	118728275	1248	34800
棉织品加工	113068745	905	221585
制靴和制鞋	101864047	2082	139333
砖石加工	98913709	5969	108045
蒸馏酒加工	89288696	440	5343
面粉和磨粉	79819184	18470	63481
烟草制品	79394315	10956	93156
羊毛产品加工	78754718	3670	86888
男子成衣定制	75724514	13591	86143
四轮马车和客车	66764990	8614	73453
肉类加工批发业	66258653	611	40409
铁路沿线的商店	62900172	716	108585

资料来源：〔美〕理查德·弗兰克林·本塞尔《美国工业化的政治经济学（1877~1900年）》吴亮等译，长春出版社，2008，第24页。

二 美国工业化的成就

从18世纪末至20世纪初，美国的纺织、钢铁和石油等工业部门迅速发展，工业生产规模大幅扩展，工业化成就显著。

（一）纺织工业发展迅速

1787年，马萨诸塞州建立了一些使用珍妮纺纱机的工厂。此后，类似的工厂在新英格兰地区和纽约等地普及。1790年，塞缪尔·斯莱特仿造阿克莱特水力纺纱机后，棉纺织业开始机器化生产，大工业开始真正发展。1790年，塞缪尔·斯莱特担任罗得岛一家棉纺厂的经理。当年12月，棉纺厂正式开工，招收了一些男孩和女孩到工厂里工作。18世纪最后几年，一批商人和手工作坊老板为了提高劳动效率，创建了美国第一批现代化的工厂。①

工业革命之初，由于缺乏资金和劳动力，加上国内市场规模有限，美国棉纺织业的发展速度较为缓慢。1790～1804年，只建成了4家纺织厂。1807年，美国只有15家棉纺织厂正常运转，共有纱锭8000枚。② 1809年初至1809年末，美国又新建87家新纺织工厂，纱锭数量由1808年的8000枚增至3.1万枚。③ 1809～1815年，美国纺织业迅速发展。1815年，美国已有50多万台纺纱机在工作，投入纺纱工业的资金超过5000万美元，产值达1900万美元。④⑤

纺纱业的发展推动了织布行业的崛起。1813年，波士顿商人弗朗西斯·C.洛厄尔在机械师的帮助下成功制造出动力织布机，并创建了波士顿制造公司，不久后公司更名为沃尔瑟姆公司。该公司在马萨诸塞州的沃尔瑟姆建立了纺织厂。与以往纺织工厂的区别是，沃尔瑟姆工厂成功地实现了纺纱、织布和染色等工艺的一体化，大大提高了棉纺织业的生产效率和生产规模。不久后，工厂的注册资金从40万美元增加到60万美元，并在瓦特尔镇建立了新工厂。⑥ 沃尔瑟姆工厂奠定了美国工厂制度的基础，此后，使用机器生产的工厂制度于棉纺织业中逐步确立。

新英格兰是美国早期的纺织工业中心，率先开始了工业革命。19世纪初，一大批新型纺纱厂于马萨诸塞州、康涅狄格州、新罕布什尔州和纽约州等地建立起来。1815年，马萨诸塞州共有57家工厂，康涅狄格州有14家工厂。⑦ 1839年，马萨诸塞州建立了美国第一家蒸汽纺纱厂，专门生产被套和枕套等产品。1847年，汤姆斯·贝纳特于马萨诸塞州的新贝福德建

---

① 〔美〕詹姆斯·柯比·马丁、兰迪·罗伯茨等：《美国史·上册》，范道丰等译，商务印书馆，2012，第462页。
② K. Coman, *The Industrial History of the United States* (London: The Macmillan Company, 1907), p.180.
③ 〔英〕H. J. 哈巴库克、〔英〕M. M. 波斯坦主编《剑桥欧洲经济史·第六卷·工业革命及其以后的经济发展：收入、人口及技术变迁》，王春法等译，经济科学出版社，2002，第636～637页。
④ J. R. H. Moore, *Industrial History of the American People* (New York: The Macmillan Company, 1913), p.401.
⑤ K. Coman, *The Industrial History of the United States* (London: The Macmillan Company, 1907), p.180, p.182.
⑥ American Wool and Cotton Reporter, eds., *History of American Textiles: With Kindred and Auxiliary Industries* (New York: Frank P. Bennett & Co., 1922), p.30.
⑦ 杨荣：《论美国的工业革命与城市化》，《安徽教育学院学报》1997年第3期，第24页。

立了新型纺织厂，主要生产细纱布。1849年，该工厂共有纱锭1.5万枚、机器200台。① 后来，新贝福德又建立了多家纺织厂，发展成美国新的纺织中心。1860年，新英格兰地区单位棉纺厂的纱锭数量为7000枚，而南部和西部地区仅有2000枚。每家工厂拥有的织布机平均数量如下：新英格兰163台，南部地区24台，西部地区49台。②

19世纪下半叶，随着纺织工业机械化水平的提高，美国的棉纺织业继续发展。美国的棉花消费量也可印证美国棉纺织业的发展速度。1871~1881年，美国的棉花消费量从116.3万包增至193.8万包。1890~1910年，美国的棉花消费量整体继续保持快速增长。至1914年，美国棉花消费量已达588.5万包，具体数据见表4-5。

表4-5 1871~1914年美国的棉花消费量

单位：万包

年份	棉花消费量	年份	棉花消费量	年份	棉花消费量
1871	116.3	1886	216.2	1901	354.7
1872	109.7	1887	208.8	1902	408.3
1873	120.1	1888	226.1	1903	392.4
1874	132.0	1889	227.0	1904	393.5
1875	120.1	1890	251.8	1905	427.9
1876	135.4	1891	264.0	1906	490.9
1877	142.9	1892	285.6	1907	498.5
1878	149.6	1893	237.5	1908	453.9
1879	156.1	1894	229.1	1909	524.1
1880	157.0	1895	287.1	1910	479.9
1881	193.8	1896	250.5	1911	470.5
1882	196.4	1897	279.2	1912	536.8
1883	207.2	1898	346.5	1913	578.6
1884	187.7	1899	363.2	1914	588.5
1885	175.3	1900	387.3		

资料来源：〔苏〕尤·瓦尔加主编《世界经济危机：1848~1935》，戴有振等译，世界知识出版社，1958，第440~442页。

① 〔美〕格罗弗、康乃尔编《美国实业发展史·上册》，中国计划建设学会译，商务印书馆，1947，第196页。
② 〔英〕H. J. 哈巴库克、〔英〕M. M. 波斯坦主编《剑桥欧洲经济史·第六卷·工业革命及其以后的经济发展：收入、人口及技术变迁》，王春法等译，经济科学出版社，2002，第641页。

19世纪下半叶,纺织工业的生产效率迅速提高,纺织工人生产的纱锭数与就业工人的比率整体不断增长,具体数据见表4-6。

表4-6 1831~1914年美国棉纺织业的纱锭数与就业工人的比率

年份	纱锭数与就业工人的比率
1831	22∶1
1869	53∶1
1879	62∶1
1889	65∶1
1899	63∶1
1904	74∶1
1909	74∶1
1914	80∶1

资料来源:A. M. M. Keir, *Manufacturing Industries in America*: *Fundamental Economic Factors* (New York: The Ronald Press Company, 1920), p.153。

(二)煤炭工业迅速崛起

19世纪初,美国的煤炭工业十分落后,煤炭产量很低。19世纪上半叶,随着各工业部门的发展,燃料需求量大增,美国的煤炭工业迅速崛起。1822~1850年,美国的采煤量增长了118.7倍,1851~1900年,又增长了29.9倍,与之相比,1851~1900年,英国的采煤量增长速度十分缓慢,还不到4倍。[①]

南北战争之前,美国的主要煤矿区位于阿勒格尼山脉以东,包括马里兰州西部的乔治斯克里克煤田。乔治斯克里克煤田的矿床长约25英里、宽6英里,位于马里兰州阿勒格尼县的西端。该煤田自1751年始开采,到南北战争结束时已近枯竭。因此,美国人开始寻找西部的新矿区。19世纪下半叶,俄亥俄州、印第安纳州和伊利诺伊州等地区发现了大量的煤炭资源,这些地区的煤炭工业发展迅速,为工业提供了充足的燃料。美国的煤炭资源不仅分布面积广阔,煤层厚,且距地表近,有的地区直接裸露于地面,开采成本很低。因此,19世纪下半叶,美国工业快速发展。此外,在这一时期,因其他工业部门的发展,燃料需求量大增,刺激了煤炭工业的

---

① ДьяконоваИ. А. Нефть и уголь в энергетике царской России в международных сопоставлениях, Москва РОССПЭН. 1999. С. 41.

发展。1850~1856年，美国的采煤量增加了近1倍。19世纪60年代，采煤量已达1300万吨以上。19世纪70~90年代，美国采煤量的增长整体上尤其迅速，1871~1899年，采煤量增长4.4倍。至1900年，美国的采煤量达到2.45亿吨（相当于2.408亿长吨），已超过英国跃居世界第一位。20世纪初，美国的采煤量继续保持增长，1900~1914年，美国的采煤量又增加近1倍，具体数据见表4-7。

表4-7 1850~1914年美国的煤产量

单位：百万长吨

年份	煤产量	年份	煤产量	年份	煤产量
1850	6.3	1872	45.9	1894	152.4
1851	7.8	1873	51.4	1895	172.4
1852	8.8	1874	47.0	1896	171.4
1853	9.4	1875	46.7	1897	178.8
1854	10.7	1876	47.6	1898	196.4
1855	11.5	1877	54.0	1899	226.6
1856	12.1	1878	51.7	1900	240.8
1857	11.9	1879	60.8	1901	261.9
1858	12.5	1880	63.8	1902	269.3
1859	14.0	1881	76.7	1903	319.1
1860	13.0	1882	92.5	1904	314.1
1861	14.7	1883	103.3	1905	350.6
1862	15.6	1884	107.3	1906	369.8
1863	19.0	1885	99.3	1907	428.9
1864	21.1	1886	101.5	1908	371.3
1865	21.2	1887	116.7	1909	411.4
1866	25.9	1888	132.7	1910	447.9
1867	27.4	1889	126.1	1911	443.2
1868	29.3	1890	140.9	1912	477.2
1869	29.4	1891	150.5	1913	508.9
1870	29.5	1892	160.1	1914	458.5
1871	41.9	1893	162.8		

资料来源：〔苏〕尤·瓦尔加主编《世界经济危机：1848~1935》，戴有振等译，世界知识出版社，1958，第440~442页。

煤炭是美国工业的主要燃料,但与石油工业相比,19世纪下半叶,采煤量的增速稍慢。1850~1860年、1860~1870年和1870~1880年,美国采煤量分别增长了1.06倍、1.27倍和1.16倍,同期的采油量分别增长了314.5倍、10.58倍和3.99倍。[1]

(三) 钢铁工业成就显著

在美国的工业化进程中,钢铁工业是一个非常重要的产业部门,它为机械制造业、铁路部门等提供原材料。美国的钢铁工业虽然在第一次工业革命时期已经开始发展,但当时主要生产铣铁和锻铁,钢材产量很少,当时钢材还是稀缺商品。1839年,美国用焦炭取代木炭炼铁,冶金业快速发展。

19世纪下半叶,美国的钢铁工业迅速发展,主要原因如下:一是酸性转炉、敞炉和大型高炉的应用;二是轧钢技术的改进;三是大型发电站、送电网和石油开采、输油管建设的需要;四是轮船、铁路、飞机和汽车等运输部门以及机器制造业的发展。以上四个方面大大刺激了美国钢铁工业的发展。

在冶铁方面,1859~1889年,美国的冶铁企业由286家增至304家,从事冶铁业的工人数量从1.6万人增至3.3万人,原材料消耗量从1230万美元增至1.1亿美元,净产值从860万美元增至3550万美元。19世纪90年代至20世纪初,随着冶铁技术的提高,冶铁工业进一步发展。1899~1904年,美国冶铁业的发动机功率从49.7万马力增至77.3万马力,总产值从2.1亿美元增至2.3亿美元。[2]

在炼钢方面,1850年,威廉·凯利发明了酸性转炉炼钢法。这种炼钢法能将杂质成分较低的矿砂制成质量较好的钢,降低了生产成本,提高了钢产量。19世纪七八十年代,美国又采用了西门子-马丁平炉炼钢法,该方法能够熔炼含磷较多的矿砂。1906年以后,平炉法已逐渐取代酸性转炉法。1870~1913年,美国酸性转炉钢和平炉钢的产量增长迅速,钢铁总产量增长400倍以上,具体数据见表4-8。

---

[1] ДьяконоваИ. А. Нефть и уголь в энергетиге царской России в международных сопоставлениях, Москва РОССПЭН. 1999. C. 63 - 64.
[2] 〔苏〕列·阿·门德尔逊:《经济危机和周期的理论与历史·第二卷》,吴纪先等译,生活·读书·新知三联书店,1976,第753页。

第四章 美国工业化的条件及影响

表4-8 1870~1913年的钢产量

单位：千短吨，%

年份	总量	其中：		占比	
		酸性转炉钢	平炉钢	酸性转炉钢	平炉钢
1870	77	42	2	54.5	2.6
1880	1397	1203	113	86.1	8.1
1890	4779	4131	566	86.4	11.8
1900	11227	7481	3638	66.6	32.4
1910	28330	10478	17672	37.0	62.4
1913	34087	10604	23340	31.1	68.5

注：1短吨=0.9072吨。
资料来源：〔美〕乔纳森·休斯、〔美〕路易斯·P.凯恩《美国经济史》，邸晓燕、邢露等译，北京大学出版社，2011，第361页。

由于炼钢技术的改进，美国的钢铁工业快速发展，钢材被广泛运用于建筑业、机械制造业等行业中。19世纪下半叶，随着铁路网的迅速扩展，钢轨和机车的需求量增加，进一步刺激了炼钢工业的发展。1859年，美国的炼钢和轧钢企业只有13家，从业人员仅有750人，钢产量仅为1.2万长吨，到1879年炼钢和轧钢工业企业数量增加到451家，从业人员增加到9.9万人，钢产量增加到93.5万长吨。[1] 从19世纪80年代起，由于炼钢技术的提高，钢产量增长迅速。1900年美国钢产量超过1000万吨，1914年达2350万吨。[2]

19世纪下半叶，美国的钢铁工业发展迅速，世界钢铁产业中美国所占的比重逐年增加，具体数据见表4-9。1913年，在世界生铁产量中，英、美、德三国的比重分别为13.3%、39.3%和24.1%，钢产量的占比则分别为10.2%、41.5%和24.7%。[3] 可见，一战爆发之前，美国钢铁产量已位居世界第一。

---

[1] 〔苏〕列·阿·门德尔逊：《经济危机和周期的理论与历史·第二卷》，吴纪先等译，生活·读书·新知三联书店，1976，第758页。
[2] 刘淑兰主编《主要资本主义国家近现代经济史》，中国人民大学出版社，1987，第141页。
[3] 邢来顺：《德国通史·第四卷·民族国家时代》，江苏人民出版社，2019，第346页。

表4-9 部分国家（地区）钢铁产量在世界产量中所占比例

单位：%

年份	英国	德国萨尔地区	美国	比利时
1875~1879	35.9	16.6	26.0	3.7
1880~1884	32.7	17.7	28.4	3.0
1885~1889	31.8	17.8	31.4	2.4
1890~1894	24.6	21.4	33.7	2.2
1895~1899	19.8	22.5	35.4	2.8
1900~1904	15.1	22.3	41.0	2.4
1905~1909	12.4	22.1	43.5	2.8
1910~1913	10.3	22.7	42.3	3.4

资料来源：D. H. Aldcroft，*The Development of British Industry and Foreign Competition, 1875-1914* (Toronto: University of Toronto Press, 1968), p.72。

（四）机械制造业迅速发展

机械制造业的发展与轻工业、重工业和农业都密切相关。19世纪初，随着工业革命的开展，棉纺织业实现了机械化生产，刺激了美国机械制造业的发展。1813年，沃尔瑟姆工厂建立时，就建立了机器车间，专门为纺织业生产机器。此后，随着纺织业和其他工业部门的发展，机器制造业的生产规模不断扩大，专业化水平不断提高。在生产机械的工业部门中，分化出了专门生产机车、机床、固定发动机及其他金属产品的部门。

19世纪上半叶，美国机械制造业的水平不断提高，枪械、机器生产工具、金属加工机械、斧头、铲子和缝纫机等产品应运而生。19世纪30年代初，美国生产出了第一批收割机。在此后的几年中，其他农具如脱粒机、钢犁、圆盘耙和麻绳打结机等不断生产出来，提高了农业生产效率。[1]

19世纪下半叶，在钢铁工业的带动下，美国机器制造业迅速发展。在钢铁工业集中的地区，机车厂、车轴厂、钢铁链厂、轮胎厂和汽车制造厂不断涌现。1869~1904年，美国私营造船厂的工人数量由1.4万人增加到5.1万人，总产值从2100万美元增加到8300万美元。同期，农业机器制造业和其他机器制造业也快速发展，美国农业机器制造业的人员从2.5万

---

[1] M. Klein, *The Genesis of Industrial America, 1870-1920* (Cambridge: Cambridge University Press, 2007), p.13.

人增加到4.7万人，总产值从5200万美元增至1.12亿美元，其他机器制造业的总产值也迅速增长，具体数据见表4-10。

表4-10 1869~1904年美国机器制造业规模

单位：万人，百万美元

年份	造船业 工人	造船业 总产值	机车制造业 工人	机车制造业 总产值	农业机器制造业 工人	农业机器制造业 总产值	其他机器制造业 工人	其他机器制造业 总产值
1869	1.4	21	—	—	2.5	52	—	—
1879	2.1	37	—	—	4.0	69	17.1	253
1889	2.2	38	—	—	3.9	81	28.7	520
1899	4.7	75	—	—	4.7	101	42.7	798
1904	5.1	83	25	60	4.7	112	44.3	881

注：造船业的统计数据不包括国营造船厂。
资料来源：〔苏〕列·阿·门德尔逊：《经济危机和周期的理论与历史·第二卷》，吴纪先等译，生活·读书·新知三联书店，1976，第760页。

值得一提的是，19世纪末20世纪初，美国蒸汽机车和电气机车制造及其修配、汽车制造、电气设备制造等产业迅速发展。1889~1904年，铁路机车和电气机车制造业从业人数从3.3万人增至3.9万人，总产值从7300万美元增至1.2亿美元。1904年，美国汽车制造业的总产值达27亿美元。[1]

（五）石油工业蓬勃发展

1859年，美国、加拿大和德国几乎同时开始钻探石油，但只有美国获得真正意义上的成功。1859年，美国人E.L.德雷克在宾夕法尼亚州西部发现了石油，并于1859年末钻出了美国第一口油井，石油从69.5英尺深的地下涌出，流量十分平稳，没有任何喷射，石油日产量为30桶。此后，俄亥俄州、印第安纳州、加利福尼亚州、西弗吉尼亚州、堪萨斯州、田纳西州、得克萨斯州和俄克拉荷马州等也发现了新油田。19世纪下半叶，美国石油工业飞速发展，石油大量涌入国内市场。从1875年起，俄亥俄州、西弗吉尼亚州和加利福尼亚州等的油田开始了大规模的采油作业。与宾夕法尼亚州生产的轻油不同，加利福尼亚州的石油产品众多，既有重油，也

---

[1] 〔苏〕列·阿·门德尔逊：《经济危机和周期的理论与历史·第二卷》，吴纪先等译，生活·读书·新知三联书店，1976，第761页。

有轻油。1902 年，加利福尼亚州的采油量达 1600 万吨。①

19 世纪下半叶，由于石油开采技术的改进，美国的石油工业快速发展。南北战争后，美国采油量的增长尤其迅速。② 1859～1865 年，美国的采油量从 2000 桶增至 249.8 万桶；1870～1880 年，从 526.1 万桶增至 2628.6 万桶；1880～1899 年，增长 1 倍多；1900～1904 年，石油开采量增长近 1 倍（数据详见表 4-11）。石油、电气和橡胶等新兴工业部门的崛

表 4-11　1859～1904 年美国原油产量

单位：万桶

年份	产量	年份	产量	年份	产量
1859	0.2	1875	878.8	1891	5429.3
1860	50.0	1876	913.3	1892	5051.5
1861	211.4	1877	1335.0	1893	4843.1
1862	305.7	1878	1539.7	1894	4934.4
1863	261.1	1879	1991.1	1895	5289.2
1864	211.6	1880	2628.6	1896	6096.0
1865	249.8	1881	2761.1	1897	6047.6
1866	359.8	1882	3035.0	1898	5536.4
1867	334.7	1883	2345.0	1899	5707.1
1868	364.6	1884	2421.8	1900	6362.1
1869	421.5	1885	2185.9	1901	6938.9
1870	526.1	1886	2806.5	1902	8876.7
1871	520.5	1887	2828.3	1903	10046.1
1872	629.3	1888	2761.2	1904	11703.1
1873	989.4	1889	3316.4		
1874	1092.7	1890	4582.4		

注：每桶等于 42 加仑。

资料来源：〔美〕杰拉尔德·冈德森《美国经济史新编》，杨宇光等译，商务印书馆，1994，第 396 页；〔美〕H.N. 沙伊贝、〔美〕H.G. 瓦特、〔美〕H.U. 福克纳《近百年美国经济史》，彭松建等译，中国社会科学出版社，1983，第 37 页。

---

① ДьяконоваИ. А. Нефть и уголь в энергетике царской России в международных сопоставлениях, Москва РОССПЭН. 1999. С. 57.
② 〔苏〕列·伊·祖波克：《美国史纲：1877—1918 年》，庚声译，生活·读书·新知生活·读书·新知三联书店，1962，第 10 页。

起推动了美国经济的快速发展。

美国的石油工业主要集中于两个地区,一是从波特兰延伸到费城的大西洋沿岸;二是从匹兹堡延伸到辛辛那提的俄亥俄河沿岸。随着石油的大量开采,人们逐渐放弃了通过蒸馏含有大量易挥发物质和沥青的煤炭来获取油脂的做法,煤油需求量大增。随着石油开采量的不断增长,1857年底,美国有3家炼油厂将粗煤油蒸馏并提炼成照明剂和润滑剂。1859~1860年,美国又建立了60~75家炼油厂,主要从事粗煤油的加工和提炼。① 1859年,美国最大的煤油生产商是克洛森公司。该公司当年每天生产约5000加仑成品油,年产量超150万加仑。②

美国石油产品的价格比较低廉,从1860年起,美国开始出口煤油(欧洲首次进口33吨)。1861年纽约交易所提出的口号是:"现在我们的王牌不是棉花,而是石油。"③ 由于美国的石油开采技术先进,石油纯度高,在世界石油市场上美国石油的占比逐年提升。1872年,美国石油产量占世界总产量的81%。从1873年起,由于技术革新和石油钻井数量增加,俄国石油产量的增长速度超出美国,至1888年,俄国石油的绝对产量已接近美国,消除了之前34倍的差距,两国的石油产量接近平衡。④

综上所述,南北战争后,美国工业的发展速度尤其迅速,美国在世界制造业产值中所占的比重从1880年的14.7%增长至1913年的32%,高于同期英国(13.6%)、德国(14.8%)、法国(6.1%)、俄国(8.2%)所占比重,位居世界第一。⑤ 可见,第一次世界大战之前,美国已经成为世

---

① P. Lucier, "Scientists and Swindlers: Coal, Oil and Scientific Consulting in the American Industrial Revolution, 1830-1870", A Dissertation Presented to the Faculty of Princeton University in Candidacy for the Degree of Doctor of Philosophy, 1994, p. 272.

② P. Lucier, "Scientists and Swindlers: Coal, Oil and Scientific Consulting in the American Industrial Revolution, 1830-1870", A Dissertation Presented to the Faculty of Princeton University in Candidacy for the Degree of Doctor of Philosophy, 1994, p. 279.

③ ДьяконоваИ. А. Нефть и уголь в энергетике царской России в международных сопоставлениях, Москва РОССПЭН. 1999. С. 48.

④ ДьяконоваИ. А. Нефть и уголь в энергетике царской России в международных сопоставлениях, Москва РОССПЭН. 1999. С. 50-51.

⑤ Paul Kennedy, The Rise and Fall of the Great Powers: Economic Change and Military Conflict from 1500 to 2000 (London: Unwin Hyman, 1988), p. 202.

界上头号工业强国。

第三节 美国工业化的特征及影响

美国的工业化模式与英国的工业化模式相似,是一种内生型的工业化模式。在工业革命开始之前,美国自身已经初步具备了工业发展所需的资本、劳动力和市场等有利条件。南北战争之后,美国的工业资本主义取得了胜利,国内市场进一步扩大,为工业化奠定了坚实的政治和经济基础。美国在工业化进程中,在吸收英国先进经验的基础上,结合了自身的特点,不断推动轻工业和重工业的发展。

一 美国工业化的特征

美国的工业化具有一些自身的特征。美国的工业化与西进运动联系密切,西进运动推动了美国农业的发展,同时也为工业化提供了广阔的市场和原材料来源地。

(一) 美国工业化按"农—轻—重"的次序向前发展

18世纪末开始工业革命之时,美国还是一个落后的农业国,全国95%以上的人口居住在农村,经济远落后于欧洲。对于如何发展本国的工业,美国借鉴了英国的一些经验,又结合了本国的特点,走了一条"美国式道路"。这条道路采取了向西部开拓疆土的方式,建立了资本主义农场,先发展资本主义农业,在农业基础之上,进一步发展本国工业。1862年,美国总统林肯颁布《宅地法》,为农业的发展创造了条件。《宅地法》使60万名农民无偿地得到了8000万英亩的土地。1860~1900年,美国的农场总数从200万个增至573.7万个[①],农场土地从4.07亿英亩增至8.41亿英亩,扩大了1倍以上,具体数据见表4-12。

---

① 戴志先:《十九世纪的美国工业革命》,《湖南师院学报》(哲学社科科学版)1981年第1期,第59页。

表 4-12　美国农场土地的增长情况

单位：百万英亩

年份	农场土地	每十年增长量	每十年最终的宅地进入量
1860	407.2	—	—
1870	407.7	0.5	1.4
1880	536.1	128.4	17.9
1890	623.2	87.1	29.0
1900	841.2	218.0	31.9
1910	881.4	40.2	38.8
1920	958.7	77.3	74.3

资料来源：〔美〕乔纳森·休斯、〔美〕路易斯·P.凯恩《美国经济史》，邱晓燕、邢露等译，北京大学出版社，2011，第318页。

资本主义农业的发展不仅为工业提供了重要的原材料来源，还为工业提供了农牧产品和日常生活资料，是工业化开启的有力保障。

美国的产业革命是从以棉纺织业为代表的轻工业部门开始的，主要原因如下。首先，从工业资本的来源来看，除了本国资产阶级积累的资本外，外国资本的输入也发挥了重要作用。然而，当时外国资本多投入运输业和公用事业，投入工业的资金有限，难以支持重工业的发展。其次，从原材料的供应情况来看，当时美国社会能为工业提供的仅有棉花、羊毛、食品和木材等产品，这些只能作为轻工业材料，而发展重工业的原材料还有待开采。再次，从技术条件来看，当时美国从英国引进了棉纺织机器，为轻工业的发展提供了便利。[①]

工业革命开始后，美国棉纺织业和木材加工业等轻工业部门的发展速度加快。至1860年，美国工业中占领先地位的是棉纺织业、木材加工业、面粉业和制鞋业等轻工业部门。南北战争之后，美国重工业部门的发展速度加快，超过了轻工业部门的发展速度，钢铁和机械制造等工业部门的工业产值迅速增长。至1900年，美国的钢铁工业、机械制造业、制材工业等重工业居于主导地位。

---

① 叶刚：《美国轻重工业结构变化的几个特点》，载经济结构组办公室资料组、经济研究参考资料编辑部编《主要资本主义国家的经济结构》，中国社会科学出版社，1981，第4页。

(二) 美国的工业化与西进运动联系密切

独立后的美国走向了殖民扩张的道路。美国不断地向西部地区扩张，将国境线扩张到了太平洋沿岸。美国的西进运动始于 18 世纪末，终于 19 世纪末 20 世纪初。西进运动与美国的工业革命如影随形，在此过程中美国的工农业不断发展。在西进运动的过程中，美国夺取了多个国家和地区的土地。

1845 年，得克萨斯并入美国，成为美国的第 28 个州。1846 年 7 月，美国占领了整个上加利福尼亚。1847 年，美国军队攻占了墨西哥城，墨西哥政府被迫求和，并于 1848 年 2 月同美国签订《瓜达卢佩伊达尔戈条约》。美国从墨西哥夺取了 52.9 万平方英里的土地，相当于墨西哥 55% 的领土，而只付给墨西哥 1500 万美元作为补偿。[1] 此后，美国为了获得现今亚利桑那州南端的希拉河流域土地（原属于墨西哥），1851 年 12 月，时任美国总统的波尔克命令美国驻墨西哥的加兹登同墨西哥政府谈判，迫使墨西哥政府于 1851 年 12 月签署了《加兹登条约》。据此条约，美国以 1000 万美元购买了这片土地。[2] 1859 年，俄勒冈成为美国的第 33 个州。1867 年，美国以 720 万美元的价格从俄国手中购买了油气资源丰富的阿拉斯加。阿拉斯加的面积达 172 万平方千米，成为美国面积最大的一个州。通过向西部的扩张，美国的领土面积迅速扩大，为工业产品提供了广阔的市场，也获得了充足的原材料，推动了工业的发展。

美国在向西部扩张的过程中，夺取了原属印第安人的大片土地。从 1780 年起，美国白人逐渐从印第安人手中夺取了阿巴拉契亚山与密西西比河之间的大片土地。西进运动使大量移民和开拓者不断涌向密西西比河以西地区，侵占了印第安人的土地。至 1830 年，有近 10 万名开拓者越过了密西西比河。1840 年，又有好几万美国人跨过了密西西比河。[3] 在 1840 年大批开拓者和农民跨过密西西比河以西之前，至少有 30 万印第安人居住在加利福尼亚大平原的西南部和西北部的太平洋沿岸，他们靠采集、狩猎和

---

[1] 张友伦：《美国西进运动探要》，人民出版社，2005，第 131 页。
[2] 张友伦：《美国西进运动探要》，人民出版社，2005，第 135 页。
[3] 〔美〕詹姆斯·柯比·马丁、〔美〕兰迪·罗伯茨等：《美国史·上册》，范道丰等译，商务印书馆，2012，第 511 页。

捕鱼为生。① 19世纪40年代，大量白人越过密西西比河进入西部地区，导致印第安人数量急剧下降。在加利福尼亚，1849～1859年有7万印第安人死亡。对于白人的西进运动，印第安人进行了殊死抵抗。但是，美国政府派出了军队保护开拓者，1853～1857年美国强迫西部的印第安人割让了1.47亿英亩土地。②

南北战争后，美国继续驱赶印第安人到保留区，印第安人原有的土地和矿产资源被大量掠夺。据统计，在西进运动的过程中，1784～1894年，美国政府总共同印第安人签订了720项让地条约，从印第安人手中夺取了几亿英亩的土地。③ 由此，美国领土面积大增，为美国农业发展提供了便利，也为工业发展提供了广阔的国内市场和原材料来源地。

（三）工业化进程中呈现高度本地化、专业化和高效率的特征

1820～1860年，美国制造业发展迅速，并呈现高度本地化、专业化和高效率的特征。19世纪30年代，美国棉纺织业的本地化特征已十分显著。在此之前，弗吉尼亚州工厂所拥有的纱锭数与马萨诸塞州几乎相同。此后，新英格兰地区的棉纺织业快速发展，至1860年，新英格兰地区的棉纺织业已经高度本地化，中部大西洋沿岸地区和新英格兰地区拥有约3/4的总资本投资额，当时大约75%的服装来自新英格兰地区。④

美国内战之前，美国东北部的工业在全国居于领先地位。1850年，东北部各州的制造业工人占全美制造业从业人数的75%，1860年为71%。⑤ 美国东北部地区的纺织、制靴、制鞋、皮革、钢铁和机械制造业快速发展，都呈现本地化和专业化的特征。

19世纪下半叶，美国整个制造业的从业人数从130万人增至660万人，同期新英格兰地区、大西洋中部各州、大湖地区、平原地区、远西地

---

① 〔美〕詹姆斯·柯比·马丁、〔美〕兰迪·罗伯茨等：《美国史·上册》，范道丰等译，商务印书馆，2012，第508页。
② 〔美〕詹姆斯·柯比·马丁、〔美〕兰迪·罗伯茨等：《美国史·上册》，范道丰等译，商务印书馆，2012，第509页。
③ 张友伦：《美国西进运动探要》，人民出版社，2005，第167页。
④ 〔英〕H. J. 哈巴库克、〔英〕M. M. 波斯坦主编《剑桥欧洲经济史·第六卷·工业革命及其以后的经济发展：收入、人口及技术变迁》，王春法等译，经济科学出版社，2002，第641页。
⑤ 〔英〕H. J. 哈巴库克、〔英〕M. M. 波斯坦主编《剑桥欧洲经济史·第六卷·工业革命及其以后的经济发展：收入、人口及技术变迁》，王春法等译，经济科学出版社，2002，第640页。

区、西南部和东南部的制造业人数都快速增长。① 新英格兰地区和大西洋中部各州依然是美国重要的制造业中心。1869年,美国新英格兰地区和大西洋沿岸各州的制造业从业人数所占比重超过60%,1914年,其占比依然超50%。1859~1914年,大湖地区、平原地区制造业的从业人数占比增速较快,具体数据见表4-13。

表4-13 1859~1914年美国各地区制造业从业人员占比

单位:%

地区	1859年	1869年	1879年	1889年	1899年	1904年	1909年	1914年
新英格兰地区	29.88	26.76	24.31	20.57	18.91	17.87	17.30	16.83
大西洋中部各州	41.66	39.52	42.04	38.69	37.54	36.99	35.82	35.89
大湖地区	12.09	18.36	19.19	22.29	22.65	22.29	22.73	23.73
东南部	9.80	8.48	7.57	8.90	11.55	12.87	13.61	13.05
平原地区	2.30	4.79	4.46	6.01	5.41	5.37	5.32	5.11
西南部	0.34	0.37	0.44	0.67	0.79	0.98	1.26	1.30
山区	0.03	0.17	0.31	0.49	0.71	0.69	0.82	0.82
远西地区	3.90	1.54	1.70	2.37	2.43	2.93	3.14	3.26

资料来源:〔英〕H.J. 哈巴库、〔英〕M.M. 波斯坦主编《剑桥欧洲经济史·第六卷·工业革命及其以后的经济发展:收入、人口及技术变迁》,王春法等译,经济科学出版社,2002,第651页。

美国的工业化从18世纪90年代才开始,但是工业化进程快、效率高。19世纪上半叶,美国的棉纺织和毛纺织等工业部门发展迅速,工业总产值迅速提高。1840年,美国工业生产总值在全世界排第5位,1860年上升为第4位。南北战争之后,美国的工业化进入迅速发展时期,钢铁、机械制造和煤炭等重工业部门迅速崛起。1880~1900年,美国的采煤量增加了3倍;生铁产量增加了3.7倍,达1401万吨;钢产量增加了8倍,达1035万吨;铁路里程增加2.1倍,达31.1万千米。② 1894年,美国工业产值达94.98亿美元,英国的工业总产值为42.63亿美元,德国是33.57亿美元,

---

① 〔英〕H.J. 哈巴库克、〔英〕M.M. 波斯坦主编《剑桥欧洲经济史·第六卷·工业革命及其以后的经济发展:收入、人口及技术变迁》,王春法等译,经济科学出版社,2002,第650页。
② 戴志先:《十九世纪的美国工业革命》,《湖南师院学报》(哲学社科科学版)1981年第1期,第60页。

法国为 29 亿美元。① 这表明，至 1894 年，美国的工业产值是英国工业总产值的 2.2 倍、德国的 2.8 倍、法国的 3.3 倍，跃居世界首位。

（四）工业化进程中各地区工业发展不平衡

美国各地区工业发展速度和规模差异明显。美国东北部地区工业基础较好，这些地区最先开展工业革命，工业发展的速度最快。纽约、新泽西和宾夕法尼亚的大部分地区是工业最发达的地区。此后，随着西进运动，大量移民进入中西部地区，美国中西部地区逐渐被开发，农业发展之后，工业发展速度加快，逐渐成为工业发达地区。伊利诺伊州和艾奥瓦州一带都成为重要的工业中心。然而，美国南部地区的工业发展速度较慢。

美国南部地区工业发展速度缓慢的重要原因之一是南部广泛使用奴隶进行劳动，阻碍了南方的工业革命进程[2]，制约了南方工业的发展。

在南北战争前，美国北部、南部、中部和西部的工业发展速度和规模不平衡状况就已显现出来。1840 年，美国新英格兰地区有棉纺织工厂 674 家，从业工人为 4.7 万人，而同期的南方各州只有 248 家棉纺织工厂，从业工人只有 6642 人。1850 年，新英格兰地区的棉纺织业有 564 家工厂，从业工人为 6.2 万人，而同期南方各州仅有 166 家工厂，从业工人仅有 1 万人。从工业产值来看，1810～1850 年，北方地区的工业产值增加了近 9 倍，南方地区仅增加 3 倍。[3] 美国北部地区，尤其是东北部地区的工业发展速度较快，是制造业中心。与之相比，美国的西部和南部明显落后。西部地区是农业中心，工业发展速度较为缓慢，工业发展规模小，主要经营农产品加工，小手工业和家庭手工业占优势地位。南部地区受奴隶制经济的影响，机器大工业和雇佣劳动制很难推动，工业发展水平远远逊色于北部地区。南北战争之后，美国北部大量资本进入南部，南部的工业才真正发展起来，但总体发展速度和发展水平仍落后于北部、中部甚至西部地区。

---

① 黄绍湘：《美国通史简编》，人民出版社，1979，第 273 页。
② J. Bezís-Selfa, *Forging America: Ironworkers, Adventurers, and the Industrious Revolution* (Ithaca, New York: Cornell University Press, 2004), p. 167.
③ 柏丽荣：《试论美国工业革命的特点》，《齐齐哈尔师范学院学报》1991 年第 4 期，第 47 页。

二 美国工业化的影响

美国的工业化对美国的经济和社会都产生了重要的影响。在经济方面,工业化使得美国成为头号工业强国,经济结构发生转变;在社会方面,工业化推动了美国的城市化,提高了美国人民的生活水平。

(一) 超越英国成为头号工业强国

19 世纪中叶,在工业革命的推动下,英国成为世界工厂,确立了工业上的霸权地位。然而,19 世纪下半叶,美国和德国等国家给英国的工业霸主地位带来了严峻挑战。

1870 年,美国工业产值占世界工业总产值的 23%,仅次于英国(占比 32%)。到 1894 年,美国的工业产值达 94.9 亿美元,跃居世界第一位,是同期英国工业总产值的 2 倍多。[①] 1900 年,美国工业产值占世界工业总产值的 31%,而英国只占 18%,德国占 16%,法国占 7%。1910 年,美国工业产值占世界工业总产值的 35%,1913 年增至 38%,具体数据见表 4-14。美国成为世界头号工业强国。

表 4-14 1860~1913 年美、英、德、法四国工业产值占比

单位:%

国家	1860 年	1870 年	1880 年	1890 年	1900 年	1910 年	1913 年
美国	17	23	28	31	31	35	38
英国	36	32	28	22	18	14	14
德国	16	13	13	14	16	16	16
法国	12	10	9	8	7	7	6
四国合计	81	78	78	75	72	72	74

资料来源:中国科学院经济研究所世界经济研究室编《主要资本主义国家经济统计集:1848~1960》,世界知识出版社,1962,第 2 页。

19 世纪下半叶,随着美国制造业的发展,制造业产品出口量大幅增加。1899~1913 年,美国制造业产品的出口额从 2.72 亿美元增至 5.35 亿美元,增长 96.7%,低于同期德国制造业产品出口额的增长率,但高于英国,具体数据见表 4-15。

[①] 〔苏〕列·伊·祖波克:《美国史纲:1877—1918 年》,庚声译,生活·读书·新知三联书店,1962,第 6 页。

第四章 美国工业化的条件及影响

表4-15 1899~1913年部分国家的制造业产品出口额

单位：百万美元，%

年份	英国 制造业产品出口额	英国 增长率	英国 所有产品出口额	英国 增长率	美国 制造业产品出口额	美国 增长率	美国 所有产品出口额	美国 增长率	德国 制造业产品出口额	德国 增长率	德国 所有产品出口额	德国 增长率
1899	479	30.3	912	6.3	272	96.7	1366	35.4	437	111.7	691	86.0
1913	624		969		535		1850		925		1285	

注：以1913年的价格计算。

资料来源：D. H. Aldcroft, ed., *The Development of British Industry and Foreign Competition, 1875–1914* (Toronto: University of Toronto Press, 1968), p.18。

187

伴随着工业化的推进，美国的国民收入不断增加。1799~1859年，美国国民收入从6.7亿美元增至41亿美元，增长5倍多；1869~1900年，从62.9亿美元增至146亿美元，增长1倍多；1901~1904年，则从155亿美元增至181亿美元。①

南北战争结束之后，尽管美国经济在19世纪70~90年代都有周期性衰退，但是美国国民生产总值的增速十分可观。1865~1914年，美国的人口从3300万增长到1亿，同期，美国的国民生产总值增长了近6倍。随着工业的发展，美国的人均国民生产总值也不断增长。1874~1883年，美国的人均国民生产总值年均为263美元，1879~1888年增至384美元，1892年达457美元，1900年和1910年分别为502美元和610美元。②

（二）产业结构发生变化

美国在工业革命之前，农业在国民经济中占主导地位。工业革命开启后，美国的工业发展速度加快，但是在工业化初期，美国90%以上人口依然务农。③至1860年，美国农业的比重依然高达63.8%，工业仅占36.2%，当时美国还是一个农业国。然而，到1884年，在工农业净产值中，工业的比重已经超过了农业，占比达53.4%，1900年高达61.8%。④

在工业化的推动下，美国的产业结构发生了改变。19世纪上半叶，由于美国轻工业部门迅速发展，轻工业产值占优势地位。1860年，在美国的工业产值中，轻工业占70%，而重工业只占30%，轻重工业产值的比例是2.3∶1。19世纪下半叶，美国资本主义大工业迅速发展。在这一时期，美国重工业的发展速度超过轻工业，生产总值占比逐年提升，至1900年，轻重工业产值的比例变为1.26∶1，具体数据见表4-16。19

---

① 〔苏〕列·阿·门德尔逊：《经济危机和周期的理论与历史·第二卷》，吴纪先等译，生活·读书·新知三联书店，1976，第699页。
② 〔美〕H. N. 沙伊贝、〔美〕H. G. 瓦特、〔美〕H. U. 福克纳：《近百年美国经济史》，彭松建等译，中国社会科学出版社，1983，第32~33页。
③ 李成林：《美国农村结构的变化》，载经济结构组办公室资料组、经济研究参考资料编辑部编《主要资本主义国家的经济结构》，中国社会科学出版社，1981，第33页。
④ 叶刚：《美国轻重工业结构变化的几个特点》，载经济结构组办公室资料组、经济研究参考资料编辑部编《主要资本主义国家的经济结构》，中国社会科学出版社，1981，第1页。

世纪末20世纪初,美国基本上完成了第二次工业革命,实现了工业化,成为工业强国。

表4-16 美国工业总产值中轻重工业的比重和就业人数

年份	轻工业				重工业			
	产值（百万美元）	占比（%）	就业人数（万人）	占比（%）	产值（百万美元）	占比（%）	就业人数（万人）	占比（%）
1880	3540	65.4	158.9	55.5	1871	34.6	127.4	44.5
1890	5280	60.0	214.7	50.9	3529	40.0	207.0	49.1
1900	7110	55.8	264.9	48.1	5624	44.2	285.8	51.9

资料来源：叶刚《美国轻重工业结构变化的几个特点》,载经济结构组办公室资料组、经济研究参考资料编辑部编《主要资本主义国家的经济结构》,中国社会科学出版社,1981,第13页。

（三）城市化进程加快

美国独立时,美国72%的工人是在农场工作,只有约5%的美国人居住在人口超过2500的城镇或村庄之中。[①] 至18世纪末19世纪初,美国8000人以上的城市仍不多。1780年,美国总人口中城市人口占比仅有2.7%,农村人口占比高达97.3%。[②] 而且,在农村居民中,绝大多数人是农业经营者或雇工。1790年,美国第一次人口普查之时,8000人以上的城市只有6个,分别是费城、纽约、波士顿、查尔斯顿、巴尔的摩和塞勒姆,人口最多的费城仅有4.5万人,其次是纽约3.3万人,全美只有3.35%的居民居住在8000人以上的城镇之中。[③] 随着工业化的推进,美国城市化发展速度惊人,1800~1890年,全国人口增加了11倍,而在此期间,城市人口增加了86倍。到1890年,8000人以上的城镇数量增至448个,其中26个城市的人口超过10万。[④]

[①] M. Klein, *The Genesis of Industrial America, 1870-1920* (Cambridge: Cambridge University Press, 2007) p.6.
[②] 李成林：《美国农村结构的变化》,载经济结构组办公室资料组、经济研究参考资料编辑部编《主要资本主义国家的经济结构》,中国社会科学出版社,1981,第33页。
[③] 赵明杰：《浅析美国的工业革命与城市化进程》,《唐山师范学院学报》2005年第1期,第87页。
[④]〔美〕布卢姆等：《美国的历程·下册·第一分册》,戴瑞辉等译,商务印书馆,1988,第67页。

伴随着工业化的推进，大量移民涌入城市，美国城市规模不断扩大，芝加哥、纽约、克利夫兰、哥伦布、密尔沃基和亚特兰大等城市的人口迅速增长。1860年美国只有两个城市的人口高于50万，人口规模超过10万的大城市只有9个。[1] 至1900年，大城市增加至38个。[2] 1860~1900年，芝加哥的人口数量从50万增加至150万。[3] 1880~1900年，芝加哥的城市面积扩大了2倍多。1880~1900年，纽约人口由250万增加到350万，布法罗、底特律和密尔沃基的城市面积扩大了1倍多，圣保罗、明尼阿波利斯和丹佛的面积扩大了3倍以上。至1900年，美国已经拥有6个人口超过50万的城市，城市发展速度和城市化规模前所未有。[4]

在工业化的影响下，城市人口在全国人口中的占比不断提升。1860年，全国只有16%的居民居住在城市中，141个城市的居民数量超8000人，到1890年，已有36.1%的居民生活在城市之中。[5]

据统计，1860~1910年，美国人口总数增长近2倍，城镇人口的占比从19.8%增至45.7%，农村人口占比从80.2%降至54.3%，具体数据见表4-17。

表4-17 1860年和1910年美国总人口变化情况

单位：千人，%

年份	总人口数	占比	
		城镇人口	农村人口
1860	31444	19.8	80.2
1910	91972	45.7	54.3

资料来源：〔美〕乔纳森·休斯、〔美〕路易斯·P.凯恩《美国经济史》，邸晓燕、邢露等译，北京大学出版社，2011，第334页。

随着工业的发展，美国居民的就业结构也发生了变化，农业劳动力呈

---

[1] M. Klein, *The Genesis of Industrial America, 1870-1920* (Cambridge: Cambridge University Press, 2007), p.12.
[2] 〔美〕詹姆斯·柯比·马丁、〔美〕兰迪·罗伯茨等：《美国史·下册》，范道丰等译，商务印书馆，2012，第758页。
[3] 〔苏〕列·伊·祖波克：《美国史纲：1877—1918年》，庚声译，生活·读书·新知三联书店，1962，第342页。
[4] 〔美〕布卢姆等：《美国的历程·下册·第一分册》，戴瑞辉等译，商务印书馆，1988，第67页。
[5] 黄绍湘：《美国通史简编》，人民出版社，1979，第278页。

下降趋势，国民收入中农业所占的比例也不断下滑，制造业和采矿业的从业人数及其在国民收入中的占比均呈上升趋势，具体数据见表4-18。

表4-18 美国各部门劳动力和国民收入占比

单位：%

		1839~1859年	1869~1879年	1889~1899年
劳动力	农业	56.9	51.9	41.5
	制造业和采矿业	14.1	20.7	21.8
	其他	29.0	27.4	36.7
	合计	100.0	100.0	100.0
国民收入	农业	25.8	21.6	15.2
	制造业和采矿业	14.0	17.5	24.7
	其他	60.2	60.9	60.1
	合计	100.0	100.0	100.0

资料来源：〔美〕H.N.沙伊贝、〔美〕H.G.瓦特、〔美〕H.U.福克纳《近百年美国经济史》，彭松建等译，中国社会科学出版社，1983，第34页。

随着工业的发展和城市规模的扩大，美国农业劳动力所占比重下降，而非农业劳动力占比上升。1870~1890年，美国总从业人员中农业劳动力占比从52.5%下降到42.7%，非农业劳动力占比从47.5%上升到57.3%。[1] 1910年，美国从事农业的居民数量约为1266万人，从事制造业的居民数量约为1066万人，此外还有大量居民从事运输、贸易和服务业等行业，具体情况见表4-19。1910年之后，农业机械化的水平提高后，农业劳动力人口的占比进一步下降。至1920年，农业人口的占比下降为25.9%，非农业人口占比上升至74.1%。[2]

表4-19 1910年美国部分职业的就业人数

单位：人

职业类别	就业人数
农业	12659203

---

[1] 〔美〕乔纳森·休斯、〔美〕路易斯·P.凯恩：《美国经济史》，邸晓燕、邢露等译，北京大学出版社，2011，第438页。
[2] 〔美〕乔纳森·休斯、〔美〕路易斯·P.凯恩：《美国经济史》，邸晓燕、邢露等译，北京大学出版社，2011，第438页。

续表

职业类别	就业人数
矿业	964824
制造业	10658881
运输业	2637671
贸易	3614670
公共服务	459291
专业服务	1663569
个人服务	3772174

资料来源：A. M. M. Keir, *Manufacturing Industries in America：Fundamental Economic Factors* (New York：The Ronald Press Company, 1920), p.315。

（四）交通运输业蓬勃发展

殖民时期，北美的陆路交通十分不便，商品运输费用高昂。美国独立后，在工业革命的推动下，大规模修建公路和铁路，陆路交通条件迅速改善。18世纪90年代工业革命开启之后，美国由私人投资修建了大量收费公路。1815年，奥尔巴尼和纽约之间的直达公路通行。此外，宾夕法尼亚地区也修建了一系列的公路，将俄亥俄水系连为一体。1815~1818年，坎伯兰公路（或称国家公路）修建完成，将西部河流上的轮船网联结起来。[①] 据统计，1790~1830年，美国北部各州大约修建了1.1万英里的收费公路。到1820年，大部分公路已经建设完成。[②] 新英格兰和大西洋中部各州修建了大量的收费公路，具体数据见表4-20。由于公路的大规模修建，1790~1825年这一阶段被称为美国的"公路时代"。

表4-20　1810~1830年新英格兰和大西洋中部各州收费公路的建设规模

单位：千美元，英里

名称	1810年		1820年		1830年	
	成本	里程	成本	里程	成本	里程
缅因州	35	35	35	35	35	35

[①] 〔美〕杰拉尔德·冈德森：《美国经济史新编》，杨宇光等译，商务印书馆，1994，第194~195页。

[②] 〔美〕斯坦利·L.恩格尔曼、〔美〕罗伯特·E.高尔曼主编《剑桥美国经济史·第二卷·漫长的19世纪》，王珏、李淑清主译，中国人民大学出版社，2018，第389~390页。

续表

名称	1810年 成本	1810年 里程	1820年 成本	1820年 里程	1830年 成本	1830年 里程
新罕布什尔州	455	455	527	527	527	527
佛蒙特州	341	341	410	410	455	455
马萨诸塞州	767	1851	843	1966	964	2086
罗得岛州	78	78	133	133	172	172
康涅狄格州	1148	1148	1302	1302	1459	1459
纽约州	1100	2000	4000	8000	4500	9000
新泽西州	200	600	500	1000	550	1100
宾夕法尼亚州	500	1500	1800	6400	2500	8800
马里兰州	60	300	250	1200	300	1500

资料来源：〔美〕斯坦利·L.恩格尔曼、〔美〕罗伯特·E.高尔曼主编《剑桥美国经济史·第二卷·漫长的19世纪》，王珏、李淑清主译，中国人民大学出版社，2018，第390页。

随着公路建设的推进，美国的陆路交通状况得到了改善。至1815年，在工业发达的东海岸，已有由当地小道和公路交织组成的广阔交通网络。新英格兰南部、新泽西、纽约东部和宾夕法尼亚绝大部分地区的交通状况良好，距离公路很近。

19世纪30年代，大型公路的建设逐渐放缓，但地区性的公路系统仍在不断改善。19世纪四五十年代，由于当地木材价格便宜，大湖地区和靠近大西洋中部的一些地区用木材铺设了一些木板路。南北战争之后，美国的公路系统进一步改善。至1910年，美国的公路总长度达20.4万英里。[1]

19世纪上半叶，随着工业革命的推进，美国的交通运输条件迅速改善，铁路建设成就显著。1828年，美国开始建设第一条铁路。1830~1835年，美国的铁路里程数从23英里增至1098英里。1840~1860年，美国的铁路里程数从2818英里增至30626英里，具体数据见表4-21。至1860年，美国铁路网已经延伸到了中西部和南部地区，成为当时世界上铁路网最发达的国家。

南北战争之后，美国在西南和西北地区大规模地修建铁路，1868~

---

[1] 〔美〕乔纳森·休斯、〔美〕路易斯·P.凯恩：《美国经济史》，邱晓燕、邢露等译，北京大学出版社，2011，第297页。

1873年、1879~1883年、1886~1892年美国掀起了三次修建铁路的热潮。由于大规模的铁路修建，美国的铁路总里程[①]增长迅速。在这三次铁路修建热潮中，美国西北地区、西南地区以及太平洋地区的铁路里程数快速增长。1860~1895年，铁路里程数增加了5倍以上，1895~1915年，铁路里程数的增长速度放缓。

表4-21　1830~1890年美国的铁路里程数

单位：英里

年份	里程数	年份	里程数
1830	23	1875	74096
1835	1098	1880	93262
1840	2818	1885	128320
1845	4633	1890	166703
1850	9021	1895	190094
1855	18374	1900	206631
1860	30626	1905	236855
1865	35085	1910	266185
1870	52922	1915	291231

注：不包括火车调度场和侧线铁路的里程数。
资料来源：〔美〕杰拉尔德·冈德森《美国经济史新编》，杨宇光等译，商务印书馆，1994，第435页。

水路交通历来都是重要的交通运输方式。殖民时期，哈得孙河、德拉瓦河、萨斯奎汉纳河等都是重要的水道，河口沿岸出现了大批商业都市。1815年，美国运河总长度不超过100英里，比较长的运河只有3条，而此时，英国的运河长度达几千英里。[②] 1817~1825年，连接哈得孙河和伊利湖的伊利运河修建成功，全长364英里。伊利运河成功通航后，带来了巨大的收益，在美国纽约州和宾夕法尼亚州等地激起了开凿运河的热潮。至1840年，美国政府共耗资1.25亿美元修建了总长为3300多英里的运河。[③]

[①] 铁路的总里程包括干线、车场和支线。
[②] 〔美〕杰拉尔德·冈德森：《美国经济史新编》，杨宇光等译，商务印书馆，1994，第200页。
[③] 〔美〕杰拉尔德·冈德森：《美国经济史新编》，杨宇光等译，商务印书馆，1994，第201页。

19世纪上半叶，造船业的技术革新推动了轮船运输业的发展。富尔顿发明轮船后，河流上的轮船数量大增，1820年，轮船已在东海岸、五大湖和西部河流定期航行。在西部地区，轮船经过改造后，运载货物量增加了，在港口之间往返的速度更快了，运输生产效率大幅提高。1815~1860年，同样法定吨位的轮船的有效装载量提高了3倍，平均航行时间减少了1/2~2/3，运输生产效率年均提高4.5%~5.5%。① 1815~1840年，运河的修建和蒸汽船的使用也促进了运输价格的下降，促进了资本主义农业和工业的发展。

（五）促进了农业的繁荣

19世纪上半叶美国的工业迅速发展，但1860年之前，美国农业总产值依然高于制造业总产值，国民经济中制造业总产值的比重一直低于20%。② 1870年，农业仍是美国经济的主导。在全美劳动力中，46%的人从事农业（包括农场主和农场工人），33%的人是蓝领工人（其中工匠、技工和普通工人大约各占1/3），只有13%的人从事服务业，剩余8%的人为管理人员、专业人员和小业主。③ 因此，第二次工业革命之前，美国的工业化程度还不高。

尽管如此，工业革命仍推动了商业性农业的发展，农场集中生产取代了分散的个体经营。随着工业革命的推进，资本主义农场数量不断增加，农场土地的总量增加显著。1850~1860年，美国的资本主义农场从144.9万个增至204.4万个，农场总面积从2.94亿英亩增至4.07亿英亩。南北战争之后，美国实现了统一，资本主义农场更加普及，1870~1910年，美国的农场数量和拥有的土地总面积增长显著，具体数据见表4-22。

表4-22　1850~1910年美国资本主义农场数及土地面积

年份	农场数（万个）	农场的土地总面积（百万英亩）
1850	144.9	294

---

① 〔美〕杰拉尔德·冈德森：《美国经济史新编》，杨宇光等译，商务印书馆，1994，第192页。
② 〔美〕杰拉尔德·冈德森：《美国经济史新编》，杨宇光等译，商务印书馆，1994，第248页。
③ 〔美〕罗伯特·戈登：《美国经济增长的起落》，张林山等译，中信出版集团，2018，第50~51页。

续表

年份	农场数（万个）	农场的土地总面积（百万英亩）
1860	204.4	407
1870	266.0	408
1880	400.9	536
1890	456.5	623
1900	573.7	841
1910	636.2	881

资料来源：〔日〕猪谷善一《美国社会经济史》，张定夫译，河南人民出版社，2018，第230～231页；〔美〕乔纳森·休斯、〔美〕路易斯·P. 凯恩《美国经济史》，邸晓燕、邢露等译，北京大学出版社，2011，第318页。

随着工业的发展、中西部地区被大量开发，农业迅速发展，农作物种植日渐专门化，从俄亥俄州到艾奥瓦州的中部地区成为玉米生产中心。此外，美国南部和太平洋沿岸各州也普遍种植玉米。1860年，大多数小麦种植区分布在密西西比河东部。南北战争之后，小麦生产地带逐渐扩展到美国西部。19世纪末，美国中部地区和太平洋沿岸的各州都是重要的小麦产区。明尼苏达州和加利福尼亚州有专门的小麦生产基地，而且实现了机械化生产。[1]

19世纪，美国农业迅速发展的主要原因如下。

一是农业技术的发展。1830～1860年，美国农业中已广泛使用收割机、机械耙、捆扎附属装置、钢犁、谷物播种机等，农具明显改进，生产力大幅提高。农业机械的使用扩大了耕地面积和农场的规模，推动了农业发展。19世纪下半叶，南北战争进一步推动了农业机械的使用，成为美国农业机械使用的一个转折点。由于南北战争爆发，100万农民被迫参军，造成农业劳动力短缺，为保持农产品产量，只能推广机器。1860～1910年，牵引役马的机器被发明出来，役马普遍代替了人力。1910年以后，农业机械又取得了明显进步，动力机械代替了役马，减少了对农业劳动力的需求，提高了生产效率。

二是交通运输条件的改善。1815年，汽轮开始在美国的东北部和西南

---

[1] 〔美〕H. N. 沙伊贝、〔美〕H. G. 瓦特、〔美〕H. U. 福克纳：《近百年美国经济史》，彭松建等译，中国社会科学出版社，1983，第69～70页。

部河道中使用，促进了西部开发和新奥尔良等城市的发展。1825年伊利运河建成后，大大缩短了农产品的运输时间，降低了农产品的运输价格。运河建成之前，一吨农产品从布法罗运到纽约要花100美元，耗时20天，而运河建成后，只要花15美元和8天时间。此后，美国东北部地区和其他各州也修建了运河，大大刺激了西部农业的发展。[①] 1840年，美国已有运河5353千米（相当于3326英里），1860年有铁路4.91万千米（相当于30626英里），加上大量的公路，已经建成了一个较发达的交通网络，为农业发展提供了良好的基础设施。[②] 1860年西部铁路建成后，大草原得到了开发，伊利诺伊成为最大的玉蜀黍生产地。

三是国内市场的扩大。19世纪下半叶，由于工业化的推进和城市规模的扩大，城市工人对粮食、奶酪、肉类、蔬菜、水果等农产品的需求量增加，工厂对原材料的需求量也大增，进一步刺激了农业发展。美国南北战争后，国内市场扩大，南方的棉纺织业迅速发展，国内棉花产量增长迅速。1860～1909年，棉花产量从384万包增长至1160万包。[③]

四是农产品种子和牲畜品种的改良。19世纪初，马、驴、羊等动物相继传入美国，并且品种也有所改良。在农业耕作中，为提高土壤的肥力，美国农民于1809年开始使用石膏、石灰以及其他肥料。[④] 此后，随着农业的发展，农业中越来越广泛地使用肥料和机械。1910年美国农业中拖拉机数量约为1000台，消耗肥料约554.7万短吨。[⑤]

综上所述，美国的工业化不仅促进了美国农业的现代化，而且推动了美国交通条件的改善，带动了美国城市的发展和国民经济结构的转变。同时，工业化也推动了美国社会阶层结构的变化，影响了人民生活的各个方面。

---

① 〔美〕R. D. 罗得菲尔德等编《美国的农业与农村》，安子平、陈淑华等译，农业出版社，1983，第11页。
② 徐更生编著《美国农业》，农业出版社，1987，第17页。
③ 〔美〕R. D. 罗得菲尔德等编《美国的农业与农村》，安子平、陈淑华等译，农业出版社，1983，第12页。
④ 徐更生编著《美国农业》，农业出版社，1987，第18页。
⑤ 〔美〕R. D. 罗得菲尔德等编《美国的农业与农村》，安子平、陈淑华等译，农业出版社，1983，第20页。

第五章 欧美主要国家工业化比较

近代以来，在工业革命的带动下，技术和产业革命随之展开。欧美诸国的工业化成就突出，各国工业化具有趋同性，因国情不同，又具有差异性。就本书所涉及的国家而言，英美两国的工业化较为相似，德国和法国的工业化各具特色。本章力求在前文梳理各国工业革命发展脉络的基础上，对欧美主要国家的工业化进行对比。

第一节 欧美国家工业化的趋同性

为更好地探究欧美主要国家工业化的趋同性，下文从微观和宏观两个层面来进行探究。微观上主要从资源禀赋、原始积累方式、劳动力市场的形成等方面进行分析，宏观上主要从交通运输革命的成就和农业的影响等方面进行分析。

一 推动工业化的微观因素不容忽视

推动工业化不断深入的微观因素众多，因篇幅和资料有限，下文仅从工业化所需的资源、资金、技术和劳动力四个方面进行探究，在各国工业化进程中上述因素的作用较大。

（一）丰富的资源是推动各国工业发展的重要因素

资源禀赋是衡量一国工业发展潜力的重要指标，工业化早期大多数国家的工业发展都依靠丰富的自然资源。

第一，丰富的自然资源是英国能源和冶金工业发展的推动力。

英国拥有丰富的铁矿、煤炭、有色金属等自然资源，为早期工业化的开启打下了良好的基础。就煤炭资源而言，英国不仅储量大，而且质量优良。英国94%的煤炭是烟煤，6%是无烟煤。1901年，英国皇家委员会估计，可开采煤炭储量为1009.14亿吨，预计还有400亿吨未探明储量。[1]英国含有煤炭的土地约有3万平方千米，主要分布在英国西南部、中部和北部。其中，威尔士南部的煤炭储存量占英国煤炭总储存量的20%以上，是英国最大的煤炭生产基地。苏格兰的煤炭约占总储存量的20%；约克郡、德尔比郡、诺丁汉郡的煤炭储量约占总储存量的30%；达勒姆、诺森伯兰的煤炭储量约占总储存量的7%。[2] 由于煤炭资源丰富，煤炭开采技术先进，19世纪英国的采煤量长期处于世界榜首。至1898年，英国的采煤量一直高于美国、德国、法国的煤炭开采量。

第二，丰富的自然资源是美国工业发展的动力。

美国的森林、煤炭、石油、铁矿等资源蕴藏量丰富，为工业化的开启提供了良好条件。就煤炭而言，美国的煤炭资源分布广泛，80%的煤炭资源集中在7个煤田之中，即安特拉齐特煤田、阿巴拉契亚煤田、中西部煤田、西部煤田、西南煤田、落基山煤田和太平洋沿岸煤田。安特拉齐特煤田的煤层主要分布于宾夕法尼亚州东北至纽约州之间。东部的阿巴拉契亚煤田是最有商业价值的煤田之一，煤炭工业发展最快。中西部煤田的3/4区域位于伊利诺伊州，对美国煤炭工业的发展具有重要意义。西部煤田（主要是指东堪萨斯和南堪萨斯地区）的煤层因沥青含量高而闻名。西南煤田与西俄克拉荷马油田相邻，煤层较薄，开采成本很高。落基山煤田位于加拿大和美国、墨西哥和美国边界交汇处。太平洋沿岸煤田主要是指太平洋沿岸的加利福尼亚州和亚利桑那州的煤层，但该地区的煤炭质量明显低于其他煤田。由于煤炭储量丰富，开采技术先进，19世纪下半叶至20世纪初，美国的煤炭产量大增。至1899年，美国的采煤量已超过英国。此外，美国的铁矿资源储量也十分丰富，达695亿吨，除了满足本国冶金工业发展的需求外，还大量出口国外。

第三，丰富的煤炭和钾盐资源为德国重工业发展提供了动力。

虽然从总体上看，德国的自然资源较少，但也蕴含着丰富的煤炭、铁矿、钾盐、镍、铜、天然气和木材等资源。德国的石煤储存量约有2400亿

---

[1] J. A. Hasson, "Developments in the British Coal Industry", *Land Economics*, Vol. 38, No. 4, 1962, pp. 351–361.

[2] 〔苏〕克·伊·罗卡雪夫：《资本主义国家的矿物原料资源》，孙世英译，财政经济出版社，1956，第47页。

吨，位于西欧第一。① 在德国境内，鲁尔、萨尔盆地和上西里西亚的煤炭蕴藏量非常丰富。鲁尔区的煤矿从荷兰境内向东延伸100余千米，最宽地带达50千米，面积约4500平方千米，储存深度达2000米，预计储存量达2140亿吨，是德国最大的采煤区。萨尔区是德国的第二大产煤区，煤炭储存深度达2000米，预计储量160亿吨。② 此外，东部哈茨山脉与厄尔士山之间的广阔地区也蕴含丰富的褐煤，是德国的第三大产煤区。德国易北河和威悉河之间还分布着大量的钾盐矿，储存量居世界第二位，是德国重要的化工原料。

第四，丰富的矿产资源是法国工业发展的推动力。

法国拥有丰富的铁矿、铝土、钾盐等资源，是西欧国家中矿产资源较丰富的国家。法国的铁矿储量约有123亿吨③，主要分布在洛林和阿摩里卡丘陵地区，为冶金工业的发展奠定了基础。法国的铁矿储量丰富，易开采，除了满足本国的需求外，还大量出口国外。法国铝土矿储存量约有2亿吨，位于世界前列。法国的钾盐资源储存量居世界第四位。法国的森林覆盖率高，水力资源丰富，为早期工业化提供了良好条件。

（二）早期资本积累为各国工业化提供了条件

在原始积累过程中，英国、法国、德国和美国等国家通过多种方式积累了资本。英国早期资本积累的方式主要包括殖民掠夺、奴隶贸易、征税和发行国债等。对殖民地的掠夺是英国资本原始积累的重要来源。17世纪，东印度公司成立后，英国加大了对殖民地的征服和掠夺进程。在亚洲，英国殖民者加快了对印度的征服进程。至1849年，英国征服了整个印度。1858年11月，东印度公司被英国政府取缔。1757年至1858年11月，东印度公司至少从印度人民身上榨取了1200亿英镑的财富。④ 通过对殖民地的掠夺，英国资产阶级积累了大量财富，实现了资本的原始积累。英国

---

① 杨异同等编著《世界主要资本主义国家工业化的条件、方法和特点》，上海人民出版社，1959，第83页。
② 〔苏〕克·伊·罗卡雪夫：《资本主义国家的矿物原料资源》，孙世英译，财政经济出版社，1956，第45页。
③ 〔苏〕克·伊·罗卡雪夫：《资本主义国家的矿物原料资源》，孙世英译，财政经济出版社，1956，第98页。
④ 王民同：《英国经过工业革命发展成为近代工业强国》，《昆明师院学报》1979年第1期，第53页。

资产阶级还通过购买国债积累了一些资本。17世纪末，英国因对外战争频繁，财政困难，为此，政府通过发行国债的方式募集资金，许多银行和公司依靠国债投机积累了大量资本。

奴隶贸易在英国资本原始积累过程中发挥的作用不容忽视。据统计，从17世纪中叶至18世纪中叶，由英国人经手贩卖的黑人奴隶超300万人。18世纪下半叶，英国的奴隶贸易达到顶峰。1791年，欧洲国家在非洲海岸的贸易站有40个，其中14个属于英国。1791年，英国从非洲贩走3.8万名奴隶，而其他的贩运国中，法国贩卖了2万名，荷兰贩卖了4000名，丹麦贩卖了2000名，葡萄牙贩卖了1万名。[1] 奴隶贸易为英国的奴隶贩子带来了巨额利润，是资本原始积累的重要来源。

德国和法国两国资本的原始积累方式主要包括收取土地赎金、征税、发行国债和获取战争赔款等。在普鲁士19世纪初的土地改革过程中，农民为了免除封建义务，需要向容克地主缴纳大量的赎金。1789年，法国大革命爆发后，大资产阶级保护封建贵族的利益。1789年8月5~11日颁布的法律规定农民需向地主赎回一切封建义务和土地，土地的赎金为每年缴纳地租总额的30倍。[2] 地主从农民身上掠夺了大量赎金，为其投资工业积累了资金。

18世纪，法国殖民者还通过海外扩张、掠夺殖民地积累了一些资本，而普鲁士则通过获取战争赔款和征税等方式积累了一些资本。在工业革命之前，普鲁士政府为了维持庞大的开支，不断增加税收。百余年间普鲁士的捐税增加了28倍，其中1786年的税收为3300万马克。[3]

美国资本原始积累的方式主要有以下三个。一是土地投资。在美国西部扩张的过程中，美国商人、工场主不断向西部移民，霸占了大量印第安人的土地，进行土地投机，积累了大量资本。二是海外贸易。许多商人在海外贸易中赚取了丰厚的利润，并将其投入工业，商业资本转为工业资本。三是奴隶贸易。19世纪上半叶，美国的棉花种植业迅速发展，需要大量的劳动力，为此，美国殖民者开始大力从事奴隶贸易，从中获取高额的利润。在美国独立不到100年的时间内，美国的黑奴人数从46万人增加到

---

[1] 杨瑛：《英国奴隶贸易的兴衰》，《河北大学学报》1985年第1期，第127页。
[2] 杨思正：《资本的原始积累》，新知识出版社，1957，第13页。
[3] 杨思正：《资本的原始积累》，新知识出版社，1957，第56页。

400万人，共有15个蓄奴州。① 因此，从事海外贸易和奴隶贸易是美国资本原始积累的重要来源。

从以上可以看出，在工业革命开启之前，英国、法国、德国、美国等国家的资本家通过多种方式积累了大量资本，为投资工业提供了重要资金来源。

（三）技术水平不断提高促进了工业化

首先，英国工业生产技术水平日渐提高。

18世纪下半叶，英国纺织、冶金和化学等工业进行了一系列技术革新。在纺织工业方面，英国的纺纱和织布技术迅速提高。1733~1779年，飞梭、珍妮纺纱机、水力纺纱机、动力织布机、骡机、机械织布机等机器相继发明，英国棉纺织业步入机械化生产时期，棉纺织厂数量大幅增加，产品价格不断降低。由于纺织技术进步，1779~1812年，英国棉纺织业的劳动力成本下降了85%。② 同时，棉纺织品产量迅速增加。还值得一提的是，查尔斯·坦南特发明了氯漂白技术，为纺织行业做出了重要贡献。18世纪80年代后，人们开始使用氯对纺织物进行漂白。

第一次工业革命的标志为瓦特蒸汽机的应用。1769年瓦特发明了单动式蒸汽机，1782年发明了复动式蒸汽机，该机器突破了人力、畜力和水力等动力的局限性，蒸汽动力开始大规模推广。蒸汽机的广泛推广使工业组织形式发生变化，由手工工场开始向现代意义上的大工厂过渡。在纺织工业技术革新的过程中，生产效率和产品质量不断提高，生产成本降低，产品价格开始下跌，英国纺织产品的竞争力大幅度增强。

英国的冶铁技术也取得了明显进步。一般来讲，铁矿石需要经过两个重要的过程才能炼成工业所需的锻铁。一是原矿经过高炉冶炼，产出生铁；二是高碳生铁通过脱碳精炼成锻铁。③ 18世纪，英国冶铁技术的进步表现有二：一是使用焦炭而不是木炭炼铁；二是将生铁炼成锻铁。1709年，亚伯拉罕·达比成功地使用焦炭将铁矿石熔化成生铁坯。1762年后，

---

① 邓加荣、赵瑞：《资本原始积累史》，吉林人民出版社，1981，第96页。
② R. Floud, D. N. McClosky, eds., *The Economic History of Britain since 1700*, Vol. I: 1700-1860 (Cambridge: Cambridge University Press, 1994), p. 20.
③ R. Floud, D. N. McClosky, eds., *The Economic History of Britain since 1700*, Vol. I: 1700-1860 (Cambridge: Cambridge University Press, 1994), p. 25.

在英国钢铁工业中焦炭冶炼已被广泛使用。

18世纪末,英格兰的德比郡、什罗普郡、约克郡以及南威尔士和苏格兰的各郡中都已使用焦炭鼓风炉炼铁,炼铁的产量明显提高。19世纪初,英国各郡中使用焦炭鼓风炉的工厂数量明显增加。1806年,英国各郡中使用焦炭鼓风炉的工厂数为122家,拥有焦炭鼓风炉222个,生铁产量为250406吨,具体数据见表5-1。

18世纪末19世纪初,英国使用焦炭炼铁的产量大幅提高。然而,因生铁含碳量高,质地坚硬,容易断,普及范围有限,工业中主要需要锻铁。提炼生铁是一门很复杂的技术。经过大量试验,1784年,亨利·科尔特将生铁在反射炉中加热,然后通过搅拌将杂质除去,最后在轧机中经由气缸挤压和压制,生产出了锻铁。1788~1815年,英国的铁产量增加了大约500%,锻铁的价格从22英镑/吨下降到4英镑/吨。①

就炼钢业而言,1740年,本杰明·亨茨曼发明了坩埚法,炼钢技术明显提升,英国开始生产刃钢。18世纪末以前,英国一直从外国进口钢,拿破仑战争结束后,谢菲尔德已向欧洲大陆出口钢。②

其次,法德两国的技术进步显著。

1796年,法国人发明了提取液态氯的方法,为氯漂白技术的发明打下了基础。在纺织部门和其他部门中,碱是一种非常重要的物质,可以用来清除污垢和漂洗织物。早期纺织业所使用的碱主要有两种:一种是碳酸钾盐,另一种是碳酸钠(俗称苏打)。18世纪80年代,法国人尼古拉斯·勒布朗利用硫酸将盐转化为芒硝,再将芒硝与煤炭和碳酸钙混合燃烧成碳酸钠和废渣。1808年,勒布朗发明的苏打在法国开始了大批量生产,1808~1818年,苏打的年产量达1万~1.5万吨。③

19世纪50年代中期之后,焦炭炼铁逐渐在法国冶金业推广,开始占据主导地位,而木炭炼铁的产量保持在较低的水平。德国使用焦炭炼铁的时间比法国晚,但是技术更新速度快,至1863年,鲁尔地区仅有1.3%的

---

① R. Floud and D. N. McClosky, eds., *The Economic History of Britain since 1700*, Vol. I: *1700-1860* (Cambridge: Cambridge University Press, 1994), p. 26.
② 〔英〕格·西·艾伦:《英国工业及其组织》,韦星译,世界知识出版社,1958,第105页。
③ D. S. Landes, *The Unbound Prometheus: Technological Change and Industrial Development in Western Europe from 1750 to the Present* (Cambridge: Cambridge University Press, 2003), pp. 111-112.

表5-1 1788年和1806年英国的生铁产量

	1788年					1806年		
	木炭鼓风炉		焦炭鼓风炉			焦炭鼓风炉		
	数量(个)	产量(吨)	数量(个)	产量(吨)	工厂数(家)	鼓风炉数(个)	产量(吨)	
柴郡	—	—	1	600	—	—	—	
坎伯兰郡	1	300	1	700	4	4	1491	
德比郡	1	300	7	4200	11	18	10329	
格洛斯特郡	4	2600	—	—	2	3	1629	
兰开夏郡	3	2100	—	—	3	4	2500	
莱斯特郡	—	—	—	—	1	1	—	
什罗普郡	3	1800	21	23100	19	42	54966	
斯塔福德郡	—	—	6	4500	25	42	49460	
萨塞克斯郡	2	300	—	—	—	—	—	
威斯特摩兰郡	1	400	—	—	—	—	—	
约克郡	1	600	6	4500	14	27	26671	
英格兰总计	16	8400	42	37600	79	141	147046	
南威尔士(包括蒙茅斯郡)	7	4300	8	8200	28	50	78045	

续表

	1788年					1806年		
	木炭鼓风炉		焦炭鼓风炉			焦炭鼓风炉		
	数量（个）	产量（吨）	数量（个）	产量（吨）	工厂数（家）	鼓风炉数（个）	产量（吨）
北威尔士	1	400	—	—	3	4	2075
苏格兰	2	1400	6	5600	12	27	23240
英国总计	26	14500	56	51400	122	222	250406
1806年各郡仍在使用的木炭鼓风炉总数					11	11	7800
1806年生产总计					133	233	258206

资料来源：张芝联主编《一六八九——八一五年的英国·下册》，辜燮高等译，商务印书馆，1997，第44~45页。

205

生铁是使用木炭冶炼的。

最后，美国的技术水平迅速提高。

第二次工业革命期间，美国的钢铁、石油和电力等部门技术革新进展迅速。就炼钢业而言，由于使用酸性转炉法，安德鲁·卡内基的钢铁企业使制造钢轨的成本从19世纪70年代早期的100美元/吨下降到19世纪90年代晚期的12美元/吨。就炼油业而言，19世纪80年代早期，石油公司的炼油厂纷纷改进技术，每加仑煤油的平均成本从1882年的1.5美分降到1884年的0.54美分，1885年降至0.45美分。[1]

在电力方面，美国对电学的研究进展速度快，取得了许多发明研究成果。电灯的发明促进了输电、配电、直流变交流、高压变低压等一系列技术的发明与改进。1882年，爱迪生在纽约市建立了第一座火力发电站。随后，美国各地建立了150多个小电站。为了解决直流电不能远程输送的问题，1886年，乔治·威斯汀豪斯成立了西屋电机公司，开始制造变压器、交流发电机和其他交流电器。此后，马萨诸塞州设立第一家实验工厂开始发电。至1892年，美国建立了500个以上的交流电发电站。[2] 1888年，美国发明家尼科洛·特斯拉发明了交流电感应发电机。后来，发明家又发明了电动机，用于各工业部门发动机器。电力的广泛使用大大提高了工作效率，推动了多个工业部门的发展。随着电力的发明和广泛应用，1910年美国已有无线电技术，同年，美国已有电话700万台。[3] 20世纪初，美国还出现了最早的电影院。

在技术革命的推动下，美国制造业的动力不断增加。1870年，美国制造业所依靠的主要动力容量达240万马力，其中水力和蒸汽动力各占50%。1890年，主要动力的总容量增加到接近600万马力，其中水力130万马力，蒸汽动力450万马力。19世纪90年代，美国进行了动力技术革新，在制造业中引进了电力，改变了能源结构和分配结构，提高了动力的总容量和生产效率。至1910年，动力总容量上升到1850万马力，相当于

---

[1] 〔美〕内森·罗森堡、〔美〕L·E·小伯泽尔：《西方的致富之路——工业化国家的经济演变》，刘赛力等译，生活·读书·新知三联书店，1989，第246页。
[2] 龚淑林：《美国第二次工业革命及其影响》，《南昌大学学报》（哲学社会科学版）1988年第1期，第67~68页。
[3] 刘绪贻、杨生茂主编《美国通史·第四卷·崛起和扩张的年代：1898—1929》，人民出版社，2002，第10页。

40年以前的近8倍。[1] 20世纪初，内燃机被用于商船和汽车制造工业中，加大了发动机的动力，推动了美国造船业和汽车工业的发展。

（四）劳动力市场开始形成

1700~1760年，法国从2112万人增长到2524.6万人，德国从1330万人增长至1690万人，英国从927.3万人增至1106.9万人，具体情况见表5-2。

表5-2 1700~1820年主要欧洲国家的人口数量

单位：万人

国家	1700年	1760年	1820年
法国	2112.0	2524.6	3069.8
德国	1330.0	1690.0	1900.0
意大利	1500.0	1831.0	2490.5
瑞典	126.0	191.6	257.4
英国	927.3	1106.9	2068.6

资料来源：D. Fisher, *The Industrial Revolution: A Macroeconomic Interpretation* (New York: ST. Martin's Press, 1992), p.4.

在人口呈现总增长的背景下，英国通过圈地运动，法国、德国通过解放农奴或农民，美国通过引进大量移民，推动了劳动力市场的逐渐形成。下文仅以英国、美国为例进行简单说明。

首先，英国工业所需劳动力大多源于圈地运动。

1500年，英格兰45%的土地被圈占。至1600年，47%的土地被圈占。到1760年，至少有75%的土地被圈占。1600~1760年的160年是英国圈地运动史上的重要时期，英国由一个以敞田制为主的国家变成了一个以圈地制为主的国家。[2]

在17世纪的圈地运动中，有些郡的绝大部分土地被圈占。例如，1600年，肯特郡、康沃尔郡、德文郡、埃塞克斯郡、柴郡、蒙茅斯郡、兰开夏郡的土地总面积为10592平方英里（具体情况见表5-3），其中，有90%

---

[1] 〔美〕H. N. 沙伊贝、〔美〕H. G. 瓦特、〔美〕H. U. 福克纳：《近百年美国经济史》，彭松建等译，中国社会科学出版社，1983，第40~41页。

[2] J. R. Wordie, "The Chronology of English Enclosure, 1500-1914", *The Economic History Review*, Second Series, Vol. XXVI, No. 4, 1983, pp. 494-495.

左右的土地被圈占，圈地面积达9533平方英里。

表5-3 1600年英国部分郡的土地面积

单位：平方英里

郡名	各郡面积
肯特郡	1567
康沃尔郡	1340
德文郡	2590
埃塞克斯郡	1554
柴郡	1118
蒙茅斯郡	540
兰开夏郡	1883
合计	10592

资料来源：J. R. Wordie, "The Chronology of English Enclosure, 1500-1914", *The Economic History Review*, Second Series, Vol. XXVI, No. 4, 1983, p. 489。

1600~1699年，莱斯特郡33.66%的土地被圈占，1700~1759年有6.69%的土地被圈占，1760~1799年更是有35.47%的土地被圈占，具体情况见表5-4。

表5-4 莱斯特郡各时期被圈占的土地占比

单位：%

时间	圈地面积占比
1500年之前	9.06
1500~1599年	8.41
1600~1699年	33.66
1700~1759年	6.69
1760~1799年	35.47
1800~1844年	6.72

资料来源：J. R. Wordie, "The Chronology of English Enclosure, 1500-1914", *The Economic History Review*, Second Series, Vol. XXVI, No. 4, 1983, p. 498。

英国的圈地运动前后持续了300多年。由于圈地运动的开展，大量农民离开了原来的土地，被迫到城市务工，为工业发展提供了大量的自由劳动力,英国的劳动力市场逐步形成。

其次,美国外来移民和解放黑奴运动为工业发展提供了充足的劳动力。

在美国工业发展过程中,外来移民及其后裔的作用至关重要。19世纪,随着美国工业的发展,劳动力需求增加,为了解决劳动力问题,美国开始从海外引进劳动力。1864年,美国国会通过了《移民法》,并成立移民局,管理移民事务。从建国之初起,美国政府就鼓励海外移民到美国定居。大量海外移民为美国的很多州提供了充足的劳动力,推动了当地工业的发展。19世纪50年代,美国海外移民有59%进入了东北部地区,29.1%进入了中西部地区,10.7%进入了南部地区。1870~1910年,美国东北部和中西部地区依然吸收了大量的海外移民。1870年,东北部地区吸收了46.9%的移民,中西部地区吸收了42.4%的移民。1890年,42.4%的移民进入东北部地区,44.6%的移民进入了中西部地区。[1] 随着外来移民的不断涌入,美国许多州中外来移民及后裔所占的比例日益增高。19世纪末,明尼苏达州75%的人口、威斯康星州72%的人口、罗得岛州64%的人口、马萨诸塞州72%的人口、犹他州61%的人口都是外来移民及其后裔。[2] 南北战争之后,美国宣布解放黑奴,黑奴的解放为美国南部工业的发展提供了重要的劳动力来源。

二 工业化的基础和条件

资本主义生产关系的发展是工业革命开启的根本因素,资本主义生产力发展所需的因素上文已做详细阐述,下文从宏观层面探讨欧美主要国家工业化的趋同性,因资料有限,主要涉及农业在工业化进程中的作用、交通运输革命的成就等方面。

(一) 农业是工业化的基础

在诸多国家的工业化进程中,农业都是早期资本积累的基础,英国最具代表性。18世纪是英国农业革命兴起和迅速发展的时期,在此期间圈地运动达到高潮,改变了土地所有权和土地经营模式,推动了资本主义农场

---

[1] D. Ward, *Cities and Immigrants: A Geography of Change in Nineteenth Century America* (Oxford: Oxford University Press, 1971), p. 60.

[2] J. Higham, *Send These to Me, Immigrants in Urban America* (Baltimore and London: The Johns Hopkins University Press, 1984), pp. 14 – 15.

和牧场的建立。在农业生产部门中四圃耕作制度广泛推广,新作物不断引入,牲畜品种不断改良,新型农具大规模使用,这些都促进了农业的快速发展。

在农业发展过程中,英国在农业技术领域和农业制度领域进行了变革,引发了农业革命。就农业生产技术改进而言,主要表现如下:一是各地都采用三圃或四圃轮作方式,取代传统的休耕制度;二是引进诸多新作物,如马铃薯等;三是改良牲畜种类,其中养羊业最具代表性;四是农业生产技术水平不断提高,脱粒机和收割机等新型机器逐步推广,19世纪中叶,英国的农业机械化水平全球最高。农业制度领域的变革,主要体现在确立了土地私有权,兴起了租地农场,圈地运动进一步推广等。① 基于以上因素,英国农产品的产量大幅度提高,谷物产量由1700年的1300万夸脱增加至1750年的1500万夸脱、1800年的1900万夸脱、1820年的2500万夸脱,除满足本国居民的需求外,还出口至国际市场。② 资本主义农业的发展保障了粮食、生产和生活资料的供应,为资本原始积累和国内外市场规模的扩大做出了巨大贡献。

在工业化进程中,德国的农业为工业发展提供了有力保障。在工业化时期,德国的农业成就显著,主要原因如下。一是农业耕种面积扩大。1800年,德国的农作物耕种面积约为1800万公顷,到19世纪中叶,耕种面积增至2500万公顷。例如,马铃薯的种植面积由1800年的30万公顷增加至19世纪中叶的140万公顷,19世纪末已超过300万公顷。二是耕种制度发生了改变。18世纪末至19世纪中叶,大部分土地由三圃制转变为三年轮作制耕种,大大提高了农业生产效率。三是农业耕种技术改进。施肥率的提高增加了单位面积的农产品产量,很多农户开始使用收割机、脱粒机、条播机等新机器。1882~1907年,德国的农业条播机数量从6.3万台增至23.4万台,收割机数量从2万台增至30万台,脱粒机数量从37.5万台增至150万台。在以上因素的共同作用下,德国的谷物产量从1800年的920万吨增至1913年的2737万吨。③

---

① 陈肖律、于文杰、陈日华:《英国发展的历史轨迹》,南京大学出版社,2009,第146页。
② P. Deane, *The First Industrial Revolution* (Cambridge: Cambridge University Press, 1979), pp. 63-65.
③ 裘元伦:《德国工业化时期的农业》,《世界农业》1988年第1期,第5~6页。

农业发展也是美国工业化的重要基础。美国独立后至南北战争期间,随着移民的不断涌入,西部地区的大量土地被开发,农业生产技术水平日渐提高,农业商品化和专业化程度不断提升,农业迅速发展,主要表现在以下几方面。一是西部地区得到开发,农业耕种面积迅速扩大。19世纪初,美国的弗吉尼亚州、马里兰州、宾夕法尼亚州、纽约州和俄亥俄州等地区盛产小麦,西进运动后,美国西部地区的农业迅速发展,小麦生产区也不断向西部扩展。1840~1860年,伊利诺伊州和威斯康星州是美国发展最快的小麦产区。19世纪50年代,美国小麦产量增加70%。[1] 除小麦外,美国也盛产玉米。南北战争之前,伊利诺伊州北部和中部及威斯康星州南部地区的玉米产量高。二是农业生产技术不断改进。1825~1840年,铁犁逐渐取代了木犁,并得到了广泛推广。此后,美国人又发明了多种犁,到19世纪中叶,至少有200种犁被用于农业生产。19世纪40年代,美国东部地区已开始大量使用播种机,10年后,播种机逐渐被推广到西部地区。此外,美国人还发明了收割机,至南北战争前夕,大约共有7.3万台收割机被应用于农业生产之中。[2] 三是农产品产量增长迅速。1820年,美国的棉花产量为1.6亿磅,到1860年增长到23亿磅。世界棉花总产量中美国所占比重从1801年的9%上升到1821年的29%,1860年进一步上升至66%。[3] 随着棉花产量的增加,美国棉花大量出口国外。1792年,美国南部各州向英国出口了630包棉花,至1800年出口量达7.9万包。[4] 1815~1860年,棉花出口价值占美国出口货物总价值的50%以上。[5] 与此同时,美国其他农产品的产量也迅速增加。1860年,美国玉米产量共计为8.3亿蒲式耳,小麦产量达2.5亿蒲式耳,燕麦产量达1.7亿蒲式耳,马铃薯产量达1.5亿蒲式耳,烟草产量达4.3亿磅,大米

---

[1] 〔美〕杰拉尔德·冈德森:《美国经济史新编》,杨宇光等译,商务印书馆,1994,第301页。

[2] 韩毅等:《美国经济史(17~19世纪)》,社会科学文献出版社,2011,第186~187页。

[3] J. E. Inikori, S. L. Engerman, eds., *The Atlantic Slave Trade: Effects on Economies, Societies, and Peoples in Africa, the Americas, and Europe* (Durham: Duke University Press, 1992), p. 220.

[4] K. Coman, *The Industrial History of the United States* (London: The Macmillan Company, 1907), p. 149.

[5] M. Klein, *The Genesis of Industrial America, 1870-1920* (Cambridge: Cambridge University Press, 2007), p. 11.

产量达 1.8 亿万磅。①

(二) 交通运输革命是工业革命的重要组成部分

各国工业化开启之后，交通运输革命纷纷展开，主要表现有二：一是蒸汽轮船广泛普及，二是铁路大规模修建。

英国作为工业革命的发起国，交通运输革命成就最为突出。18 世纪下半叶，英国铁路长度居世界首位。1830 年，曼彻斯特与利物浦之间的铁路通车。1836～1837 年，英国掀起了全国性铁路建设热潮，为修铁路到处架桥、开路和挖隧道。1843 年 6 月，英国已有 1900 英里铁路通车。1845～1847 年，铁路修建规模最大。到 1848 年底，英国铁路长度达 5000 英里，爱尔兰铁路长度则不足 400 英里。② 工业革命完成之前，英国铁路网络已基本建立。铁路带动了经济发展，成为推动英国资本主义工商业发展的重要因素。

19 世纪下半叶，英国铁路网络进一步完善。1858～1870 年，英国铁路长度从 8354 英里增加到 1.4 万英里，1886 年达 1.7 万英里。③ 1875 年，英国现代 70% 以上的铁路网络已经完成。④ 至 19 世纪七八十年代，不列颠岛的北部已建成高原铁路、卡利多尼亚铁路和格拉斯哥西南铁路等多条铁路，不列颠岛中部和南部地区已建成西南铁路、西北铁路、大西铁路、米德兰铁路、大东铁路、大北铁路等。1900～1913 年，英国的铁路里程数从 2.2 万英里增至 2.3 万英里。⑤ 铁路修建推动了英国工业尤其是重工业的发展。

铁路也是重要的工业部门。到 1875 年，英国皇家公司募集的资本已达 6.3 亿英镑，远高于棉花、煤炭、钢铁等"工业巨头"形成的固定资本。1870～1875 年，铁路的总收入为每年 5200 万英镑，相当于羊毛工业的产

---

① 〔苏〕波梁斯基:《外国经济史（资本主义时代）》，郭吴新等译，生活·读书·新知三联书店，1963，第 336 页。
② 〔英〕克拉潘:《现代英国经济史：早期铁路时代（1820～1850 年）》上卷，姚曾廙译，商务印书馆，1974，第 485 页。
③ 〔英〕克拉潘:《现代英国经济史·中卷·自由贸易和钢：1850～1886 年》，姚曾廙译，商务印书馆，1975，第 237 页。
④ T. R. Gourvish, *Railways and the British Economy*, *1830 – 1914* (London and Basingstoke: The Macmillan Press Ltd., 1980), p.9.
⑤ T. R. Gourvish, *Railways and the British Economy*, *1830 – 1914* (London and Basingstoke: The Macmillan Press Ltd., 1980), p.42.

值，是煤炭产值的2倍。1873年，铁路开通的生产线就业人数为27.5万人，约占男性就业劳动力总量的3%。1913年，铁路建设筹集的资金超过13亿英镑。同年，铁路总收入接近4000万英镑，就业人数为64万人，约占英国男性就业总人数的4%~5%。[1]

1830年，美国第一条铁路线巴尔的摩—俄亥俄铁路正式通车，全长21千米。早期美国铁路修建质量差，路基不稳、铁轨质量参差不齐、临时铁路桥众多、机车库和车站设备落后是美国铁路的突出特征。即便如此，至19世纪下半叶，稠密的铁路网已覆盖整个美国，促进了美国资本主义经济的快速发展。

19世纪50~70年代，欧洲大陆主要国家的工业革命蓬勃发展，此时法国第一次工业革命接近尾声，工业生产总值快速增长，但仍明显落后于英国。19世纪50年代末，因铁路部门利润较高，法国成立了6家大型铁路公司，分别为北方、东方、巴黎—奥尔良、巴黎—里昂—地中海、南方和西方铁路公司。此后，法国铁路长度迅速增加。

19世纪，德国的铁路建设速度和规模虽无法与美国等国家相较，但仍推动了德国的经济发展。1840~1860年，德国的铁路里程从462千米增长到1.4万千米，铁路货运量从每千米320万吨增至16.7亿吨。[2] 普法战争后，法国的巨额赔款为德国的铁路建设带来了便利。19世纪70年代中期，德国投入铁路部门的资金数量达75亿马克，德国铁路建设规模不断扩大。1875~1900年，德国铁路里程增长2万多千米，至1910年，德国的铁路里程已超5万千米，铁路建设成就显著。

（三）纺织业是多国工业化的先导

19世纪上半叶，英国纺织业广泛进行技术革新，发展迅速。至1835年，棉纺织业中有3/4的工厂使用蒸汽动力。这种情况在兰开夏郡、柴郡、德比郡尤为明显，只有在苏格兰等地仍然广泛使用水力作为动力。随着蒸汽动力的广泛普及，兰开夏及其周边地区的棉纺织品产量增长迅速。1790年，兰开夏郡和周边地区的棉纺织产量占比为70%，1835年达到90%。

---

[1] T. R. Gourvish, *Railways and the British Economy*, *1830－1914* (London and Basingstoke: The Macmillan Press Ltd., 1980), pp. 9－10.

[2] H. A. M. Klemann, J. Schenk, "Competition in the Rhine Delta: Waterways, Railways and Ports", *Economic History Review*, Vol. 66, No. 3, 2013, p. 827.

蒸汽动力纺纱的主要优点有二：一是能生产更优质的纱线，二是能减少纺纱时间，从而降低劳动力成本。1795年，使用旧的动力纺织100磅棉花需要300个小时，到1830年，使用蒸汽动力后仅需135小时。[1]

随着棉纺织业的发展，原棉消费量不断增长（具体情况见表5-5），棉纺织品的年均产值由1772~1774年的420万英镑增加至1815~1817年的9970万英镑、1849~1851年的6.2亿英镑，英国棉纺织业的成就不言而喻。棉纺织业的发展引发诸多连锁反应，蒸汽机被迅速应用到纺织业外的其他工业部门。19世纪20年代，英国的工业品出口量不断提高，工人数量大幅增加，工厂的规模不断扩大。[2]

表5-5 1750~1849年英国棉纺织业发展规模

年份	原棉消费量（千磅）	棉纺织品的计件出口量（百万码）
1750~1759	2820	—
1760~1769	3531	—
1770~1779	4797	—
1780~1789	14824	—
1790~1799	28645	—
1800~1809	59554	—
1810~1819	96339	227
1820~1829	173000	320
1830~1839	302000	553
1840~1849	550000	978

资料来源：R. Brown, *Society and Economy in Modern Britain*, *1700-1850* (London & New York: Routledge, 1991), p.51。

18世纪末，美国纺织业中率先开启工业革命。19世纪上半叶，美国棉纺织业发展迅速。1805年，美国机械纺纱机只有4500枚纱锭，1820年达50万枚。[3] 1831年，美国棉纺织工厂达795家，共有纱锭120万枚，消

---

[1] R. Brown, *Society and Economy in Modern Britain*, *1700-1850* (London & New York: Routledge, 1991), p.49.
[2] 陈晓律：《世界各国工业化模式》，南京出版社，1998，第73~74页。
[3] 〔苏〕阿·符·叶菲莫夫：《美国史纲：1492年—19世纪70年代》，庚声译，生活·读书·新知三联书店，1962，第329页。

耗棉花7780万磅，产值3200万美元；到1860年，美国棉纺织工厂增加到1091家，共有纱锭520万枚，产值达1.2亿美元（具体数据见表5-6）。

表5-6 1831~1860年美国棉纺织业情况

年份	工厂数量(家)	棉花使用量（磅）	纱锭数（枚）	产值（美元）
1831	795	77800000	1200000	32000000
1840	1240	113100000	2300000	46400000
1850	1094	276100000	3600000	61700000
1860	1091	422700000	5200000	115700000

资料来源：M.T.Copeland, *The Cotton Manufacturing Industry of the United States* (Cambridge：Harvard University, 1912), p.6. 转引自〔英〕H.J.哈巴库克、〔英〕M.M.波斯坦主编《剑桥欧洲经济史·第六卷·工业革命及其以后的经济发展：收入、人口及技术变迁》，王春法等译，经济科学出版社，2002，第640页。

德国的工业化也始于纺织业。19世纪初，德国纺织业开始使用机器生产，30年代后纺织业的发展速度加快。随着棉纺织工业的发展，19世纪上半叶，德国的棉花消费量不断增长。1836~1840年，德国每年的棉花消费量为1850万磅，1851~1855增至5600万磅，1856~1860年达9700万磅。[①]

就棉纺织业而言，1800年德国有棉织机3.5万台，1840年上升至15万台，但机械织机数量很少。直到1850年，德国棉纺织业中机械织布机的占比不足5%。1851~1871年，机械织布机的使用率大幅提升。1846~1861年，德国的手工织布机数量从11.6万台增至26.4万台，机械织布机数量从2600台增至2.3万台。[②]

第二节 欧美国家工业化的差异性

总体而言，欧美各国的工业化模式主要类型有二：一是内生型工业化，二是模仿型工业化。两种类型工业化的特征差异较大。英国和美国是内生型工业化的代表，而德国是模仿型工业化的代表。各国政府政策的差异是工业化类型不同的最主要原因，经济因素是工业水平差异的根本原因，此外，资金、技术和劳动力等因素也不容忽视。

[①] 彭迪先：《世界经济史纲》，上海书店出版社，1989，第222页。
[②] 邢来顺：《德国通史·第四卷·民族国家时代》，江苏人民出版社，2019，第100页。

一 各国的政策和工业化进程差异较大

政治制度差异决定了各国工业化的开启时间,本书所涉及的国家中英国最先确立了资本主义制度,它也因此成为工业化的先驱,德国的资本主义制度确立较晚,所以工业化进程稍显滞后。除此之外,政府支持工业发展的政策也影响了工业化的深度和广度。

(一) 政治制度的差异

第一次工业革命正式开启之前,诸多西方国家陆续完成了资产阶级革命。17 世纪初,尼德兰革命完成后建立了世界上第一个资本主义国家荷兰;英国于 1689 年建立了资产阶级君主立宪制政体;美国独立战争后建立了资本主义共和制政体;19 世纪 70 年代,德国统一之后虽然国王仍掌握诸多权力,但首相的地位毋庸置疑。

就英国而言,随着海外贸易的蓬勃发展和早期资本积累的不断增加,资本主义生产关系迅速发展,国内矛盾进一步激化后,英国于 1640 年爆发了资产阶级革命。1688 年光荣革命标志着英国资产阶级革命的结束,1689 年《权利法案》颁布后英国确立了君主立宪制政体,资本主义制度的确立是英国工业化顺利开启的有力保障。英国工业化开启之前,资本的原始积累已达到一定的规模,手工工场林立;圈地运动又为资本主义发展提供了众多的劳动力,保障了工业发展所需的劳动力资源;1688 年光荣革命的完成为资本主义的发展保驾护航;广阔的殖民地为资本主义的发展提供丰富的原料和广阔的市场。因此,随着资本主义制度的确立和资本主义生产关系的发展,英国的工业革命取得非凡成就。

光荣革命后,英国资产阶级掌握了国家政权,建立了君主立宪制国家。在此后不到 100 年的时间内,英国的政治制度发生了不小的变化。1689 年,威廉三世即位后,从辉格党人和托利党人中选出人员担任枢密院大臣,但是这两大党派的大臣常常发生争执,与议会的关系并不和谐。为此,后来威廉三世任命下院多数党领袖担任枢密院大臣。威廉三世常常与少数重要的枢密院大臣在王宫内的密室(又称内阁)议事。后来,这几个大臣就逐渐形成内阁,从而形成了内阁制。内阁大臣向国王提出的建议,国王一般都会采纳。

1714 年,乔治一世继承了王位。乔治一世不懂英语,长期居住在国外，不谙英国事务。1717年后，乔治一世不再出席和主持内阁会议，因此，在内阁大臣中产生了主持内阁会议的首席大臣——首相。18世纪40年代，在英国形成了一个惯例，即每当内阁的政策失去下院的支持时，内阁大臣必须辞职。18世纪末，英国最终确立了资产阶级国会制度。在资产阶级国会制度下，国会是最高的立法机关，可决定内阁人选，监督内阁施政，决定内阁去留和干预司法工作，英国国王失去了一切权力。[①] 英国国会制度的建立，标志着大地主资产阶级掌握了国家政权。大地主资产阶级掌权后，对外进行殖民掠夺，对内推行圈地运动、发行国债，加速进行资本原始积累，为工业革命提供了有利条件。

就美国而言，北美独立战争是英属北美13个州殖民地反抗英国统治、争取民族独立的革命战争，其直接原因是抗击英国的经济政策，最终由经济和政治斗争发展为武装斗争。1773年的波士顿倾茶事件为北美独立战争的导火线，1783年《巴黎条约》的签订标志着北美独立战争的终结。独立战争结束后美国确立了资本主义政体，在丰富的自然资源、大量移民、外资和技术等因素的共同作用下，美国的工业化顺利实施。

独立战争之后，美国的奴隶制度仍然存在，南北地区经济差异过大，北方经济发展所需的原料和劳动力都难以保障，为此美国爆发了第二次资产阶级革命。南北战争之后，美国实现了国家统一，社会经济快速发展，推动了工业革命进程。因此，资本主义政体的最终确定是美国工业革命的有力保障。

就法国而言，1789年爆发的法国资产阶级革命推翻了1000多年的封建制度，为资本主义和工商业的发展创造了条件。在这场革命中，代表资产阶级的民主党人和共和党人合作一起推翻了封建专制制度，建立了资产阶级政权。拿破仑执政时期，法国对外推行争霸政策，对内推行有利于政治稳定和资本主义发展的措施，巩固了资产阶级政权，为资本主义的发展扫清了障碍。拿破仑战争结束后波旁王朝复辟，推行了保护工商业发展的政策。此后，法国经历了第二共和国和第二帝国时期。在第二帝国时期，代表金融资产阶级和工商资产阶级利益的路易·拿破仑·波拿巴掌权，为工业化的推进创造了条件。

法国资产阶级革命与英国资产阶级革命的差别很大。法国资产阶级在反

---

① 刘祚昌等编《世界通史·近代卷》，人民出版社，1999，第66~68页。

封建的过程中与平民和农民结成了联盟，彻底推翻了法国的封建制度，但是这场革命所取得的民主权利却为少数人所享有。此后，法国多次经历革命震荡，几乎用了100年时间才最终确立了资产阶级共和国的社会制度。而在英国资产阶级革命中资产阶级和新贵族达成妥协，在较短时间内建立了君主立宪的政治制度，迅速走上了发展资本主义的道路，率先开始了工业革命。

与英国、法国、美国相比，德国在开始进行工业革命时，国家还处于封建割据状态。但是，19世纪30年代关税同盟的建立为德国国内统一市场的形成确立了条件，也为德国的统一打下了基础。19世纪上半叶，随着铁路的修建，德国的重工业迅速发展。1871年德国统一后，建立了全国统一的政权，国内外市场进一步扩大，为工业化的快速发展提供了政治条件。

(二) 支持工业发展的政策存在差异

在早期的工业化过程中，英国、法国、德国、美国等国家推行的诸多政策对促进本国工业发展起到了不同程度的作用，但因国情不同，各国支持工业发展的政策存在差异，工业化成就也各不相同。

就英国而言，在工业化不同时期政府政策的差异较大。从第一次工业革命开始至19世纪40年代，英国政府奉行重商主义的经济政策，在对外贸易中，提高对本国工业产品构成竞争的产品的关税。在保护性关税的支持下，英国的纺织业迅速发展，煤炭工业迅速扩张。随着英国工业实力的增强，1840~1914年，英国最大限度地减少政府干预，实行自由经济政策。推行该政策的重要原因之一是当时其他国家还未对英国构成威胁。19世纪末，很多国家纷纷提高产品关税。1913年，德国的平均关税税率为13%，美国为44%，俄国为84%，法国超过20%，但英国对进口商品实行零关税。[①] 19世纪下半叶至20世纪初，英国经济的另一个重要特点是公共债务相对较低。1887~1913年，英国债务仅增长5%，到1913年，债务仅占国民生产总值的27.6%，债务偿还额仅占政府支出的10%。[②] 英国

---

① I. D. Salavrakos, "Is the Current German De-industrialization Similar to the British Case of the 1870-1914 Period? Similarities and Differences", *European Research Studies*, Vol. X, Issue (1-2), 2007, p.11.

② I. D. Salavrakos, "Is the Current German De-industrialization Similar to the British Case of the 1870-1914 Period? Similarities and Differences", *European Research Studies*, Vol. X, Issue (1-2), 2007, p.11.

遵循自由工业化路线，与之相比，法国"探索了一种独特的工业发展模式"[①]，最终取得成功，实现了法国人均收入水平与英国相当。

就德国而言，19世纪30年代关税同盟成立后，对内实行自由贸易，对外采取灵活的贸易政策，为德国工业化创造了良好的条件。关税同盟的建立统一了国内市场，开辟了海外市场，保护民族工业，鼓励机器、原料进口，加速了资本原始积累，优化了投资环境，为德国工业革命提供了最强大的动力和保证。[②]

德国统一之前为了实现统一的军事战略目标，大力兴修铁路和发展军事工业。德国统一后，为了实现其称霸世界的目标，更是重视军事工业。19世纪下半叶，德国的军事工业中资本迅速集中，垄断组织迅速发展。

就美国而言，美国工业化充分发挥市场经济的作用，创造出了一种不同于欧洲国家的工厂体制，将所有工序集中于一个工厂，实行统一的管理，大大提高了生产效率。在工业化进程中，政府发挥了重要的作用。美国独立后，美国政府积极推动西进运动，鼓励外国人移民，奖励科技发明，为工业发展提供了大量的劳动力、资金和技术，推动了工业化进程。

（三）工业化进程存在差异

欧美国家由于在资源禀赋、劳动力、市场、资金等方面存在差异，工业化进程的差异性较明显，主要表现在部分国家的两次工业革命分开进行，而部分国家的两次工业革命交叉进行。

英国是两次工业革命分开进行的典型代表。英国自18世纪下半叶开始进行第一次工业革命，机器大生产取代了手工生产，至19世纪中叶，英国已经完成了第一次工业革命，确立了世界工厂的地位。在工业革命期间，英国的纺织、冶金、煤炭、机器制造等工业部门迅速发展。1860年，英国生产了全球49%的棉纺织品和全球53%的铁制品。[③] 同时，英国对外贸易蓬勃发展，交通运输业迅速改善，劳动生产率普遍提高。

---

① P. R. Sharp, J. L. Weisdorf, "French Revolution or Industrial Revolution? A Note on the Contrasting Experiences of England and France up to 1800", *Cliometrica*: *Journal of historical Economics and Econometric History*, Vol. 6, Issue 1, 2012, pp. 79-88.
② 方在庆等：《科技革命与德国现代化》，山东教育出版社，2020，第13页。
③ I. D. Salavrakos, "Is the Current German De-industrialization Similar to the British Case of the 1870-1914 Period? Similarities and Differences", *European Research Studies*, Vol. X, Issue (1-2), 2007, p. 12.

随着美国和德国等国家工业化的快速发展,英国的优势地位逐渐衰落。1840~1870年,英国工业品产量的年均增长率为3%,1875~1894年仅为1.5%。[1] 1880年,英国工业产量占全球产量的22.9%,到1913年,这一比例下降到13.6%。[2] 在对外贸易中,英国的地位也快速下降了,虽然1880年英国控制了全球贸易的23.2%,但1911~1913年其占比仅为14.1%。尽管如此,英国的工业化成就仍然显著,1870~1913年,英国的工业品产量增加了250%。[3] 经历了两次工业革命后,至第一次世界大战之前,英国的工业产值依然处于世界前列。

德国是两次工业革命交叉进行的代表性国家。德国的工业革命始于19世纪三四十年代。19世纪五六十年代,德国的工业快速发展。至德意志帝国建立前夕,在德国一些工业基础较好的地区,如普鲁士、萨克森、巴伐利亚、巴登等地,第一次工业革命已经基本完成。然而,在工业基础相对薄弱的其他地区,工业革命还在进行。德国统一后,工业发展尤其迅速,德国成为第二次工业革命的领跑者。至1873年,与英国、法国、比利时相比,德国的铁路里程和原棉消费量仅次于英国,高于法国和比利时,具体情况见表5-7。第二次工业革命期间,德国的钢铁、化学、电气等工业都发展迅速,成就显著。至第一次世界大战之前,德国的工业产值已位居世界第二,仅次于美国。

表5-7 1850~1873年德国、法国、英国、比利时的经济发展情况

	铁路里程 (英里)	煤炭产量或消 费量[a](万吨)	蒸汽动力 (万马力)	生铁产量 (万吨)	原棉消费量 (万吨)
			德国		
1850年	3639	510.0[b]	26.0	21.2	1.71
1869年	10834	2677.4	248.0	141.3	6.11
1873年	14842	3639.2	—	224.1	11.78

---

[1] P. Kennedy, *The Rise and Fall of the Great Powers: Economic Change and Military Conflict from 1500 to 2000* (London: Unwin Hyman, 1988), p. 227.

[2] P. Kennedy, *The Rise and Fall of the Great Powers: Economic Change and Military Conflict from 1500 to 2000* (London: Unwin Hyman, 1988), p. 228.

[3] R. Cameron, *A Concise Economic History of the World: From Paleolithic Times to the Present* (Oxford: Oxford University Press, 1993), p. 224.

续表

	铁路里程（英里）	煤炭产量或消费量a（万吨）	蒸汽动力（万马力）	生铁产量（万吨）	原棉消费量（万吨）
法国
1850 年	1869	722.5	37.0	40.6	5.93
1869 年	10518	2143.2	185.0	138.1	9.37
1873 年	11500	2470.2	—	138.2	5.54
英国
1850 年	6621	3750.0c	129.0	224.9	26.68
1869 年	15145	9706.6	104.0	544.6	42.58
1873 年	16082	11260.4	—	656.6	56.51
比利时
1850 年	531	348.1	7.0	14.5	1.00
1869 年	1800	782.2	35.0	53.5	1.63
1873 年	2335	1021.9	—	607.0	1.80

注：a 德国的数据是生产量，英国、法国和比利时的数据是消费量。此外，需说明的是，法国在1850年进口了所需煤炭的近40%，在1869年则为30%。德国仅生产普通煤，为此必须添加褐煤（1869年为757万吨，1873年为975万吨），其热量大约相当于普通煤的2/9。b 根据普鲁士与德国的产出之比（82∶100）估算（基于1860年的比率），1850年普鲁士煤炭产量为415.3万吨。c 根据1854年的数据推断。

资料来源：D. S. Landes, *The Unbound Prometheus: Technological Change and Industrial Development in Western Europe from 1750 to the Present* (Cambridge: Cambridge University Press, 2003), p.194。

二 各国推动经济发展的因素差异较大

各国资本主义经济的发展水平不同，导致各国发展工业的资金、技术和劳动力等差异较大，相对而言，英国为各国的标杆，为内生型工业化的代表，上述因素全部依靠自身积累完成。部分国家因封建制度占主导，或建国时间不长，只能借助国外的资金和技术完成工业革命。

（一）工业资本的来源存在差异

英国工业发展资金的主要来源有三：一是工场主的原始积累；二是海外掠夺；三是对外贸易和奴隶贸易。从工业资本的来源看，本国资产阶级的原始积累和海外掠夺是英国工业发展的重要推动力。

德国工业资本的来源主要如下。一是发行国债。德国在工业化初期，资本较为缺乏，因此通过发行国债的方式筹集资金。二是战争赔款。普法战争后，德国从法国得到了巨额战争赔款，为19世纪70年代初期的工业发展创造了条件。三是国内外贸易。德国统一后，国内贸易和对外贸易迅速发展，为工业发展提供了大量资金。

美国工业资本的来源主要如下：一是本国商业资本转为工业资本；二是土地投机；三是政府政策以及外资的支持。在资本原始积累阶段，美国资产阶级通过海外贸易、掠夺印第安人的土地、贩运黑奴、发行国债等手段积累了工业资本。此外，英国等欧洲国家对美国的投资也发挥了重要作用。在美国投资的外国资本中，英国资本占第一位。1801年和1812年，英国购买美国债券的数量分别为1800万美元、700万美元。1830年，英国在美国的投资额为2600万美元（不包括短期投资）。1847~1860年，外国在美国的投资（不包括短期投资）从1.6亿美元增加到6亿美元。19世纪下半叶，外国在美国的投资额迅速增长。1869年，外国在美国的投资额（不包括短期投资）增至14.6亿美元，1883年达到20亿美元，1899年增至33亿美元。[1] 19世纪末，美国向发达国家借债达33亿美元，其中大部分是铁路证券和借款，英国资产阶级拥有25亿美元的美国证券及借款，其余证券及借款分别属于荷兰、德国、法国、瑞士等国。[2] 直到第一次世界大战爆发后，美国通过与交战的协约国集团和同盟国集团做生意，获取大量资金，美国才收回这些债券，美国的铁路才摆脱外国资本的控制。大量外国资本的投入，为美国的工业发展提供了重要的资金来源。

（二）工业技术水平差异明显

工业技术是影响欧美国家工业化进程的重要因素。英国是最先进行工业革命的国家，工业技术较为先进，英国的先进技术也被后来进行工业革命的多个国家引进。

美国、法国、德国等国家在工业化初期引进了英国先进的技术，购买了先进的机器进行工业生产。在引进英国工业技术的基础上，多个国家进行了改进和创新。例如，美国的纺织业最先引进了英国的技术，在此基础上，美国人自己进行了多项发明，发明出轧棉机、环锭细纱机、自动织布

---

[1] 〔苏〕列·阿·门德尔逊：《经济危机和周期的理论与历史·第二卷》，吴纪先等译，生活·读书·新知三联书店，1976，第699页。

[2] 黄绍湘：《美国通史简编》，人民出版社，1979，第274页。

机和缝纫机等，为世界纺织业做出了伟大的贡献。1793年，美国人伊莱·惠特尼发明了轧棉机，成功地解决了棉花和棉籽分离的难题。为此，1800年，南方的种植园主奖励他5万美元。[1] 1828年，美国人约翰·索普发明了环锭细纱机，提高了纺纱效率。1890~1895年，詹姆斯·诺斯罗发明了自动织布机，大大提高了织布的速度。

美国人还发明了高压蒸汽机、汽船、无烟煤冶铁法、流水线生产方法、电灯等。1908~1913年，美国福特汽车公司的生产工艺取得了重大进展。它将机器车间和铸造车间、线上操作和自动化的传送带结合起来，同时采用了弗雷克·泰勒的工作流程标准化思想，在位于底特律北边的高地园区工厂中建立了"工作标准"。[2] 此后，该方法在汽车工业、电气工业等多个部门推广，提高了生产效率。至第一次世界大战之前，美国多项工业技术处于世界领先地位。随着工业生产技术的改进，美国的工业生产增长迅速。

德国与美国相似，在工业化初期主要靠引进外国的先进技术，促进本国的轻工业和重工业发展。19世纪下半叶后，德国的技术革命进展迅速，电气、化学工业等工业部门出现了许多发明成果，工业技术迅速提高，至19世纪80年代，德国多个工业部门的技术已经赶超英国，处于世界领先地位。

尽管如此，英国在第一次工业革命期间在工业技术上的优势仍毋庸置疑。在第一次工业革命期间，许多优秀的英国技术人员进入了欧洲其他国家。到1825年，至少有2000名熟练的英国工人进入了欧洲大陆国家。仅1840年，英国合法出口到欧洲大陆上的机器价值就达到了60万英镑（官方价值）。[3] 许多优秀的英国技术人员进入其他国家后，成为欧洲大陆多个国家的企业家或相关业务领域的巨头。

19世纪至20世纪初，与法国、德国、比利时等国家相比，英国的纺织技术和纺织机器最先进，劳动效率也最高。至19世纪中叶，英国在纺织业中已经完全不使用手工织机了，而法国在1866年依然拥有20万台手工织机，

---

[1] American Wool and Cotton Reporter, eds., *History of American Textiles: With Kindred and Auxiliary Industries* (New York: Frank P. Bennett & Co., 1922), p. 40.
[2] 〔美〕斯坦利·L.恩格尔曼、〔美〕罗伯特·E.高尔曼主编《剑桥美国经济史·第三卷》，蔡挺等译，中国人民大学出版社，2018，第36页。
[3] D. S. Landes, *The Unbound Prometheus: Technological Change and Industrial Development in Western Europe from 1750 to the Present* (Cambridge: Cambridge University Press, 2003), p. 148.

只有 8 台动力织机,德国(包括阿尔萨斯)到 1875 年仍有手工织机 12.5 万台,动力织机只有 5.7 万台。19 世纪末,尽管法国和德国都采用了先进的经营方式,但是英国纱锭生产的效率更高,在英国曼彻斯特奥尔德姆的纺织厂,每生产 1000 枚纱锭所需要的工人数为法国和德国企业的 50% 以下,有时甚至不到 1/3。[①] 由于技术水平较高,生产规模较大,至 1913 年,英国的纱锭数依然高于美国、法国、德国和比利时等国家,具体数据见表 5-8。

表 5-8 1834~1913 年主要欧美国家的纱锭数

单位:万枚

国家	1834 年	1852 年	1861 年	1867 年	1913 年
英国	1000.0	1800.0	3100.0	3400.0	5557.6
美国	140.0	550.0	1150.0	800.0	3057.9
法国	250.0	450.0	550.0	680.0	740.0
德国	62.6[a]	90.0	223.5	200.0	1092.0
瑞士	58.0	90.0	135.0	100.0	138.9
比利时	20.0	40.0	61.2	62.5	146.9
奥匈帝国	80.0	140.0	180.0	150.0	486.4[b]

注:a 指 1836 年数据;b 仅指战后的奥地利和捷克斯洛伐克地区。
资料来源:D. S. Landes, *The Unbound Prometheus: Technological Change and Industrial Development in Western Europe from 1750 to the Present* (Cambridge: Cambridge University Press, 2003), p. 215。

在蒸汽动力的使用方面,1840~1896 年,英国、德国、法国、比利时、美国等国家的蒸汽机总功率不断增加,其中,美国的蒸汽机功率增速最快,具体数据见表 5-9。

表 5-9 1840~1896 年蒸汽机总功率

单位:万马力

	1840 年	1850 年	1860 年	1870 年	1880 年	1888 年	1896 年
英国	62	129	245	404	760	920	1370
德国	4	26	85	248	512	620	808

---

① D. S. Landes, *The Unbound Prometheus: Technological Change and Industrial Development in Western Europe from 1750 to the Present* (Cambridge: Cambridge University Press, 2003), pp. 214-215.

续表

	1840年	1850年	1860年	1870年	1880年	1888年	1896年
法国	9	37	112	185	307	452	592
澳大利亚	2	10	33	80	156	215	252
比利时	4	7	16	35	61	81	118
俄国	2	7	20	92	174	224	310
意大利	1	4	5	33	50	83	152
西班牙	1	2	10	21	47	74	118
瑞典			2	10	22	30	51
荷兰		1	3	13	25	34	60
欧洲	86	224	554	1157	2200	2863	4030
美国	76	168	347	559	911	1440	1806
全世界	165	399	938	1846	3415	5015	6610

资料来源：D. S. Landes, *The Unbound Prometheus: Technological Change and Industrial Development in Western Europe from 1750 to the Present* (Cambridge: Cambridge University Press, 2003), p.221。

19世纪中叶，法国的固定式蒸汽机数量遥遥领先于欧洲大陆其他国家，超过欧洲大陆其他国家的总和。1850年以后的数年里，法国的固定式蒸汽机功率比以前增长更快，但普鲁士的增速更快。至1878年，普鲁士的固定式蒸汽机功率便已超过法国，具体数据见表5-10。

表5-10 按国家或地区计算的固定式蒸汽机数量与功率

单位：台，万马力

年份	普鲁士 数量	普鲁士 功率	法国 数量	法国 功率	比利时 数量	比利时 功率
1837	419	0.7	—	—	—	—
1838	—	—	—	—	1044	2.5
1839	—	—	2450	3.3	—	—
1843	462	1.6	3369	4.3	—	—
1844	—	—	3645	4.6	1448	3.7
1849	1445	2.9	9949	6.2	—	—
1850	—	—	5322	6.7	2040	5.1
1855	3049	6.2	8879	11.2	—	—

续表

年份	普鲁士		法国		比利时	
	数量	功率	数量	功率	数量	功率
1860	—	—	14513	17.8	4346	9.9
1861	7000	14.3	15805	19.1	—	—
1869	—	—	26221	32.0	—	—
1870	—	—	27088	33.6	8138	17.6
1878	34431	95.8	37589	48.4	—	—
1880	—	—	41772	54.4	11752	27.3

资料来源：D. S. Landes, *The Unbound Prometheus: Technological Change and Industrial Development in Western Europe from 1750 to the Present* (Cambridge: Cambridge University Press, 2003), p.221。

19世纪下半叶，欧美多个国家的工业技术发展速度存在差异。以工业机械发动机的功率为例，美国、德国等国家工业中机械发动机功率的增速差异明显，19世纪60年代后半期，美国各工业部门中每年新装置的机械发动机功率已经超过了英国。1870年，美国的机械发动机功率为230万马力，相当于英国（150万马力）的1.5倍，而德国（95万马力）逐步接近于英国的水平。[1]19世纪80年代，德国的机械发动机功率逐步赶上英国。19世纪下半叶，法国的工业发展速度较缓慢，工业中机械发动机的使用相对较少。

从总体上看，第一次工业革命期间，英国的工业和技术都处于世界领先地位。然而，随着第二次工业革命的展开，英国的多项工业技术更新速度不如德国、美国，因此，19世纪70年代后，英国的工业霸主地位衰落，而美国、德国的工业生产超越英国。

（三）对农民（农奴）和工人的剥削程度不同

大多数国家的工业化都牺牲了农民（农奴）的利益，英国圈地运动后大量农民失去了土地，不得已到城市中务工，推动了劳动力市场的形成；德国进行了农奴制改革，农民通过赎买方式获得土地，地主借机获得了高额赎金，同时农民偿还高息贷款也增加了政府的收入，农民等级分化后，贫农只能进城务工，成为工业最主要的劳动力来源；美国在解放黑奴之前

---

[1] ［苏］列·阿·门德尔逊：《经济危机和周期的理论与历史·第二卷》，吴纪先等译，生活·读书·新知三联书店，1976，第366页。

对黑人奴隶的剥削不言而喻。

在英国的工业化进程中，大量农民因为圈地运动沦为雇佣劳动者，进入工厂打工为生。尽管1847年英国规定每天最长工作时间是10个小时，到19世纪70年代降至9小时，19世纪90年代，在大多数行业（包括钢铁行业）中已经降至8小时，然而，实际上，许多工厂工人的工作时间长达15~16个小时。并且，工人长期在阴暗、潮湿的环境中工作，许多工人的子女在未成年之前就被迫进入工厂工作。英国学者哈孟德夫妇指出，在工人聚集的大城市中，"没有色彩、曲调和笑声，只有男女老幼在里面劳动、吃饭和睡觉"[①]。

在法国工业化进程中，农民和工人所遭受的剥削更加严重。法国的劳工与英国的劳工相比，生活状况更糟糕。据国外学者研究，在法国大革命爆发之前的一个世纪里，法国巴黎的建筑工人即使每年工作300天，每天工作10个小时，都很少能养家糊口，为此，他们经常不得不削减消费以维持生计，而同期英国伦敦的建筑工人每年只需要工作150~200天（在每天工作的时间与法国工人相同的情况下）便能维持体面的生活。[②]

在美国工业化进程中，由于劳动力紧缺，美国工人的日工作时间比英国更长，工作节奏更快，假期更少。19世纪40年代，美国工人普遍每天工作12小时，这种工作制度一直持续20世纪20年代。美国工业雇主对工人非常苛刻。一位欧洲移民莱蒙诺特·杜普特在1872年写道："众所周知，在欧洲，工人的工作量没有在美国的一半多。"[③]

在工业化进程中，德国农民和工人所受的剥削也相当严重。19世纪上半叶的土地改革中，农民为了赎免封建义务，需要缴纳大量赎金，或出让土地。通过此方式，德国的容克地主从农民手中夺取了10亿马克的资金和500多万英亩的土地。许多农民在赎免封建义务的同时失去了土地，沦为工厂的工人。在工厂中，资产阶级利用充足的劳动力，加深对工人的剥削，将工厂的工资保持在极端低下的水平，工人阶级所受的剥削十分严重。

[①] 〔英〕哈孟德夫妇：《近代工业的兴起》，韦国栋译，商务印书馆，1959，第216~217页。

[②] P. R. Sharp, J. L. Weisdorf, "French Revolution or Industrial Revolution? A Note on the Contrasting Experiences of England and France up to 1800", *Cliometrica: Journal of Historical Economics and Econometric History*, Vol. 6, Issue 1, 2012, pp. 79-88.

[③] E. S. Ferguson, "The Americanness of American Technology", *Technology and Culture*, Vol. 20, No. 1, 1979, p. 10.

总之，欧美主要国家工业化趋同性与差异性的涉及范围较广，在趋同性方面，除了上文所讲工业化开启之前，欧美多个国家都进行了不同程度的资本原始积累，形成了劳动力市场，开启了技术革新外，它们在工业化进程中都出现了周期性工业危机，产生了垄断组织。在差异性方面，多个国家在推行的工业化政策、工业技术发展水平、国内外市场条件等方面存在差异。因篇幅和资料等因素制约，本章仅从政府政策、资金、技术和劳动力等方面进行分析，而其他因素的影响也至关重要，笔者将在以后的研究中专门阐释。

参考文献

1. 鲍鸥、周宇、王芳：《科技革命与俄罗斯（苏联）现代化》，山东教育出版社，2020。
2. 曹维安、郭响宏：《俄国史新论》，科学出版社，2016。
3. 陈凡：《技术社会化引论：一种对技术的社会学研究》，中国人民大学出版社，1995。
4. 陈恒等：《西方城市史学》，商务印书馆，2017。
5. 陈曦文：《英国16世纪经济变革与政策研究》，首都师范大学出版社，1995。
6. 陈曦文、王乃耀主编《英国社会转型时期经济发展研究》，首都师范大学出版社，2002。
7. 陈晓律：《世界各国工业化模式》，南京出版社，1998。
8. 陈晓律、于文杰、陈日华：《英国发展的历史轨迹》，南京大学出版社，2009。
9. 陈晓律主编《世界现代化历程·西欧卷》，江苏人民出版社，2010。
10. 陈之骅主编《俄国沙皇列传》，东方出版社，1999。
11. 戴继强、方在庆编著《德国科技与教育发展》，人民教育出版社，2004。
12. 邓沛勇：《俄国工业化研究（1861—1917）》，社会科学文献出版社，2020。
13. 邓沛勇：《俄国能源工业研究（1861—1917）》，科学出版社，2019。
14. 邓加荣、赵瑞：《资本原始积累史》，吉林人民出版社，1981。
15. 丁建弘：《德国通史》，上海社会科学院出版社，2012。
16. 杜君立：《现代的历程：一部关于机器与人的进化史笔记》，上海三联书店，2016。
17. 樊亢、宋则行等编著《主要资本主义国家经济简史》，人民出版社，1973。
18. 樊亢、宋则行主编《外国经济史》，人民出版社，1965。

19. 范成东：《英国工业革命时期的利益集团和议会立法——从十八世纪中期到一八三二年》，东南大学出版社，1993。
20. 方在庆编著《爱因斯坦、德国科学与文化》，北京大学出版社，2006。
21. 方在庆等：《科技革命与德国现代化》，山东教育出版社，2020。
22. 复旦大学经济研究所英国经济研究室编《英国经济》，人民出版社，1986。
23. 高珮义：《中外城市化比较研究》，南开大学出版社，1992。
24. 郭华榕：《法兰西第二帝国史》，北京大学出版社，1991。
25. 韩启明：《建设美国：美国工业革命时期经济社会变迁及其启示》，中国经济出版社，2004。
26. 韩毅等：《美国经济史（17~19世纪)》，社会科学文献出版社，2011。
27. 何汉文：《俄国史》，东方出版社，2013。
28. 贺允宜：《俄国史》，三民书局，2004。
29. 洪朝辉：《社会经济变迁的主题：美国现代化进程新论》，杭州大学出版社，1994。
30. 黄定天：《中俄关系通史》，黑龙江人民出版社，2007。
31. 黄绍湘：《美国通史简编》，人民出版社，1979。
32. 姜德昌、吴疆：《马克骑士——再度崛起的德意志》，吉林人民出版社，1998。
33. 姜德昌、夏景才主编《资本主义现代化比较研究》，吉林人民出版社，1989。
34. 蒋孟引主编《英国史》，中国社会科学出版社，1988。
35. 金志霖：《英国行会史》，上海社会科学院出版社，1996。
36. 瞿季木、黄鸿钊编著《世界近代史纲》，南京大学出版社，1985。
37. 蓝琪：《中亚史·第五卷》，商务印书馆，2018。
38. 李工真：《德意志道路：现代化进程研究》，武汉大学出版社，2005。
39. 李迈先：《俄国史》，正中书局，1969。
40. 李其荣编著《世界城市史话》，湖北人民出版社，1997。
41. 李若谷主编《世界发展模式比较》，社会科学文献出版社，2009。
42. 李少白主编《科学技术史》，华中工学院出版社，1984。
43. 李吟枫等：《世界产业革命与管理现代化》，上海社会科学院出版社，1989。
44. 林举岱：《英国工业革命史》，上海人民出版社，1979。

45. 刘景华主编《英国崛起进程中的区域和城市》,人民出版社,2019。
46. 刘立:《德国化学工业的兴起》,山西教育出版社,2008。
47. 刘民声等编《十七世纪沙俄侵略黑龙江流域史资料》,黑龙江教育出版社,1992。
48. 刘淑兰主编《主要资本主义国家近现代经济史》,中国人民大学出版社,1987。
49. 刘天怡:《外国近代经济史》,甘肃人民出版社,1992。
50. 刘笑盈:《推动历史进程的工业革命》,中国青年出版社,1999。
51. 刘绪贻、杨生茂总主编《美国通史》,人民出版社,2002。
52. 刘益东、高璐、李斌:《科技革命与英国现代化》,山东教育出版社,2017。
53. 刘祖熙编著《波兰通史简编》,人民出版社,1988。
54. 刘祖熙:《改革和革命——俄国现代化研究(1861—1917)》,北京大学出版社,2001。
55. 刘祚昌等主编《世界通史·近代卷》,人民出版社,1999。
56. 马婴:《工业革命与英国妇女》,上海社会科学院出版社,1993。
57. 马海编著《几个主要资本主义国家工业化的过程》,上海人民出版社,1956。
58. 马克垚:《英国封建社会研究》,北京大学出版社,2005。
59. 马克垚:《西欧封建经济形态研究》,人民出版社,1985。
60. 马生祥:《大革命与现代化》,中国档案出版社,1998。
61. 马生祥:《法国现代化》,河北人民出版社,2004。
62. 马世力主编《世界经济史》,高等教育出版社,2001。
63. 孟宪章主编《中苏经济贸易史》,黑龙江人民出版社,1992。
64. 孟宪章主编《中苏贸易史资料》,中国对外经济贸易出版社,1991。
65. 米镇波:《清代中俄恰克图边境贸易》,南开大学出版社,2003。
66. 彭迪先:《世界经济史纲》,上海书店出版社,1989。
67. 齐洪、苏国荫、姚艾民等编著《世界主要资本主义国家工业化过程简述》,统计出版社,1955。
68. 钱承旦、徐洁明:《英国通史》,上海社会科学院出版社,2003。
69. 钱承旦、杨豫、陈晓律:《世界现代化进程》,南京大学出版社,1999。

70. 沈伯明主编《世界主要国家经济与贸易》，中山大学出版社，1999。
71. 沈汉：《英国土地制度史》，学林出版社，2005。
72. 沈汉、王建娥：《欧洲从封建社会向资本主义过渡研究》，南京大学出版社，1993。
73. 沈坚：《近代法国工业化新论》，中国社会科学出版社，1999。
74. 石强：《英国圈地运动研究（15~19世纪）》，中国社会科学出版社，2016。
75. 四川大学经济系五六级同学集体编《外国国民经济史讲稿（近代、现代部分）上册》，高等教育出版社，1959。
76. 孙秉莹等主编《世界通史纲要（近代部分）》，吉林文史出版社，1985。
77. 孙炳辉、郑寅达编著《德国史纲》，华东师范大学出版社，1995。
78. 孙成木、刘祖熙、李建主编《俄国通史简编·下》，人民出版社，1986。
79. 孙立新编著《百年巨变：19世纪德意志的历史和文化》，山东大学出版社，1994。
80. 陶惠芬：《俄国近代改革史》，中国社会科学出版社，2007。
81. 田淼、方一兵、陈悦、李昂、马可·切卡莱利：《科技革命与意大利现代化》，山东教育出版社，2020。
82. 王东京、孙浩、林冰蓓：《领读西方经济史》，中国青年出版社，2013。
83. 王加丰、张卫良：《西欧原工业化的兴起》，中国社会科学出版社，2004。
84. 王海军：《近代俄国司法改革史》，法律出版社，2016。
85. 王觉非：《欧洲史论》，南京大学出版社，1992。
86. 王觉非主编《近代英国史》，南京大学出版社，1997。
87. 王民同：《英国工业革命》，商务印书馆，1980。
88. 王铭：《英法近代史》，辽宁大学出版社，2007。
89. 王乃耀：《英国都铎时期经济研究》，首都师范大学出版社，1997。
90. 王绳祖主编《国际关系史·第四卷》，世界知识出版社，1995。
91. 王斯德主编《世界通史·第二编·工业文明的兴盛——16~19世纪的世界史》，华东师范大学出版社，2001。
92. 王晓菊：《俄国东部移民开发问题研究》，中国社会科学出版社，2003。
93. 王章辉：《英国经济史》，中国社会科学出版社，2013。
94. 王芝九编著《英国工业革命》，通俗读物出版社，1955。
95. 王治来：《中亚通史（近代卷）》，新疆人民出版社，2004。

96. 王助民、李良玉、陈思虎等:《近现代西方殖民主义史:1415~1990》,中国档案出版社,1995。

97. 王作跃:《科技革命与美国现代化》,山东教育出版社,2020。

98. 邬沧萍主编《世界人口》,中国人民大学出版社,1983。

99. 吴友法、黄正柏主编《德国资本主义发展史》,武汉大学出版社,2000。

100. 吴于廑、齐世荣:《世界史·近代史编》,高等教育出版社,2001。

101. 伍纯武:《法国社会经济史》,商务印书馆,1936。

102. 夏炎德:《欧美经济史》,上海三联书店,1991。

103. 邢来顺:《德国工业化:经济-社会史》,湖北人民出版社,2003。

104. 邢来顺、吴友法主编《德国通史》,江苏人民出版社,2019。

105. 徐滨:《英国工业革命中的资本投资与社会机制》,天津社会科学院出版社,2012。

106. 徐更生编著《美国农业》,农业出版社,1987。

107. 徐景学编著《俄国征服西伯利亚纪略》,黑龙江人民出版社,1984。

108. 徐向梅:《俄罗斯银行制度转轨研究》,中国金融出版社,2005。

109. 许学强、朱剑如编著《现代城市地理学》,中国建筑工业出版社,1988。

110. 阎照祥:《英国史》,人民出版社,2003。

111. 杨沛霆:《科学技术史》,浙江教育出版社,1986。

112. 杨思正:《资本的原始积累》,新知识出版社,1957。

113. 杨异同等编著《世界主要资本主义国家工业化的条件、方法和特点》,上海人民出版社,1959。

114. 杨豫:《欧洲原工业化的起源与转型》,江苏人民出版社,2004。

115. 姚大志、孙承晟:《科技革命与法国现代化》,山东教育出版社,2020。

116. 姚海:《俄罗斯文化之路》,浙江人民出版社,1992。

117. 姚海、刘长江:《当代俄国——强者的自我否定与超越》,贵州人民出版社,2001。

118. 于民:《英国法国石油政策和石油工业的发展(1859~1990)》,石油工业出版社,1992。

119. 于沛、戴桂菊、李锐:《斯拉夫文明》,中国社会科学出版社,2001。

120. 余开祥主编《西欧各国经济》,复旦大学出版社,1987。

121. 张柏春、田淼、张久春:《科技革命与中国现代化》,山东教育出版社，2020。

122. 张凤鸣：《中国东北与俄国（苏联）经济关系史》，中国社会科学出版社，2003。

123. 张广翔：《18—19世纪俄国城市化研究》，吉林人民出版社，2006。

124. 张建华：《俄国史》，人民出版社，2004。

125. 张建华：《激荡百年的俄罗斯——20世纪俄国史读本》，人民出版社，2010。

126. 张维华、孙西：《清前期的中俄关系》，山东教育出版社，1999。

127. 张卫良：《现代工业的起源——英国原工业与工业化》，光明日报出版社，2009。

128. 张友伦：《美国西进运动探要》，人民出版社，2005。

129. 张友伦、林静芬、白凤兰：《美国工业革命》，天津人民出版社，1981。

130. 张芝联主编《法国通史》，辽宁大学出版社，2000。

131. 赵振英：《俄国政治制度史》，辽宁师范大学出版社，2000。

132. 郑寅达：《德国史》，人民出版社，2014。

133. 中央编译局编《马克思恩格斯选集·第一卷》，人民出版社，1972。

134. 〔比〕亨利·皮郎：《中世纪欧洲经济社会史》，乐文译，上海人民出版社，2001。

135. 〔德〕迪特尔·格鲁瑟尔：《德国统一史·第二卷·货币、经济和社会联盟的冒险之举：与经济学原理相冲突却迫于形势的政治举措》，邓文子译，社会科学文献出版社，2016。

136. 〔德〕海因里希·冯·特赖奇克：《十九世纪德国史·第一卷·帝国的覆灭》，李娟译，上海三联书店，2020。

137. 〔德〕汉斯·豪斯赫尔：《近代经济史·从十四世纪末至十九世纪下半叶》，王庆余等译，商务印书馆，1987。

138. 〔德〕卡尔·艾利希·博恩等：《德意志史》，张载扬等译，商务印书馆，1991。

139. 〔德〕马克斯·韦伯：《社会经济史》，郑太朴译，中国法制出版社，2011。

140. 〔德〕威廉·恩道尔：《石油战争》，赵刚等译，知识产权出版社，2008。

141. 〔德〕维尔纳·阿贝尔斯豪塞：《德国战后经济史》，史世伟译，中国社会科学出版社，2018。

142. 〔法〕保尔·芒图：《十八世纪产业革命——英国近代大工业初期的概况》，杨人楩等译，商务印书馆，1983。

143. 〔法〕菲利普·潘什梅尔：《法国·上·自然条件和人文条件》，漆竹生译，上海译文出版社，1980。

144. 〔法〕菲利普·潘什梅尔：《法国·下·环境：农村、工业和城市》，叶闻法译，上海译文出版社，1980。

145. 〔法〕费尔南·布罗代尔：《十五至十八世纪的物质文明、经济和资本主义·第一卷·日常生活的结构：可能和不可能》，顾良、施康强译，生活·读书·新知三联书店，1992。

146. 〔法〕弗朗索瓦·卡龙：《现代法国经济史》，吴良健、方廷钰译，商务印书馆，1991。

147. 〔法〕亨利·特罗亚：《彼得大帝》，郑其行译，世界知识出版社，2001。

148. 〔法〕亨利·特罗亚：《风流女皇——叶卡特琳娜二世》，冯志军译，世界知识出版社，1983。

149. 〔法〕加斯东·加恩：《彼得大帝时期的俄中关系史（1689—1730）》，江载华等译，商务印书馆，1980。

150. 〔法〕雷吉娜·佩尔努：《法国资产阶级史·近代·下册》，康新文等译，上海译文出版社，1991。

151. 〔法〕马克·布洛赫：《封建社会》，张绪山等译，商务印书馆，2004。

152. 〔法〕米涅：《法国革命史》，北京编译社译，商务印书馆，2009。

153. 〔法〕乔治·杜比主编《法国史·中卷》，吕一民等译，商务印书馆，2010。

154. 〔荷〕皮尔·弗里斯：《从北京回望曼彻斯特——英国、工业革命和中国》，苗婧译，浙江大学出版社，2009。

155. 〔荷〕伊兹勃兰特·伊台斯、〔德〕亚当·勃兰德：《俄国使团使华笔记（1692~1695）》，北京师范学院俄语翻译组译，商务印书馆，1980。

156. 〔美〕H. N. 沙伊贝、〔美〕H. G. 瓦特、〔美〕H. U. 福克纳：《近百年美国经济史》，彭松建等译，中国社会科学出版社，1983。

157. 〔美〕R. D. 罗得菲尔德等编《美国的农业与农村》，安子平、陈淑华等译，农业出版社，1983。

158. 〔美〕W. W. 罗斯托:《这一切是怎么开始的——现代经济的起源》,黄其祥、纪坚博译,商务印书馆,1997。

159. 〔美〕保罗·肯尼迪:《大国的兴衰》,陈景彪等译,国际文化出版社,2006。

160. 〔美〕布卢姆等:《美国的历程·下册·第一分册》,戴瑞辉等译,商务印书馆,1988。

161. 〔美〕查尔斯·提利:《法国人民抗争史·下》,刘絮恺译,麦田出版股份有限公司,1999。

162. 〔美〕戴维·罗伯兹:《英国史:1688年至今》,鲁光桓译,中山大学出版社,1990。

163. 〔美〕福克讷:《美国经济史·上卷》,王锟译,商务印书馆,1989。

164. 〔美〕格罗弗、康乃尔:《美国实业发展史·上》,中国计划建设学会译,商务印书馆,1947。

165. 〔美〕哈渥:《德国实业发达史》(第三版),吴之椿译,商务印书馆,1925。

166. 〔美〕杰拉尔德·冈德森:《美国经济史新编》,杨宇光等译,商务印书馆,1994。

167. 〔美〕科佩尔·S. 平森:《德国近现代史·下册·它的历史和文化》,范德一等译,商务印书馆,1987。

168. 〔美〕罗伯特·戈登:《美国经济增长的起落》,张林山等译,中信出版集团,2018。

169. 〔美〕玛格丽特·雅各布:《科学文化与西方工业化》,李红林、赵立新、李军平译,上海交通大学出版社,2017。

170. 〔美〕迈克尔·赫德森:《保护主义:美国经济崛起的秘诀》,贾根良等译校,中国人民大学出版社,2010。

171. 〔美〕内森·罗森堡、〔美〕L. E. 小伯泽尔:《西方致富之路——工业化国家的经济演变》,刘赛力等译,生活·读书·新知三联书店,1989。

172. 〔美〕尼古拉·梁赞诺夫斯基、〔美〕马克·斯坦伯格:《俄罗斯史》,杨烨、卿文辉主译,上海人民出版社,2007。

173. 〔美〕乔纳森·休斯、〔美〕路易斯·P. 凯恩:《美国经济史》,邸晓燕、邢露等译，北京大学出版社，2011。

174. 〔美〕斯坦利·L. 恩格尔曼、〔美〕罗伯特·E. 高尔曼主编《剑桥美国经济史》，高德步、王珏总译，中国人民大学出版社，2018。

175. 〔美〕斯坦利·沃尔波特：《印度史》，李建欣、张锦冬译，东方出版中心，2015。

176. 〔美〕汤普逊：《中世纪经济社会史》，耿淡如译，商务印书馆，1997。

177. 〔美〕沃尔特·G. 莫斯：《俄国史（1855—1996）》，张冰译，海南出版社，2008。

178. 〔美〕小威廉·贝拉尼克、〔美〕古斯塔夫·拉尼斯编《科学技术与经济发展：几国的历史与比较研究》，胡定等译，科学技术文献出版社，1988。

179. 〔美〕约翰·巴克勒、〔美〕贝内特·希尔、〔美〕约翰·麦凯：《西方社会史》，霍文利等译，广西师范大学出版社，2005。

180. 〔美〕詹姆斯·W. 汤普逊：《中世纪晚期欧洲经济社会史》，徐家玲等译，商务印书馆，1992。

181. 〔美〕詹姆斯·柯比·马丁、兰迪·罗伯茨等：《美国史》，范道丰等译，商务印书馆，2012。

182. 〔日〕加田哲二：《德国社会经济史》，徐汉臣译，商务印书馆，1936。

183. 〔日〕石滨知行：《唯物史观经济史·中册·资本主义经济史》，施复亮译，上海昆仑书店，1929。

184. 〔日〕猪谷善一：《美国社会经济史》，张定夫译，河南人民出版社，2018。

185. 〔苏〕B. B. 马夫罗金：《俄罗斯统一国家的形成》，余大钧译，商务印书馆，1991。

186. 〔苏〕B. T. 琼图洛夫等编《苏联经济史》，郑彪等译，吉林大学出版社，1988。

187. 〔苏〕M. B. 涅奇金娜：《十二月党人》，黄其才、贺安保译，商务印书馆，1989。

188. 〔苏〕阿·符·叶菲莫夫：《美国史纲：1492年—19世纪70年代》，庚声译，生活·读书·新知三联书店，1962。

189. 〔苏〕安·米潘克拉托娃：《苏联通史》，山东大学翻译组译，生活·读书·新知三联书店，1980。

190. 〔苏〕波克罗夫斯基：《俄国历史概要》，贝璋衡、叶林、葆煦译，生活·读书·新知三联书店，1978。

191. 〔苏〕波梁斯基：《外国经济史（资本主义时代）》，郭吴新等译，上海三联书店，1963。

192. 〔苏〕Б. Б. 卡芬加乌兹、Н. И. 巴甫连科主编《彼得一世的改革·上册》，郭奇格等译，商务印书馆，1997。

193. 〔苏〕克·伊·罗卡雪夫：《资本主义国家的矿物原料资源》，孙世英译，财政经济出版社，1956。

194. 〔苏〕梁士琴科：《苏联国民经济史》，中国人民大学编译室译，人民出版社，1959。

195. 〔苏〕列·阿·门德尔逊：《经济危机和周期的理论与历史·第二卷》，吴纪先等译，生活·读书·新知三联书店，1976。

196. 〔苏〕列·阿·门德尔逊：《经济危机和周期的理论与历史·第一卷》，吴纪先等译，生活·读书·新知三联书店，1976。

197. 〔苏〕列·伊·祖波克：《美国史纲：1877—1918 年》，庚声译，生活·读书·新知三联书店，1962。

198. 〔苏〕罗琴斯卡娅：《法国史纲：十七世纪—十九世纪》，刘立勋译，生活·读书·新知三联书店，1962。

199. 〔苏〕米·约斯拉德科夫斯基：《俄国各民族与中国贸易经济关系史：1917 年以前》，宿丰林译，社会科学文献出版社，2008。

200. 〔苏〕诺索夫主编《苏联简史·第一卷》，武汉大学外文系译，生活·读书·新知三联书店，1977。

201. 〔苏〕普·季·雅科夫列娃：《1689 年的第一个俄中条约》，贝璋衡译，商务印书馆，1973。

202. 〔苏〕琼图洛夫：《外国经济史》，孟援译，上海人民出版社，1962。

203. 〔苏〕И. И. 斯米尔诺夫等：《十七至十八世纪俄国农民战争》，张书生等译，人民出版社，1983。

204. 〔苏〕苏联科学院经济研究所编《苏联社会主义经济史·第一卷》，复旦大学经济系和外文系俄语教研组部分教员译，生活·读书·新知三联书店，1979。

205. 〔苏〕特拉赫坦贝尔格：《资本主义再生产与经济危机》，方钢、王亦程译，人民出版社，1956。

206. 〔苏〕谢·宾·奥孔：《俄美公司》，俞启骧等译，商务印书馆，1982。

207. 〔苏〕尤·瓦尔加主编《世界经济危机：1848～1935》，戴有振等译，世界知识出版社，1958。

208. 〔苏〕札依翁契可夫斯基：《俄国农奴制度的废除》，叔明译，生活·读书·新知三联书店，1957。

209. 〔意〕卡洛·M. 奇波拉主编《欧洲经济史·第二卷·十六和十七世纪》，贝昱、张菁译，商务印书馆，1988。

210. 〔意〕卡洛·M. 奇波拉主编《欧洲经济史·第三卷·工业革命》，吴良健等译，商务印书馆，1989。

211. 〔意〕卡洛·M. 奇波拉主编《欧洲经济史·第四卷·工业社会的兴起》，王铁生等译，商务印书馆，1989。

212. 〔英〕E. D. 拉博德：《西欧地理》，天津外国语学院英语系、天津师范学院译，天津人民出版社，1980。

213. 〔英〕E·E. 里奇、〔英〕C. H. 威尔逊主编《剑桥欧洲经济史·第五卷·近代早期的欧洲经济组织》，高德步、蔡挺、张林等译，经济科学出版社，2002。

214. 〔英〕F. H. 欣斯利：《新编剑桥世界近代史·第四卷》，中国社会科学院世界历史研究所组译，中国社会科学出版社，1999。

215. 〔英〕H. J. 哈巴库克、〔英〕M. M. 波斯坦主编《剑桥欧洲经济史·第六卷·工业革命及其以后的经济发展：收入、人口及技术变迁》，王春法等译，经济科学出版社，2002。

216. 〔英〕W. C. 丹皮尔：《科学史及其与哲学和宗教的关系》，李珩译，广西师范大学出版社，2009。

217. 〔英〕W. H. B. 考特：《简明英国经济史》，方廷钰等译，商务印书馆，1992。

218. 〔英〕格·西·艾伦：《英国工业及其组织》，韦星译，世界知识出版社，1958。

219. 〔英〕哈孟德夫妇：《近代工业的兴起》，韦国栋译，商务印书馆，1959。

220. 〔英〕杰弗里·霍斯金:《俄罗斯史》,李国庆等译,南方日报出版社,2013。

221. 〔英〕克拉潘:《1815~1914年法国和德国的经济发展》,傅梦弼译,商务印书馆,1965。

222. 〔英〕克拉潘:《现代英国经济史》,姚曾廙译,商务印书馆,1975。

233. 〔英〕拉文斯坦:《俄国人在黑龙江》,陈霞飞译,商务印书馆,1974。

224. 〔英〕理查德·埃文斯:《竞逐权利:1815~1914》,胡利平译,中信出版集团,2018。

225. 〔英〕罗伯特·艾伦:《近代英国工业革命揭秘:放眼全球的深度透视》,毛立坤译,浙江大学出版社,2012。

226. 〔英〕马丁·吉尔伯特:《二十世纪世界史·第一卷》,中国社会科学院世界史研究所译,陕西师范大学出版社,2001。

227. 〔英〕托马斯·孟:《英国得自对外贸易的财富》,李琼译,华夏出版社,2013。

228. 〔英〕约翰·克拉潘:《简明不列颠经济史:从最早时期到1750年》,范定九、王祖廉译,上海译文出版社,1980。

229. 〔英〕约瑟夫·库利舍尔:《欧洲近代经济史》,石军、周莲译,北京大学出版社,1990。

230. 白胜洁:《19世纪末20世纪初俄国的工业垄断研究——以石油、冶金和纺织工业部门为例》,博士学位论文,吉林大学,2015。

231. 白述礼:《试论近代俄国铁路网的发展》,《世界历史》1993年第1期。

232. 柏丽荣:《试论美国工业革命的特点》,《齐齐哈尔师范学院学报》1991年第4期。

233. 蔡东洲:《试析德国工业化的道路》,《南充师院学报》(哲学社会科学版)1984年第4期。

234. 曹维安:《俄国1861年农民改革与农村公社》,《陕西师范大学学报》(哲学社会科学版)1996年第3期。

235. 曹维安:《评亚历山大二世的俄国大改革》,《兰州大学学报》(社会科学版)2000年第5期。

236. 柴彬:《英国近代早期对外贸易自主权的成长》,《历史教学》(下半月刊）2018年第5期。

237. 柴晨清：《试论16~18世纪英国"大工业"的兴起》，硕士学位论文，天津师范大学，2009。

238. 陈秋杰：《西伯利亚大铁路修建及其影响研究（1917年前）》，博士学位论文，东北师范大学，2011。

239. 陈秋杰：《西伯利亚大铁路修建中机车供应状况述评》，《西伯利亚研究》2013年第5期。

240. 陈晓律：《论不同国家发展模式及其转轨》，《历史教学问题》1999年第4期。

241. 陈紫华：《英国工业革命的特点和历史意义》，《西南师范大学学报》（人文社会科学版）1980年第3期。

242. 楚汉：《近代德、俄农业发展之比较》，《郑州大学学报》（哲学社会科学版）1996年第6期。

243. 戴志先：《十九世纪的美国工业革命》，《湖南师院学报》（哲学社科科学版）1981年第1期。

244. 邓沛勇：《俄国能源工业发展的影响因素》，《西伯利亚研究》2017年第1期。

245. 邓沛勇：《1917年前俄国石油工业中外资垄断集团及其影响》，《俄罗斯研究》2017年第3期。

246. 邓沛勇：《19世纪下半期至20世纪初俄国能源工业研究——以石油和煤炭工业为例》，博士学位论文，吉林大学，2016。

247. 邓沛勇：《19世纪下半叶至20世纪俄国工业发展特征》，《俄罗斯研究》2017年第6期。

248. 董小川：《俄国的外国资本问题》，《东北师范大学学报》1989年第3期。

249. 范璐祎：《18世纪下半期~19世纪上半期的俄国水路运输》，博士学位论文，吉林大学，2014。

250. 费希杰：《论近代法国工业化进程相对缓慢的深层原因》，《山东师范大学学报》（社会科学版）1998年第5期。

251. 付成双：《试论美国工业化的起源》，《世界历史》2011年第1期。

252. 付世明：《论帝俄时期村社的发展变化》，《广西师范大学学报》（哲学社会科学版）2006 年第 4 期。

253. 龚淑林：《美国第二次工业革命及其影响》，《南昌大学学报》（哲学社科社会科学版）1988 年第 1 期。

254. 何顺果：《西进在美国经济发展中的作用》，《历史研究》1984 年第 3 期。

255. 黄光耀：《工业革命时期英国人口发展的特点及对社会经济的影响》，《江苏社科科学》1993 年第 1 期。

256. 黄新：《法国：没有工业革命的工业化》，《南宁师专学报》1997 年第 1 期。

257. 蒋孟引：《十六世纪英国资本主义工业发展的条件和概况》，《历史教学》1963 年第 6 期。

258. 金雁：《俄国农民研究史概述及前景展望》，《俄罗斯研究》2002 年第 2 期。

259. 靳艳：《近代德国经济高速发展的历史因素》，《社科纵横》2006 年第 8 期。

260. 李宝仁：《从近代俄国铁路史看铁路建设在国家工业化进程中的地位和作用》，《铁道经济研究》2008 年第 2 期。

261. 李非：《19 世纪末—20 世纪初俄国石油工业中的垄断资本》，硕士学位论文，吉林大学，2008。

262. 李富森：《论德国第二次工业革命的成就与特点》，《临沂大学学报》2012 年第 3 期。

263. 李富森：《试论德国成为第二次工业革命中心之原因》，《沧州师范学院学报》2013 年第 1 期。

264. 李青：《论 1865—1913 年俄国地方自治机构的民生活动》，博士学位论文，吉林大学，2012。

265. 李旭：《1861—1914 年俄国证券市场》，博士学位论文，吉林大学，2016。

266. 廖春华、胡军：《美国"工业革命"与"改革时代"研究》，《特区经济》2011 年第 5 期。

267. 林国锦：《1750—1830 年英国交通变革及其影响初探》，浙江大学硕士学位论文，2007。

268. 刘金源：《论 18 世纪英国资本市场的兴起》，《史学集刊》2013 年第 3 期。

269. 刘景华：《乡村工业发展：英国资本主义成长的主要道路》，《历史研究》1993 年第 6 期。

270. 刘琼：《19 世纪末 20 世纪初外国资本对俄国石油工业的影响》，硕士学位论文，辽宁大学，2012。

271. 刘爽：《19 世纪末俄国的工业高涨与外国资本》，《社会科学战线》1996 年第 4 期。

272. 刘玮：《1860—1917 年的俄国金融业与国家经济发展》，博士学位论文，吉林大学，2011。

273. 刘玮：《试论 19 世纪俄国币制改革》，《西伯利亚研究》2011 年第 1 期。

274. 楼均信：《试论法国的工业近代化》，《杭州大学学报》1991 年第 3 期。

275. 逯红梅：《1836—1917 年俄国铁路修建及其影响》，博士学位论文，吉林大学，2017。

276. 罗爱林：《维特货币改革评述》，《西伯利亚研究》1999 年第 5 期。

277. 施雪华：《英法农业近代化特点比较及其启示》，《社会科学》1988 年第 7 期。

278. 宋淑君：《工业革命首先在英国发生的原因探析》，《长春理工大学学报》（高教版）2009 年第 5 期。

279. 万长松：《论彼得一世改革与俄国工业化的肇始》，《自然辩证法研究》2013 年第 9 期。

280. 王健：《农业中资本主义发展道路的比较研究——法国范式与普鲁士范式》，《上海社会科学院学术季刊》1990 年第 2 期。

281. 王民同：《英国经过工业革命发展成为近代工业强国》，《昆明师院学报》1979 年第 1 期。

282. 王茜：《论俄国资本主义时期的农业经济》，《西伯利亚研究》2002 年第 6 期。

283. 王绍章：《俄国石油业的发展与外国石油资本》，《东北亚论坛》2007 年第 6 期。

284. 肖辉英：《德国的城市化、人口流动与经济发展》，《世界历史》1997 年第 5 期。

285. 邢来顺：《德国正确的产业发展战略与高速工业化》，《世界历史》2001 年第 5 期。

286. 杨翠红：《俄国早期工业化进程解析》，《贵州社会科学》2013 年第 9 期。

287. 杨惠萍：《美国早期工业革命几个问题的探讨》，《辽宁大学学报》1986 年第 1 期。

288. 杨荣：《论美国的工业革命与城市化》，《安徽教育学院学报》1997 年第 3 期。

289. 杨鑫、徐继承：《工业化时期德国经济发展的原因及其影响》（汉文哲学社会科学版），《赤峰学院学报》2016 年第 8 期。

290. 杨瑛：《英国奴隶贸易的兴衰》，《河北大学学报》1985 年第 1 期。

291. 张爱东：《俄国农业资本主义的发展和村社的历史命运》，《北京大学学报》（哲学社会科学版）2001 年第 1 期。

292. 张丁育：《19 世纪 90 年代至 20 世纪初俄国与欧洲的石油贸易》，《西伯利亚研究》2009 年第 1 期。

293. 张福顺：《资本主义时期俄国农民租地活动述评》，《西伯利亚研究》2007 年第 4 期。

294. 张广翔、白胜洁：《论 19 世纪末 20 世纪初俄国的工业垄断》，《江汉论坛》2015 年第 5 期。

295. 张广翔、邓沛勇：《论 19 世纪末 20 世纪初俄国石油市场》，《河南师范大学学报》（哲学社会科学版）2016 年第 3 期。

296. 张广翔、邓沛勇：《19 世纪下半期至 20 世纪初俄国煤炭工业的发展》，《史学月刊》2016 年第 3 期。

297. 张广翔、范璐祎：《19 世纪上半期欧俄河运、商品流通和经济发展》，《俄罗斯中亚东欧研究》2012 年第 2 期。

298. 张广翔、范璐祎：《18 世纪下半期至 19 世纪初欧俄水运与经济发展——以伏尔加河－卡马河水路为个案》，《贵州社会科学》2012 年第 4 期。

299. 张广翔：《伏尔加河大宗商品运输与近代俄国经济发展（1850—1913)》，《历史研究》2017 年第 3 期。

300. 张广翔、回云崎：《18 至 19 世纪俄国乌拉尔黑色冶金业的技术变革》，《社会科学战线》2017 年第 3 期。

301. 张广翔、李旭：《19 世纪末至 20 世纪初俄国的证券市场》，《世界历史》2012 年第 4 期。

302. 张广翔、刘玮：《1864—1917 年俄国的股份商业银行》，《西伯利亚研究》2011 年第 2 期。

303. 张广翔、逯红梅：《19 世纪下半期俄国私有铁路建设及政府的相关政策》，《贵州社会科学》2016 年第 6 期。

304. 张广翔：《论 19 世纪俄国工业蒸汽动力发展历程及其工业革命特点》，《求是学刊》1990 年第 4 期。

305. 张广翔、齐山德：《革命前俄国商业银行运行的若干问题》，《世界历史》2006 年第 1 期。

306. 张广翔：《19 世纪俄国工业革命的发端——俄国工业化道路研究之二》，《吉林大学社会科学学报》1995 年第 2 期。

307. 张广翔：《19 世纪俄国工业革命的影响》，《吉林大学社会科学学报》1993 年第 2 期。

308. 张广翔：《19 世纪 60—90 年代俄国石油工业发展及其影响》，《吉林大学社会科学学报》2012 年第 6 期。

309. 张广翔：《19 世纪至 20 世纪初俄国的交通运输与经济发展》，《社会科学战线》2014 年第 12 期。

310. 张广翔：《外国资本与俄国工业化》，《历史研究》1995 年第 6 期。

311. 张广翔、王学礼：《19 世纪末—20 世纪初俄国农业发展道路之争》，《吉林大学社会科学学报》2010 年第 6 期。

312. 张广翔、王子晖：《俄中两国早期工业化比较：先决条件与启动模式》，《吉林大学社会科学学报》2011 年第 6 期。

313. 张广翔：《亚历山大二世改革与俄国现代化》，《吉林大学社会科学学报》2000 年第 1 期。

314. 张建华：《俄国近代石油工业的发展及其特点》，《齐齐哈尔师范学院学报》1994 年第 6 期。

315. 张建华：《亚历山大二世和农奴制改革》，《俄罗斯文艺》2001 年第 1 期。

316. 张箭:《论蒸汽机在工业革命中的地位》,《上海交通大学学报》(哲学社会科学版) 2008 年第 3 期。

317. 张德敬:《论农奴制改革后俄国经济政策的性质》,《江西社会科学》2002 年第 12 期。

318. 张卫良:《工业革命前英国交通运输业的发展》,《杭州师范学院学报》(社会科学版) 2004 年第 1 期。

319. 张新光:《农业资本主义演进的普鲁士范式和德国的农业现代化》,《燕山大学学报》(哲学社会科学版) 2009 年第 2 期。

320. 张永翠:《美国工业化进程中政府的作用》,《华中师范大学学报》(人文社会科学版) 1998 年第 4 期。

321. 赵明杰:《浅析美国的工业革命与城市化进程》,《唐山师范学院学报》2005 年第 1 期。

322. 赵士国、刘自强:《中俄两国早期工业化道路比较》,《史学月刊》2005 年第 8 期。

323. 赵万鑫:《论 19 世纪末—20 世纪初俄国劳动市场——以农民外出打工为中心》,《西伯利亚研究》2018 年第 6 期。

324. 赵煦:《英国城市化的核心动力:工业革命与工业化》,《兰州学刊》2008 年第 2 期。

325. 钟建平:《俄国国内粮食市场研究 (1861—1914)》,博士学位论文,吉林大学,2015。

326. 钟建平:《俄国农民土地银行的运作模式》,《西伯利亚研究》2008 年第 8 期。

327. 钟建平:《19—20 世纪初俄国粮食运输问题研究》,《俄罗斯东欧中亚研究》2014 年第 3 期。

328. 钟建平:《19—20 世纪初俄国农业协会的兴农实践探析》,《贵州社会科学》2015 年第 3 期。

329. A. Birch, *The Economic History of the British Iron and Steel Industry, 1784 – 1879: Essays in Industrial and Economic History with Special Reference to the Development of Technology* (London & New York: Routledge, 2006).

330. A. C. Bining, *Pennsylvania Iron Manufacture in the Eighteenth Century*

(Harrisburg: Pennsylvania Historical and Museum Commission, 1938).

331. A. Cheremukhin, M. Golosov, S. Guriev, A. Tsyvinski, "The Industrialization and Economic Development of Russia through the Lens of a Neoclassical Growth Model", *Review of Economic Studies*, Vol. 84, No. 2, 2017.

332. A. Hirsch, *Industrialized Russia* (New York: Chemical Catalog Company, 1934).

333. A. Kander, P. Warde, "International Trade and Energy Intensity During European Industrialization, 1870 – 1935", *Ecological Economics*, Vol. 139, No. C, 2017.

334. American Wool and Cotton Reporter, eds., *History of American Textiles: With Kindred and Auxiliary Industries* (New York: Frank P. Bennett & Co., 1922).

335. B. D. Wolfe, "Back-wardness and Industrialization in Russian History and Thought", *Slavic Review*, Vol. 26, No. 2, 1967.

336. B. Hindle, S. Lubar, *Engines of Change: The American Industrial Revolution, 1790 – 1860* (Washington: Smithsonian Books, 1986).

337. B. R. Mitchell, *Economic Development of the British Coal Industry, 1800 – 1914* (Cambridge: Cambridge University Press, 1984).

338. C. Brezina, *The Industrial Revolution in America: A Primary Source History of America's Transformation into an Industrial Society* (New York: The Rosen Publishing Group, 2005).

339. C. E. Peterson, ed., *Building Early America: Contributions toward a History of a Great Industry* (Radnor: Chilton Book Co., 1976).

340. C. Erickson, *British Industrialists: Steel and Hosiery, 1850 – 1950* (Cambridge: Cambridge University Press, 1959).

341. C. Fohlin, "Relationship Banking, Liquidity, and Investment in the German Industrialization", *The Journal of Finance*, Vol. 53, Issue 5, 1998.

342. C. K. Hyde, "Technological Change and the Development of the British Iron Industry, 1700 – 1870", *Journal of Economic History*, Vol. 33, No. 1, 1973.

343. C. K. Hyde, *Technological Change and the Development of the British Iron Industry, 1700 – 1870* (Princeton: Princeton University Press, 2019).

344. C. K. Hyde, "Technological Change in the British Wrought Iron Industry 1750 – 1815: A Reinterpretation", *Economic History Review*, Vol. 27, No. 2, 1974.

345. C. More, *Understanding the Industrial Revolution* (London & New York: Routledge, 2002).

346. C. Trebilcock, *The Industrialisation of the Continental Powers, 1780 – 1914* (London & New York: Routledge, 2013).

347. D. A. Frey, "Industrious Households: Survival Strategies of Artisans in a Southwest German Town during the Eighteenth and Early Nineteenth Centuries", *International Review of Social History*, Suppl. 8, Vol. 45, 2000.

348. D. Brody, *Steel Workers in America: The Nonunion Era* (Cambridge: Harvard University Press, 1960).

349. D. Cunha, "The Frontier of Hell: Sicily, Sulfur, and the Rise of the British Chemical Industry, 1750 – 1840", *Critical Historical Studies*, Vol. 6, No. 2, 2019.

350. D. H. Aldcroft, ed., *The Development of British Industry and Foreign Competition, 1875 – 1914* (Toronto: University of Toronto Press, 1968).

351. D. Hamlin, "Flexible Specialization and the German Toy industry, 1870 – 1914", *Social History*, Vol. 29, No. 1, 2004.

352. D. L. Burn, *The Economic History of Steelmaking, 1867 – 1939: A Study in Competition* (Cambridge: Cambridge University Press, 1961).

353. D. Lieven, ed., *The Cambridge History of Russia: Volume 2, Imperial Russia, 1689 – 1917* (Cambridge: Cambridge University Press, 2006).

354. D. North, *The Economic Growth of the United States, 1790 – 1860* (New York: W. W. Norton & Company, 1966).

355. D. R. Meyer, *The Roots of American Industrialization* (Baltimore: The Johns Hopkins University Press, 2003).

356. D. S. Landes, *The Unbound Prometheus: Technological Change and Industrial Development in Western Europe from 1750 to the Present* (Cambridge: Cambridge University Press, 2003).

357. D. Ward, *Cities and Immigrants: A Geography of Change in Nineteenth*

Century America (Oxford: Oxford University Press, 1971).

358. E. Griffin, *A Short History of the British Industrial Revolution* (London: Palgrave, 2018).

359. E. S. Ferguson, "The American-ness of American Technology", *Technology and Culture*, Vol. 20, No. 1, 1979.

360. F. Warner, "The British Silk Industry: Its Development since 1903", *Journal of the Royal Society of Arts*, Vol. 60, No. 3092, 1912.

361. G. C. Allen, *British Industry and Economic Policy* (London: The Macmillan Press Ltd., 1979).

362. G. Meyer-Thurow, "The Industrialization of Invention: A Case Study from the German Chemical Industry", Vol. 73, Issue 268, 1982.

363. G. M. Hamburg, *Imperial Russian History, Vol. II, 1861 – 1917* (New York: Garland Publishers, 1992).

364. G. M. Hamburg, *Imperial Russian History, Vol. I, 1700 – 1861* (New York: Garland Publishers, 1992).

365. G. S. Gibb, "The Pre-Industrial Revolution in America: A Field for Local Research", *Bulletin of Business Historical Society*, Vol. 20, No. 4, 1946.

366. G. Symeonidis, *The Effects of Competition: Cartel Policy and the Evolution of Strategy and Structure in British Industry* (London: The MIT Press, 2002).

367. H. A. M. Klemann, J. Schenk, "Competition in the Rhine Delta: Waterways, Railways and Ports, 1870 – 1913", *Economic History Review*, Vol. 66, No. 3, 2013.

368. H. Heaton, *The Yorkshire Woollen and Worsted Industries* (Oxford: Oxford University Press, 1920).

369. H. Jeff, *The Path Not Taken: French Industrialization in the Age of Revolution, 1750 – 1830* (Cambridge: The MIT Press, 2008).

370. H. Sée, *Economic and Social Conditions in France During the Eighteenth Century*, Translated by E. H. Zeyde (Kitchener: Batoche Books, 2004).

371. I. D. Salavrakos, "Is the current German De-industrialization Similar to the British Case of the 1870 – 1914 Period? Similarities and Differences", *Euro-*

pean Research Studies Journal, Vol. X, No. 1 – 2, 2007.

372. J. A. Hasson, "Developments in the British Coal Industry", *Land Economics*, Vol. 38, No. 4, 1962.

373. J. Atack, F. Bateman, "How Long Was the Workday in 1880?", *Journal of Economic History*, Vol. 52, No. 1, 1992.

374. J. Bezís-Selfa, *Forging America: Ironworkers, Adventurers, and the Industrious Revolution* (Ithaca, New York: Cornell University Press, 2004).

375. J. C. Carr, W. Taplin, *History of the British Steel Industry* (Cambridge: Harvard University Press, 1962).

376. J. E. Inikori, S. L. Engerman, eds., *The Atlantic Slave Trade: Effects on Economies, Societies, and Peoples in Africa, the Americas, and Europe* (Durham: Duke University Press, 1992).

377. J. E. Inikori, "The Import of Firearms into West Africa 1750 – 1807: A Quantitative Analysis", *Journal of African History*, Vol. 18, No. 3, 1977.

378. J. Higham, *Send These to Me, Immigrants in Urban America* (Baltimore and London: The Johns Hopkins University Press, 1984).

379. J. Peter, *The Structure of British Industry* (New York: Taylor and Francis, 2002).

380. J. R. Harris, *The British Iron Industry, 1700 – 1850* (London: Macmillan Education Ltd., 1988).

381. J. R. H. Moore, *An Industrial History of the American People* (New York: The Macmillan Company, 1913).

382. J. R. T. Hughes, *Fluctuations in Trade, Industry, and Finance: A Study of British Economic Development, 1850 – 1860* (Oxford: Clarendon Press, 1960).

383. J. R. Wordie, "The Chronology of English Enclosure, 1500 – 1914", *Economic History Review*, Second Series, Vol. XXVI, No. 4, 1983.

384. K. Buxton, *The Economic Development of the British Coal Industry from Industrial Revolution to the Present Day* (London: Batsford Academic, 1978).

385. K. Coman, *The Industrial History of the United States* (London: The Macmillan

Company, 1907).

386. K. D. Barkin, *The Controversy Over German Industrialization, 1890 – 1902* (Chicago and London: The University of Chicago Press, 1970).

387. K. Hillstrom, L. C. Hillstrom, eds., *The Industrial Revolution in America: Steam Shipping* (Santa Barbara, Denver, and Oxford: ABC-CLIO, 2005).

388. K. Wrightson, "The Enclosure of English Social History", *Rural History*, Vol. 1, No. 1, 1990.

389. L. Beier, R. Finlay, eds., *The Making of the Metropolis: Essays in the Social and Economic History of London, 1500 – 1700* (London: Longman, 1986).

390. L. Cain, D. Paterson, "Biased Technical Change, Scale, and Factor Substitution in American Industry, 1850 – 1919," *Journal of Economic History*, Vol. 46, No. 1, 1986.

391. L. Hirth, *State, Cartels and Growth: The German Chemical Industry* (Munich: GRIN Verlag, 2007).

392. L. S. Regele, *Manufacturing Advantage: War, the State, and the Origins of American Industry, 1776 – 1848* (Baltimore: The Johns Hopkins University Press, 2019).

393. L. Tomory, "Technology in the British Industrial Revolution", *History Compass*, Vol. 14, No. 4, 2016.

394. L. V. Neuss: "Why Did the Industrial Revolution Start in Britain?", Working Paper, January 2016, https://www.researchgate.net/publication/286017737.

395. M. A. Bienefeld, *Working Hours in British Industry: An Economic History* (London: LSE Research Monograph, 1972).

396. M. Berg, *The Age of Manufactures, 1700 – 1820: Industry, Innovation and Work in Britain* (New York: Routledge, 1994).

397. M. E. Falkus, *The Industrialisation of Russia, 1700 – 1914* (London: The Macmillan Press Ltd., 1972).

398. M. Epkenhans, "Military-Industrial Relations in Imperial Germany, 1870 – 1914", *War in History*, Vol. 10, No. 1, 2003.

399. M. Jenkin, *British Industry and the North Sea* (London: The Macmillan

Press Ltd. , 1981).

400. M. Klein, *The Genesis of Industrial America, 1870 - 1920* (Cambridge: Cambridge University Press, 2007).

401. M. Mutz, "Managing Resources: Water and Wood in the German Pulp and Paper Industry, 1870s - 1930s", *Economic History Yearbook*, Vol. 50, No. 2, 2009.

402. M. Reutter, *Sparrows Point: Making Steel—The Rise and Ruin of American Industrial Might* (New York: Summit Books, 1988).

403. M. V. Kennedy, "The Development of the American Iron Industry in the Nineteenth Century: An Interdisciplinary Examination", *Reviews in American History*, Vol. 43, No. 3, 2015.

404. M. V. Khodiakov, "Industrial Regionalism in the Russian Revolution", *International Politics: A Journal of Transnational Issues and Global Problems*, Vol. 33, No. 4, 1996.

405. M. W. Flinn, *An Economic and Social History of Britain since 1700* (London and Basingstoke: Macmillan Education Ltd. , 1975).

406. M. Williams, *Americans and Their Forests: A Historical Geography* (Cambridge: Cambridge University Press, 1989).

407. N. Honerkamp, "Forging America: Iron-workers, Adventurers, and the Industrious Revolution", *Journal of Southern History*, Vol. 7, No. 4, 2005.

408. N. K. Buxton, D. H. Aldcroft, eds. , *British Industry between the Wars: Instability and Industrial Development, 1919 - 1939* (London: Scolar Press, 1979).

409. P. A. Sauvain, *British Economic and Social History, 1700 - 1870* (London: Stanley Thornes Ltd. , 1987).

410. P. A. Shulman, *Coal and Empire: The Birth of Energy Security in Industrial America* (Baltimore: The Johns Hopkins University Press, 2015).

411. P. Deane, *The First Industrial Revolution* (Cambridge University Press, 1979).

412. P. Deane, W. A. Cole, *British Economic Growth, 1688 - 1959: Trends and Structure* (Cambridge : Cambridge University Press, 1964).

413. P. Gatrell, *Government, Industry and Rearmament in Russia, 1900 – 1914: The Last Argument of Tsarism* (Cambridge: Cambridge University Press, 1994).

414. P. Kennedy, *The Rise and Fall of the Great Powers: Economic Change and Military Conflict from 1500 to 2000* (London: Unwin Hyman, 1988).

415. P. Lucier, "Scientists and Swindlers: Coal, Oil and Scientific Consulting in the American Industrial Revolution, 1830 – 1870", A Dissertation Presented to the Faculty of Princeton University in Candidacy for the Degree of Doctor of Philosophy, 1994.

416. P. N. Stearns, *The Industrial Revolution in World History* (New York: Routledge, 2021).

417. P. O'Brien, ed., *Railways and the Economic Development of Western Europe, 1830 – 1914* (Oxford: The Macmillan Press Ltd., 1983).

418. P. R. Sharp, J. L. Weisdorf, "French Revolution or Industrial Revolution? A Note on the Contrasting Experiences of England and France up to 1800", *Cliometrica: Journal of Historical Economics and Econometric History*, Vol. 6, Issue 1, 2012.

419. P. S. Bagwell, *The Transport Revolution from 1770* (London: B. T. Batsford Ltd., 1974).

420. P. Wallis, J. Colson, D. Chilosi, "Structural Change and Economic Growth in the British Economy before the Industrial Revolution, 1500 – 1800", *Journal of Economic History*, Vol. 78, Issue 3, 2018.

421. R. B. Gordon, *American Iron, 1607 – 1900* (Baltimore: The Johns Hopkins University Press, 1996).

422. R. Brown, *Society and Economy in Modern Britain, 1700 – 1850* (London & New York: Routledge, 1991).

423. R. Cameron, *A Concise Economic History of the World: From Paleolithic Times to the Present* (Oxford: Oxford University Press, 1993).

424. R. C. O. Matthews, *A Study in Trade Cycle History, Economic Fluctuations in Great Britain, 1833 – 1842* (London: Cambridge University Press, 1954).

425. R. Douglas Hurt, *American Agriculture: A Brief History* (West Lafayette: Purdue University Press, 2002).

426. R. Floud, D. N. McCloskey, *The Economic History of Britain since 1700, Volume 2: 1860 to the 1970s* (Cambridge: Cambridge University Press, 1983).

427. R. Floud, D. N. McClosky, eds., *The Economic History of Britain since 1700, Vol. I: 1700 – 1860* (Cambridge: Cambridge University Press, 1994).

428. R. Floud, P. Johnson, eds., *The Cambridge Economic History of Modern Britain, Vol. 1: Industrialisation 1700 – 1860* (Cambridge: Cambridge University Press, 2004).

429. R. Gourvish, *Railways and the British Economy, 1830 – 1914* (London and Basingstoke: The Macmillan Press Ltd., 1980).

430. R. G. Taylor, *Outlines of American Industrial History* (Manhattan, Kansas: Kannsas State Agticultural College, 1915).

431. R. Lee, ed., *German Industry and German Industrialisation: Essays in German Economic and Business History in the Nineteenth and Twentieth Centuries* (London: Routledge, 1991).

432. R. R. Locke, "French Industrialization: The Roehl Thesis Reconsidered", *Explorations in Economic History*, Vol. 18, Issue 4, 1981.

433. R. Roehl, "French industrialization: A Reconsideration", *Explorations in Economic History*, Vol. 13, Issue 3, 1976.

434. R. Sylla, G. Toniolo, *Patterns of European Industrialization: The Nineteenth Century* (New York: Routledge, 1991).

435. S. E. Caspar, et al., eds., *A History of the Book in America: The Industrial Book 1840 – 1880* (Chapel Hill: University of North Carolina Press, 2007).

436. S. King, G. Timmins, *Making Sense of the Industrial Revolution* (Manchester: Manchester University Press, 2001).

437. S. Michael, *The German Empire, 1870 – 1918* (New York: Random House Publishing Group, 2000).

438. S. Michael, *The Universities and British Industry, 1850 – 1970* (London: Routledge & KeganPaul Ltd., 1972).

439. S. P. McCaffray, *The Politics of Industrialization in Tsarist Russia: The Association of Southern Coal and Steel Producers, 1874 – 1914*, (De Kalb: Northern Illinois University Press, 1996).

440. T. C. Owen, "The Russian Industrial Society and Tsarist Economic Policy, 1867 – 1905", *Journal of Economic History*, Vol. 45, No. 3, 1985.

441. T. H. Burnham, G. O. Hoskins, *Iron and Steel in Britain, 1870 – 1930: A Comparative Study of the Causes which Limited the Economic Development of the British Iron and Steel Industry Between the Years 1870 and 1930* (London: Allen and Unwin, 1943).

442. T. Kemp, *Idustrialization in Nineteenth Century Europe* (London & New York: Routledge, 1982).

443. T. L. Purvis, R. Balkin, *Colonial America to 1763* (New York: Facts on File, 1999).

444. T. May, An *Economic and Social History of Britain, 1760 – 1970* (New York: Longman Inc., 1987).

445. T. Veblen, *Imperial Germany and The Industrial Revolution: The Background Origins of World World War I —Economic Rise as Fuel for Political Radicalism* (New York: The Macmillan Company, 1915).

446. T. Weiss, "Long-Term Changes in US Agricultural Output per Worker, 1800 – 1900," *Economic History Review*, Vol. 46, No. 2, 1993.

447. V. S. Clark, *History of Manufactures in the United States* (Washington, D. C.: Carnegie Institution of Washington, 1916).

448. W. A. Richards, "The Import of Firearms into West Africa in the Eighteenth Century", *Journal of African History*, Vol. 21, No. 1, 1980.

449. W. Blackwell, *Russian Economic Development from Peter the Great to Stalin: Moderns Cholar Ship on European History* (New York: New Viewpoints, 1974).

450. W. C. Whatley, "The Gun-slave Hypothesis and the 18th Century British Slave Trade", *Explorations in Economic History*, Vol. 67, No. C, 2018.

451. W. L. Blackwell, *The Beginnings of Russian Industrialization*, *1800 – 1860* (Princeton: Princeton University Press, 1968).

452. W. L. Blackwell, *The Industrialization of Russia: An Historical Perspective* (New York: John Wiley & Sons Incorporated, 1982).

453. W. Licht, *Industrializing America: The Nineteenth Century* (Baltimore: The Johns Hopkins University Press, 1995).

454. W. M. Gardner, *The British Coal-Tar Industry; Its Origin, Development, and Decline* (New York: General Books, 2010).

455. W. O. Henderson, "The Genesis of the Industrial Revolution in France and Germany in the 18th Century", *International Review for Social Sciences*, Vol. 9, Issue 2, 1956.

附　录

附录一　英国工业发展相关统计数据

表1　1700～1801年英国农业产量、工业产量、总产量和人均产量的年均增长率

单位：%

年份	农业产量	工业产量	总产量	人均产量
1700～1760	0.60	0.71	0.69	0.31
1760～1780	0.13	1.51	0.70	0.01
1780～1801	0.75	2.11	1.32	0.35

资料来源：F. Crouzet, *Britain Ascendant: Studies in British and Franco-British Economic History*, Translated by M. Thom (Cambridge: Cambridge University Press, 1985), p.51。

表2　1700～1780年英国各工业部门实际产量的年均增长率

单位：%

工业部门	1700～1760年	1760～1770年	1770～1780年
棉纺织	1.37	4.59	6.20
羊毛	0.97	1.30	—
亚麻	1.25	2.68	3.42
丝织	0.67	3.40	-0.03
建筑	0.74	0.34	4.24
钢铁	0.60	1.65	4.47
制铜	2.62	5.61	2.40
煤炭	0.64	2.19	2.48
造纸	1.51	2.09	0.00
啤酒	0.21	-0.10	1.10
皮革	0.25	-0.10	0.82

续表

工业部门	1700~1760年	1760~1770年	1770~1780年
肥皂	0.28	0.62	1.32
蜡烛	0.49	0.71	1.15

资料来源：D. Fisher, *The Industrial Revolution: A Macroeconomic Interpretation* (New York: ST. Martin's Press, 1992), p.13。

表3　1787~1900年英国纺织工业的发展规模

单位：百万枚，万台

年份	纱锭数量	机器织布机	年份	纱锭数量	机器织布机
1787	2.0	—	1879	39.6	—
1812	5.1	—	1880	39.8	—
1813	—	0.24	1881	40.1	—
1817	6.6	—	1882	41.0	48.5
1820	—	1.42	1883	42.0	—
1827	—	4.5	1884	43.0	53.4
1829	7.0	5.55	1885	43.0	54.6
1830	—	6.0	1886	42.7	55.0
1832	8.0		1887	42.7	58.3
1833	9.3	10.0	1888	42.7	—
1835	12.0	11.0	1889	43.5	59.7
1838	—	13.0	1890	43.8	60.7
1846	19.5	22.5	1891	44.8	61.1
1850	21.0	25.0	1892	45.4	61.6
1856	28.0	29.9	1893	45.3	60.3
1861	30.4	40.0	1894	45.3	62.8
1868	32.0	37.9	1895	45.4	—
1870	34.7	44.1	1896	44.9	63.8
1874	37.5	46.3	1897	44.9	64.2
1875	38.1	—	1898	44.9	63.0
1876	38.7	—	1899	45.2	63.9
1877	39.1	51.5	1900	45.6	64.9
1878	39.5				

资料来源：〔苏〕列·阿·门德尔逊《经济危机和周期的理论与历史·第二卷》，吴纪先等译，生活·读书·新知三联书店，1976，第685页。

表 4　英国棉纺织业的技工分布

单位：人

区域	1838 年	1898~1899 年
柴郡	36400	34300
坎伯兰郡	2000	700
德比郡	10500	10500
兰开夏郡	152200	398100
诺丁汉郡	1500	1600
斯塔福德郡	2000	2300
约克郡	12400	35200
英格兰与威尔士	219100	496200
苏格兰	35600	29000
爱尔兰	4600	800
联合王国	259300	526000

资料来源：W. Farrer, J. Brownbill, eds., *The Victoria History of the Country of Lancaster*, Vol. 2 (London: Archibald Constable and Co., 1908), p.382。转引自徐滨《英国工业革命中的资本投资与社会机制》，天津社会科学院出版社，2012，第159页。

表 5　1841~1856 年英国兰开夏郡棉纺织工厂数量

单位：家

年份	仅从事纺纱的工厂	仅从事织布的工厂	既从事纺纱也从事织布的工厂	工厂总数
1841（所有工厂）	550	104	320	974
1841（开工工厂）	475	88	293	856
1850	517	196	436	1149
1856	591	344	516	1451

资料来源：A. J. Taylor, "Concentration and Specialization in the Lancashire Cotton Industry, 1825-1850", *Economic History Review*, New Series, Vol. 1, No. 2/3 (1949), p.122。

表 6　1841~1856 年英国兰开夏郡棉纺织厂的工人数量

单位：人

年份	仅从事纺纱的工人数量	仅从事织布的工人数量	既从事纺纱也从事织布的工人数量	工人总数
1841（所有工厂）	66738	9532	111561	187831
1841（开工工厂）	58636	8277	104815	171728

续表

年份	仅从事纺纱的工人数量	仅从事织布的工人数量	既从事纺纱也从事织布的工人数量	工人总数
1850	56012	19674	135260	210946
1856	68460	36936	152924	258320

资料来源：A. J. Taylor, "Concentration and Specialization in the Lancashire Cotton Industry, 1825 – 1850", *Economic History Review*, New Series, Vol. 1, No. 2/3（1949），p. 122。

表7　1835~1861年英国兰开夏郡纺织工厂数量

单位：家

工厂类型	1835年	1841年	1850年	1856年	1861年
棉纺织厂	676	1105	1235	1480	1979
羊毛厂	99	141	116	99	101
精纺毛织厂	8	13	11	9	3
亚麻厂	19	19	9	13	13
丝织厂	22	28	29	14	48
棉布印花厂	—	94	—	—	—
漂洗厂	—	—	—	32	50

资料来源：A. Howe, *The Cotton Masters, 1830 – 1860*（Oxford：Clarendon Press, 1984），p. 2。转引自徐滨《英国工业革命中的资本投资与社会机制》，天津社会科学院出版社，2012，第160页。

表8　1853~1913年英国精纺毛织品和毛线的年均出口量

年份	精纺毛织品（千平方码）	毛线（千磅）
1853~1854	143622	14849
1855~1859	149528	23864
1860~1864	176862	29447
1865~1869	255483	35202
1870~1874	323970	37744
1875~1879	252753	30824
1880~1884	243803	32158
1885~1889	245592	43457
1890~1894	190253	46092
1895~1899	174755	60578
1900~1904	153900	54511

续表

年份	精纺毛织品（千平方码）	毛线（千磅）
1905~1908	172933	53485
1909~1913	174345	61854

资料来源：D. H. Aldcroft：*The Development of British Industry and Foreign Competition*, 1875 – 1914（Toronto：University of Toronto Press，1968），p. 135。

表9　1801~1849年英国的棉花消费量

单位：百万磅

年份	棉花消费量	年份	棉花消费量	年份	棉花消费量
1801	54.2	1818	162.1	1835	333.0
1802	56.6	1819	133.1	1836	363.7
1803	52.3	1820	152.8	1837	368.4
1804	61.4	1821	137.4	1838	455.0
1805	58.9	1822	143.4	1839	352.0
1806	57.5	1823	186.3	1840	528.1
1807	72.7	1824	141.0	1841	437.1
1808	42.0	1825	202.5	1842	474.0
1809	88.5	1826	162.9	1843	581.3
1810	123.7	1827	249.8	1844	554.2
1811	90.3	1828	209.0	1845	679.1
1812	61.3	1829	204.1	1846	401.9
1813	51.0	1830	269.6	1847	399.8
1814	53.8	1831	273.2	1848	639.0
1815	92.5	1832	259.4	1849	775.5
1816	86.8	1833	293.7		
1817	116.8	1834	308.6		

资料来源：〔苏〕尤·瓦尔加主编《世界经济危机：1848~1935》，戴有振等译，世界知识出版社，1958，第418页。

表10　1909~1913年比利时、法国、德国、英国和美国的年均采煤量

国家	1909~1913年的平均数		1913年	
	年均采煤量（百万吨）	开采每吨煤花费的时间（小时）	每班次矿工的工作时间（小时）	每班次矿工的平均收入（美元）
比利时	23	12.8	4	1.20

续表

国家	1909~1913年的平均数		1913年	
	年均采煤量（百万吨）	开采每吨煤花费的时间（小时）	每班次矿工的工作时间（小时）	每班次矿工的平均收入（美元）
法国	38	12.7	4	3.38
德国	162	10.5	—	—
英国	270	8.74	6	5.75（1914年）
美国（无烟煤）	77	9.3	—	—
美国（烟煤）	381	5.3	—	—

资料来源：D. H. Aldcroft：*The Development of British Industry and Foreign Competition, 1875-1914*（Toronto：University of Toronto Press, 1968），p. 44。

表11　1870~1913年英国、德国、美国和法国的煤炭产量

单位：百万吨

国家	1870年	1880年	1890年	1913年
英国	112.0	149.0	228.8	292.0
德国（包括褐煤在内）	34.0	47.0	109.3	190.1
美国（包括褐煤在内）	30.0	64.9	244.6	517.0
法国	13.2	19.4	33.4	40.8

资料来源：宋则行《资本主义国家发展不平衡问题》，人民出版社，1957，第40页。

表12　1870~1913年英国、德国、美国和法国的生铁产量

单位：百万吨

国家	1870年	1880年	1890年	1913年
英国	6.0	7.7	9.0	10.3
德国	1.3	2.5	7.5	16.8
美国	1.8	3.8	13.8	31.0
法国	1.8	1.7	2.7	5.2

资料来源：宋则行《资本主义国家发展不平衡问题》，人民出版社，1957，第40页。

表13　1870~1913年英国、德国、美国和法国的钢铁产量

单位：百万吨

国家	1870年	1880年	1890年	1913年
英国	0.22	1.3	4.9	7.7
德国	0.17	0.7	6.4	16.9

续表

国家	1870 年	1880 年	1890 年	1913 年
美国	0.07	1.2	10.2	31.3
法国	0.08	0.4	1.6	4.7

资料来源：宋则行《资本主义国家发展不平衡问题》，人民出版社，1957，第40页。

表 14　1874～1913 年部分欧美国家矿工每年人均采煤量

单位：吨

国家	1874～1878 年	1879～1883 年	1884～1888 年	1889～1893 年	1894～1898 年	1899～1903 年	1904～1908 年	1909～1913 年
比利时	135	163	173	168	174	169	162	159
法国	154[a]	187[b]	196	201	208	198	194	195
德国	209	257	269	257	262	247	251	265
英国	270	319	319	282	287	289	283	257
美国（无烟煤）	323	374	340	349	336	370	423	449
美国（烟煤）	341	505	449	503	511	616	617	698

注：a 仅指 1876～1878 年，b 仅指 1882～1883 年。

资料来源：D. H. Aldcroft：*The Development of British Industry and Foreign Competition*，*1875 - 1914*（Toronto：University of Toronto Press，1968），p. 46。

表 15　英国部分经济指数的年均增长率

单位：%

年份	人均每小时的总产出	人均实际收入	工业产量	工业生产率	出口
1850～1860	—	—	—	—	5.7
1860～1870	—	2.5	2.9	1.1	3.2
1870～1880	0.9	0.8	2.3	1.2	2.8
1880～1890	3.8	3.5	1.6	0.5	2.9
1890～1900	1.3	1.2	2.8	0.2	0.4
1900～1913	0.6	0.4	1.6	0.2	5.4
1860～1913	1.5[a]	1.6	2.1	0.7	2.8

注：a 指 1870～1913 年。

资料来源：D. H. Aldcroft：*The Development of British Industry and Foreign Competition*，*1875 - 1914*（Toronto：University of Toronto Press，1968），p. 13。

表16　1871～1913年英国、美国、德国和法国的工业产量、
工业生产率和出口的年均增长率

单位：%

国家	工业产量	工业生产率	出口
英国	2.1	0.6	2.2
美国	4.7	1.5	3.2
德国	4.1	2.6[b]	4.3
法国	3.1[a]	—	2.6

注：a指1880～1913年，b为估算值，出口列为1880～1913年数据。
资料来源：D. H. Aldcroft：*The Development of British Industry and Foreign Competition*，1875-1914（Canada：University of Toronto Press，1968），p. 13。

表17　英国、法国、德国和美国从业人员在农业、制造业和服务业中的占比

单位：%

国家	年份	农业	制造业	服务业
英国	1861	19	39	27
法国	1856	52	22	22
德国	1882	46	26	16
美国	1880	59	18	20
英国	1911	9	39	35
法国	1906	43	25	28
德国	1907	37	29	22
美国	1910	31	29	35

注：农业包含农业、林业与渔业；制造业为制造业，不包括采掘业和建筑业；服务业包含商业、金融、运输与通信服务行业。
资料来源：R. Floud，D. N. McCloskey，*The Economic History of Britain since 1700*，Vol. 2：1860 to the 1970s（Cambridge：Cambridge University Press，1983），p. 12。

表18　1699～1701年和1772～1774年英国进口商品构成

单位：千英镑

进口商品	1699～1701年	1772～1774年
亚麻制品	903	1274
棉布	367	697
丝绸和混纺品	208	82
金属器皿	72	7
线	79	14

续表

进口商品	1699~1701 年	1772~1774 年
其他	215	111
制成品总额	1844	2185
葡萄酒	536	411
烈性酒	10	205
糖	630	2364
烟草	249	519
水果	174	159
胡椒	103	33
药品	53	203
茶叶	8	848
咖啡	27	436
大米	5	340
谷物	—	398
其他	174	561
食品总额	1969	6477
生丝和丝线	346	751
亚麻和大麻纤维	194	481
羊毛	200	102
棉花	44	137
纱线	232	424
燃料	226	506
铁和钢	182	481
木材	138	319
油料	141	162
动物脂	85	131
皮革	57	164
其他	191	443
原料总额	2036	4101

注：本表统计 1699~1701 年和 1772~1774 年的平均数，仅包括英格兰和威尔士的统计数据。

资料来源：〔美〕W. W. 罗斯托：《这一切是怎么开始的——现代经济的起源》，黄其祥、纪坚博译，商务印书馆，1997，第 96~99 页。

表19 1699~1701年和1772~1774年英国再出口商品构成

再出口商品	1699~1701年	1772~1774年
棉布	340	701
丝绸等	150	501
亚麻制品	182	322
其他	74	38
制成品总额	746	1562
烟草	421	904
糖	287	429
胡椒	93	110
茶叶	2	295
咖啡	2	873
大米	4	363
朗姆酒	—	199
药品	48	132
其他	84	237
食品总额	941	3542

注：本表统计1699~1701年和1772~1774年的平均数，仅包括英格兰和威尔士的统计数据。
资料来源：〔美〕W. W. 罗斯托：《这一切是怎么开始的——现代经济的起源》，黄其祥、纪坚博译，商务印书馆，1997，第96~99页。

表20 1815~1890年英国重工业、轻工业品的出口贸易额

单位：百万英镑

工业部门		1815年	1825年	1837年	1847年	1857年	1866年	1872年	1882年	1890年
重工业	煤和焦炭	0.47	0.14	0.43	0.97	3.21	5.10	10.4	9.56	19.0
	铁和钢	1.28	1.05	2.01	5.27	13.5	14.7	35.3	31.1	31.1
	有色金属	—	—	1.24	1.54	5.7	6.1	5.5	5.1	7.2
	机器	—	0.21	0.49	1.26	3.88	4.76	8.20	11.9	16.4
	电器制品	—	—	—	—	0.30	0.31	0.40	1.04	1.60
	船舶	—	—	—	—	—	—	—	—	—
	交通工具	—	—	—	—	0.17	0.24	0.24	0.62	3.03
轻工业	纺织品	33.4	27.2	28.7	35.8	61.8	114.9	133.8	112.6	114.2
	棉织品	20.7	18.4	20.6	23.3	39.1	74.6	80.2	75.8	74.4
	毛织品	10.2	6.20	5.0	7.9	13.6	26.5	38.5	23.7	27.5

续表

工业部门		1815年	1825年	1837年	1847年	1857年	1866年	1872年	1882年	1890年
轻工业	皮革及其制品	0.71	0.45	0.34	0.47	2.29	2.03	3.66	4.28	4.28
	陶瓷及玻璃	1.50	1.01	1.04	1.13	2.15	2.46	3.11	3.62	3.58
	铁制品	1.35	1.39	1.46	2.34	4.21	5.98	5.45	5.16	4.53

资料来源：中国科学院经济研究所世界经济研究室编《主要资本主义国家经济统计集：1848～1960》，世界知识出版社，1962，第236页。

表21　1805～1811年英国制造业产品出口至欧洲的实际价值

单位：万英镑，%

年份	制造业产品的出口值	占比
1805	4106.9	22.2
1808	4324.2	22.1
1809	4048.0	31.5
1810	4997.6	31.3
1811	3491.7	36.8

资料来源：H. Jeff, *The Path Not Taken: French Industrialization in the Age of Revolution, 1750 - 1830* (Cambridge: The MIT Press, 2008), p. 228。

表22　1840～1874年英国主要工业品的输出量

单位：万英镑

年份	铁和钢	机械	棉纱和棉制品	毛线和毛线品	煤
1840	252.5	59.3	2466.9	578.1	57.7
1850	535.0	104.2	2825.7	1004.0	128.4
1860	1213.8	383.8	5201.2	1600.0	331.6
1870	2353.8	529.3	7141.6	2665.8	563.8
1872	3534.0	820.1	8016.4	3849.3	1044.2
1874	3094.5	979.1	7424.8	2836.0	1198.4

资料来源：马海编著《几个主要资本主义国家工业化的过程》，上海人民出版社，1956，第16页。

表23　1775～1861年制造业、采矿业和服务业中就业人员的年均增长率

单位：%

年份	制造业	采矿业	服务业
1755～1811	0.70	4.31	0.79

续表

年份	制造业	采矿业	服务业
1821~1861	—	—	—
1841~1861	1.45	4.69	1.88

资料来源：J. G. Williamson, *Coping with City Growth during the British Industrial Revolution* (London: Cambridge University Press, 2002), p. 85。

表24　1750~1911年英国城市人口占比、工业部门就业人数占比

年份	城市人口占比(1)	工业部门就业人数占比(2)	两者的比率(1)/(2)
1750	24.1	23.8	1.01
1801	33.8	29.7	1.14
1811	36.6	30.2	1.21
1821	40.0	38.4	1.04
1831	44.3	40.8	1.09
1841	48.3	40.5	1.19
1851	54.0	42.9	1.26
1861	58.7	43.6	1.35
1871	65.2	43.1	1.51
1881	70.0	43.5	1.61
1891	74.5	43.9	1.70
1901	78.0	46.3	1.68
1911	78.9	46.4	1.70

资料来源：J. G. Williamson, *Coping with city Growth during the British Industrial Revolution* (London: Cambridge University Press, 2002), p. 89。

表25　1861~1901年英国部分经济部门产值占比

单位：%

年份	农业、林业、渔业	制造业、采矿业、建筑业	贸易运输	家庭和个人服务	住房产业	海外收入	其他
1861	17.8	36.5	19.6	5.2	7.5	3.0	10.4
1871	14.2	38.1	22.0	5.0	7.6	4.3	8.9
1901	6.4	40.2	23.3	4.8	8.2	6.5	10.7

资料来源：R. Floud, D. N. McCloskey, *The Economic History of Britain since 1700*, Vol. 2: *1860 to the 1970s* (Cambridge: Cambridge University Press, 1983), p. 141。

表26 1861～1901年英国部分经济部门劳动力占比

单位：%

年份	农业、林业、渔业	制造业、采矿业、建筑业	贸易运输	家庭和个人服务	公共、专业与其他服务
1861	18.7	43.6	16.6	14.3	6.9
1971	15.1	43.1	19.6	15.3	6.9
1901	8.7	46.3	21.4	14.1	9.6

资料来源：R. Floud, D. N. McCloskey, *The Economic History of Britain since 1700*, Vol. 2: *1860 to the 1970s* (Cambridge: Cambridge University Press, 1983), p.141。

表27 1881～1911年英国各部门就业人数

单位：万人

		1881年	1891年	1901年	1911年
人口总计		2208.1	2510.0	2877.0	3223.4
就业人数合计		1273.9	1450.0	1631.2	1835.4
渔业		6.1	5.4	5.1	7.0
农业		159.3	149.8	140.3	142.9
采矿业		43.7	59.9	75.2	112.8
砖、水泥、陶瓷、玻璃		13.0	14.2	17.7	20.1
化学品、火药、油漆、橡胶等		5.2	6.9	10.1	18.3
金属、机器、工具、运输工具		92.7	109.5	144.7	177.9
纺织工业	总计	119.1	125.3	116.9	135.9
	棉纺织	52.0	56.2	54.4	64.6
	毛纺织	25.2	27.5	23.5	26.1

注：1881～1901年就业人数合计中不包括维修人员、管理人员、司机等普通工作人员，1911年包括全部就业人员。本表中的数据不包括北爱尔兰的数据。

资料来源：中国科学院经济研究所世界经济研究室编《主要资本主义国家经济统计集：1848～1960》，世界知识出版社，1962，第177页。

表28 1838年英国部分地区工厂中动力使用情况

郡名	工厂数（家）	蒸汽机动力的马力数（马力）	水动力的马力数（马力）	水动力所占的比例（%）
兰开夏郡	1186	29909	3558	1.1
柴郡	166	6921	1726	20.0
约克郡	173	1789	1495	45.5

续表

郡名	工厂数（家）	蒸汽机动力的马力数（马力）	水动力的马力数（马力）	水动力所占的比例（%）
德比郡	95	960	2138	69.0
总计	1620	39579	8917	18.4

资料来源：A. J. Taylor, "Concentration and Specialization in the Lancashire Cotton Industry, 1825-1850", *Economic History Review*, New Series, Vol. 1, No. 2/3 (1949), p. 115。

表29　1850年英国部分地区工厂中动力使用情况

郡名	工厂数（家）	蒸汽机动力的马力数（马力）	水动力的马力数（马力）	水动力所占的比例（%）
兰开夏郡	1235	46910	3376	6.7
柴郡	145	8744	1115	11.3
约克郡	227	4348	1337	23.5
德比郡	74	1584	1690	51.6
总计	1681	61586	7518	10.9

资料来源：A. J. Taylor, "Concentration and Specialization in the Lancashire Cotton Industry, 1825-1850", *Economic History Review*, New Series, Vol. 1, No. 2/3 (1949), p. 115。

表30　1838~1850年英国部分地区动力使用变化情况

郡名	工厂的变化数量（家）	水动力的下降（马力）	水动力的下降比例（%）	蒸汽动力的增加（马力）
兰开夏郡	49	182	5	17001
柴郡	-21	611	35	1823
约克郡	54	158	11	2559
德比郡	-21	448	21	624
总计	61	1399	16	22007

资料来源：A. J. Taylor, "Concentration and Specialization in the Lancashire Cotton Industry, 1825-1850", *Economic History Review*, New Series, Vol. 1, No. 2/3 (1949), p. 115。

表31　1870~1913年英国的生铁年均产量

单位：百万吨

年份	年均产量	年份	年均产量
1870~1874	6.38	1900~1904	7.29
1875~1879	6.38	1905~1909	9.70
1880~1884	8.16	1910~1913	6.64
1885~1899	7.66		

资料来源：〔英〕格·西·艾伦《英国工业及其组织》，韦星译，世界知识出版社，1958，第141页。

表32 1750～1845年英国的玻璃产量

单位：万吨

年份	产量
1750	1.41
1775	1.80
1800	1.95
1825	2.61
1845	2.96

资料来源：C. More, *Understanding the Industrial Revolution* (London & New York: Routledge, 2000), p.7。

表33 1850～1890年英国的煤炭消费量

单位：百万长吨

年份	消费量	年份	消费量	年份	消费量	年份	消费量
1850	54	1865	89	1877	119	1889	140
1854	60	1866	91	1878	117	1890	143
1855	59	1867	94	1879	117	1891	145
1856	61	1868	92	1880	123	1892	142
1857	59	1869	97	1881	129	1893	127
1858	58	1870	99	1882	130	1894	146
1859	65	1871	105	1883	134	1895	147
1860	77	1872	110	1884	130	1896	151
1861	78	1873	114	1885	129	1897	154
1862	73	1874	111	1886	127	1898	154
1863	78	1875	117	1887	130	1899	164
1864	84	1876	117	1888	135	1890	167

资料来源：中国科学院经济研究所世界经济研究室编《主要资本主义国家经济统计集：1848～1960》，世界知识出版社，1962，第214页。

表34 1776～1871年英格兰城乡人口所占比例和增长率

单位：%

年份	城市	乡村	年均增长率
1776	25.9	74.1	2.10

续表

年份	城市	乡村	年均增长率
1781	27.5	72.5	1.84
1786	29.1	70.9	2.23
1791	30.6	69.4	2.19
1801	33.8	66.2	2.18
1806	35.2	64.8	2.09
1811	36.6	63.4	2.43
1816	38.3	61.7	2.42
1821	40.0	60.0	2.64
1826	42.2	57.8	2.36
1831	44.3	55.7	2.44
1836	46.3	53.7	2.11
1841	48.3	51.7	2.44
1846	51.2	48.8	2.07
1851	54.0	46.0	2.08

资料来源：J. G. Williamson, *Coping with City Growth during the British Industrial Revolution* (London: Cambridge University Press, 2002), p.23。

表35　1801年和1851年英格兰城市人口分布

城市人口规模	1801年		1851年	
	城市数量（个）	人口（万人）	城市数量（个）	人口（万人）
20000人以上	15	150	63	620
10001~20000人	31	38	60	80
5000~10000人	60	41	140	96
5000人以下	650	980	—	—

注：表35与表34的城乡人口比例略有差异，系不同学者的不同估计。

资料来源：K. Tiller, *English Local History: An Introduction* (Stroud: Alan Sutton Publishing Ltd., 1992), p.178。转引自钱乘旦、高岱《英国史新探——工业革命的新视角》，北京大学出版社，2018，第113页。

附录二　法国工业发展相关统计数据

表1　1700年和1780年法国和英国的人口及工农业生产指数

	法国		英国	
	1700年	1780年	1700年	1780年
人口（百万人）	19.2	25.6	6.9	9.0
城市人口（百万人）	3.3	5.7	1.2	2.2
对外贸易（百万英镑）	9	22	13	23
铁产量（万吨）	2.2	13.5	1.5	6.0
棉花消费量（百万磅）	0.5	11	1.1	7.4
农业生产指数	100	155	100	126
工业生产指数	100	454	100	197
总生产指数	100	169	100	167
人均收入指数	100	127	100	129

资料来源：N. F. R. Crafts, "Industrial Revolution in England and France: Some Thoughts on the Question, 'Why Was England First?'", *The Economic History Review*, New Series, Vol. 30, No. 3, 1977, p. 349。

表2　1750~1910年法国和英国的人口数量

单位：百万人，%

年份	法国人口数量	增长率	英国人口数量	增长率
1750	21.0	—	7.40	—
1800	27.3	0.52	10.69	0.74
1850	35.8	0.54	20.88	1.34
1910	39.6	0.17	40.89	1.12

资料来源：D. Fisher, *The Industrial Revolution: A Macroeconomic Interpretation* (New York: ST. Martin's Press, 1992), p. 123。

表3　1909~1913年部分欧洲和美洲国家的人均铸铁和钢材产量

单位：普特

国家	铸铁产量					钢材产量				
	1909年	1910年	1911年	1912年	1913年	1909年	1910年	1911年	1912年	1913年
俄国	1.1	1.0	1.1	1.5	1.6	0.9	0.9	0.9	1.3	1.4

续表

国家	铸铁产量					钢材产量				
	1909年	1910年	1911年	1912年	1913年	1909年	1910年	1911年	1912年	1913年
奥匈帝国	2.4	2.4	2.5	2.4	3.3	2.4	2.6	2.9	3.2	—
德国	12.4	14.0	14.2	16.4	17.5	11.6	12.9	14.0	15.9	—
法国	5.6	6.3	6.8	7.5	8.2	4.7	5.4	5.7	6.3	—
英国	13.6	14.1	13.3	13.2	14.2	8.2	8.9	8.9	9.1	—
比利时	13.6	14.9	17.2	18.2	20.0	11.4	12.0	12.6	15.9	—
瑞典	5.0	6.7	7.0	7.7	7.3	3.5	5.2	5.0	5.6	—
美国	17.6	18.3	15.7	19.1	19.8	16.4	17.6	15.7	20.0	—
加拿大	6.2	6.7	7.2	—	—	7.0	7.4	7.6	—	—

资料来源：Россия 1913 год. Статистико—документальный справоЧник. СПб., БЛИЦ, 1995. С. 52。

表4 英国、美国、德国和法国工业总产量的增长速度

单位：%

国家	1860~1880年	1890~1913年
英国	56	61
美国	113	156
德国	78	148
法国	65	79

资料来源：宋则行《资本主义国家发展不衡问题》，人民出版社，1957，第39页。

表5 法国上莱茵省的棉纺织业

年份	纱锭（枚）	手工织机（架）	动力织机（架）
1786	—	1900	
1806	—	1900	
1809	24000	—	
1811	—	3600	
1822			
1826	—	18000~20000	
1827	—	30000	426
1828	466000	—	—
1831	—	—	2123

续表

年份	纱锭（枚）	手工织机（架）	动力织机（架）
1834	—	31000	3090
1839	—	—	6000
1844	—	19000	12000
1849	786000	—	—
1856	—	8657	18139

资料来源：D. S. Landes, *The Unbound Prometheus：Technological Change and Industrial Development in Western Europe from 1750 to the Present*（Cambridge：Cambridge University Press, 2003）, p.160。

表6 1885~1906年法国四种重要工业原料的消费数量

年份	煤（百万吨）	石油（千公担）	棉花（百万千克）	羊毛（百万千克）
1885	29.9	1374	131.8	199.5
1886	28.7	1395	116.7	227.2
1887	29.7	1518	154.9	211.3
1888	31.4	1705	121.7	204.5
1889	32.9	1825	143.4	218.0
1890	35.5	1964	146.7	209.6
1891	35.6	1922	176.3	226.9
1892	35.6	2130	202.1	229.6
1893	34.9	2588	164.0	237.4
1894	36.9	2926	186.5	241.5
1895	37.0	2908	178.0	230.4
1896	38.3	2997	162.2	266.3
1897	40.1	3155	217.4	242.8
1898	41.5	3391	202.6	261.7
1899	43.4	3364	202.8	265.0
1900	46.8	3506	193.4	202.8
1901	45.3	3834	212.7	262.5
1902	42.6	3800	213.6	237.1
1903	47.1	4255	253.2	249.1
1904	45.8	3939	210	221.8

续表

年份	煤(百万吨)	石油(千公担)	棉花(百万千克)	羊毛(百万千克)
1905	48.7	4136	240	228.4
1906	51.7	4820	205	251.0

资料来源：伍纯武《法国社会经济史》，商务印书馆，1937，第207~208页。

表7　1833~1866年法国使用的蒸汽机数量

年份	安装蒸汽机的企业数(家)	蒸汽机数（台）	动力（千马力）
1833	—	947	15
1834	—	1132	16
1839	3257	2450	33
1840	3290	2591	34
1841	3503	2810	37
1842	3633	2053	39
1843	3871	3369	43
1844	4234	3645	46
1845	4532	4114	50
1846	—	4395	54
1847	—	4853	62
1848	—	5212	65
1849	—	4949	62
1850	—	5322	67
1851	—	5672	71
1852	6543	6080	76
1853	7299	7040	87
1854	8156	8064	102
1855	8949	8879	112
1856	9919	9972	127
1857	10848	11192	140
1858	11756	12419	151
1859	12671	13691	169
1860	13287	14513	178
1861	14153	15805	191

续表

年份	安装蒸汽机的企业数(家)	蒸汽机数（台）	动力（千马力）
1862	14993	16934	205
1863	15923	18301	222
1864	17009	19724	242
1865	18050	20947	256
1866	18938	22348	275

资料来源：中国科学院经济研究所世界经济研究室编《主要资本主义国家经济统计集：1848~1960》，世界知识出版社，1962，第349页。

表8　1820~1913年世界工业生产中各工业国占比

单位：%

年份	英国	美国	德国	法国	俄国	其他
1820	50	10	—	—	—	—
1840	45	11	12	—	—	—
1850	39	15	15	—	—	—
1860	36	17	16	12	4	15
1870	32	23	13	10	4	18
1880	28	28	13	9	3	19
1890	22	31	14	8	3	22
1900	18	31	16	7	6	22
1910	14	35	16	7	5	23
1913	14	36	16	6	6	22

资料来源：〔德〕库钦斯基《资本主义世界经济史研究》，陈东旭译，生活·读书·新知三联书店，1955，第41页。

表9　1820~1913年法国等部分国家在世界对外贸易中所占比重

单位：%

年份	英国	美国	德国	法国	俄国
1820	18	8	—	—	—
1840	21	9	—	12	—
1850	21	10	—	11	—
1860	21	11	—	11	—

续表

年份	英国	美国	德国	法国	俄国
1870	22	8	13[a]	10	—
1880	20	11	11	11	—
1890	20	10	11	9	—
1900	19	12	13	9	3
1910	16	11	13	8	4
1913	15	11	13	8	4

注：a 指 1872 年数据。

资料来源：〔德〕库钦斯基《资本主义世界经济史研究》，陈东旭译，生活·读书·新知三联书店，1955，第52页。

表10　1840～1869年法国在工业中使用机器情况

年份	使用机器数量（台）	功率（马力）
1840	2540	33000
1845	4114	50000
1847	4853	62000
1852	6030	76000
1858	12419	151000
1864	19724	242000
1869	26221	32000

资料来源：齐洪、苏国荫、姚艾民等编著《世界主要资本主义国家工业化过程简述》，统计出版社，1955，第34～36页。

表11　1871～1884年法国国内铁路修建情况

年份	铁路长度（千米）	职工人数（千人）	运输收入（百万法郎）
1871	17221	141	714
1880	23738	205	1061
1884	29398	239	1096

资料来源：齐洪、苏国荫、姚艾民等编著《世界主要资本主义国家工业化过程简述》，统计出版社，1955，第40页。

表12　1848～1870年法国煤、铁、钢增长情况

单位：万吨

年份	1848年	1850年	1855年	1860年	1865年	1869年	1870年
煤	400.0	440.0	745.3	830.4	1100.0	1346.4	1333.0

续表

年份	1848年	1850年	1855年	1860年	1865年	1869年	1870年
铁	47.2	40.6	84.9	89.8	120.4	138.1	117.8
钢	28.3	25.7	57.3	56.2	81.1	101.4	92.8

资料来源：马海编著《几个资本主义国家工业化过程》，上海人民出版社，1956，第23页。

表13　1848～1870年法国煤、生铁和铁轨的生产情况

年份	煤（吨）	生铁（吨）	铁轨（吨）	每吨铁轨的价格（法郎）
1848	4000430	472440	72835	309
1849	4049290	414195	41240	309
1851	4485030	445810	27110	305
1853	5937985	660930	94670	261.8
1855	7453050	849300	147890	289.7
1857	7901760	992330	153730	275
1859	7482570	856150	106750	261.1
1861	9423320	996890	164370	238.9
1863	10709660	1156875	226950	209.7
1865	11600405	1203710	208790	194.3
1867	12738690	1229040	172480	181.3
1869	13464205	1380965	216630	192.5
1870	13330310	1178110	171010	199.2

资料来源：郭华榕《法兰西第二帝国史》，北京大学出版社，1991，第93页。

表14　1845～1913年法国铁路投资支出

单位：百万法郎

年份	总投资	净投资	不变价格指数（1908年12月=100）
1845～1849	163.0	155.3	26.1
1850～1854	180.8	161.8	27.9
1855～1859	406.4	354.9	58.6
1860～1864	396.7	321.7	59.9
1865～1869	317.8	225.7	49.6
1870～1874	290.9	183.2	41.2
1875～1879	380.8	224.9	59.1

续表

年份	总投资	净投资	不变价格指数（1908年12月=100）
1880~1884	578.1	396.0	85.7
1885~1889	423.2	275.3	70.1
1890~1894	401.1	241.0	61.6
1895~1899	375.7	200.0	55.3
1900~1904	531.9	342.0	75.6
1905~1909	562.0	341.0	75.9
1910~1913	693.7	476.6	112.6

注：净投资=总成本-维护和更换成本支出。
资料来源：P. O'Brien, ed., *Railways and the Economic Development of Western Europe, 1830－1914* (London: The Macmillan Press Ltd., 1983), p. 32。

表15 1835~1884年法国公共工程支出与工业总产值的比较

单位：%

年份	（铁路+公路+运河+港口）总支出占比	铁路总支出占比	铁路净支出占比
1835~1844	4.3	0.56	0.54
1845~1854	6.0	2.71	2.52
1855~1864	8.1	5.50	4.80
1865~1874	6.0	3.85	2.86
1875~1884	9.2	5.27	3.72

资料来源：P. O'Brien, ed., *Railways and the Economic Development of Western Europe, 1830－1914* (London: The Macmillan Press Ltd., 1983), p. 38。

表16 1875~1879欧洲部分国家的铁矿石产量

单位：万吨

年份	奥地利[a]	法国	德国	意大利	卢森堡	挪威	西班牙	瑞典	英国
1875	70.5	250.6	369.0	22.8	109.1	2.9	52.0	82.2	1607.5
1876	55.5	239.3	351.9	23.2	119.7	2.1	88.5	79.7	1699.8
1877	53.9	242.6	371.7	23.0	126.3	1.7	157.8	73.9	1696.5
1878	66.6	247.0	405.1	19.0	141.1	1.2	170.6	67.7	1697.8
1879	62.8	227.1	424.5	18.7	161.4	0.8	175.4	64.5	1461.1

注：a 本表中的统计数据为奥匈帝国（1867~1918年）的组成部分奥地利的数据。
资料来源：〔英〕B. R. 米切尔编《帕尔格雷夫世界历史统计·欧洲卷·1750—1993年》（第四版），贺力平译，经济科学出版社，2002，第473页。

表17　1890～1913年法国工业发展情况

年份	工业生产总指数	煤 产量（百万吨）	煤 指数	铁 产量（百万吨）	铁 指数	钢 产量（百万吨）	钢 指数	棉花 消费量（千磅）	棉花 指数
1890	51	26.08	64	1.96	38	0.68	15	1251	43
1900	66	33.41	82	2.71	52	1.56	33	1589	54
1910	89	38.35	94	4.04	77	3.41	73	1581	54
1913	100	40.84	100	5.21	100	4.69	100	2913	100

资料来源：四川大学经济系五六级同学集体编《外国国民经济史讲稿（近代、现代部分）》，高等教育出版社，1959，第265页。

表18　1906年法国工业企业规模与美国同类企业的对比

工业部门	相当于美国同类企业的规模（%）	法国工业人均附加值（英镑）
食品	35	158
纺织	8	91
毛织品	56	94
针织品	9	85
棉织品	13	174
钢铁	13	90
冶金	15	96
木制品	14	43
皮革品	7	85
酒	50	73
化工	101	156
砖瓦	78	63
玻璃	121	28
其他金属	16	65
造纸和印刷	155	78

资料来源：沈坚《近代法国工业化新论》，中国社会科学出版社，1999，第51页。

表19　1860～1910年法国拥有的铁路里程

单位：千米

年份	铁路里程
1860	9525
1870	17925

281

续表

年份	铁路里程
1880	26190
1890	36805
1900	43059
1910	49628

资料来源：宋子良、王平、吉小安等编《通向工业化之路》，中国经济出版社，1993，第176页。

表20　1857~1907年美国、英国和法国经济危机中工业的后退年数

单位：年

年份	美国 生铁	美国 煤	英国 钢	英国 生铁	法国 造船	法国 煤
1857	2	—	2	5	3	4
1866	1	—	3	5	1	2
1873	3	1	5	3	2	2
1882	3	3	1	16	5	7
1890	3	2	6	5	1	2
1900	1	3	6	6	6	5
1907	2	4	5	15	1	2

资料来源：〔苏〕尤·瓦尔加主编《世界经济危机：1848~1935》，世界知识出版社，1958，第56页。

表21　1840~1910年欧洲部分国家的城市化水平对比

单位：%

国家	年份	城市化水平
1840	英国[a]	48.3
1850	比利时	31.8
1870	丹麦	20.2
1870	法国	25.0
1870	德国	24.4
1890	挪威	20.5
1900	瑞典	19.3
1910	意大利	40.5

注：a 仅包括英格兰和威尔士。

资料来源：J. G. Williamson, *Coping with City Growth during the British Industrial Revolution* (London: Cambridge University Press, 2002), p.4。

附录三 德国工业发展相关统计数据

表1 1825~1900年德国等部分国家的生铁产量

单位：百万吨

年份	英国	美国	德国	法国	俄国	合计
1825	0.59	0.08	0.04	0.20	0.16	1.07
1830	0.69	0.17	0.05	0.27	0.18	1.36
1835	1.0	0.22	0.14	0.30	0.17	1.83
1840	1.4	0.29	0.18	0.35	0.19	2.41
1845	1.5	0.57	0.18	0.44	0.19	2.88
1850	2.2	0.57	0.22	0.41	0.23	3.63
1855	3.3	0.71	0.42	0.85	0.27	5.55
1860	3.9	0.83	0.53	0.90	0.34	6.50
1865	4.9	0.84	0.99	1.2	0.30	8.23
1870	6.1	1.7	1.4	1.2	0.36	10.76
1875	6.5	2.1	2.0	1.4	0.43	12.43
1880	7.8	3.9	2.7	1.7	0.45	16.55
1885	7.5	4.1	3.7	1.6	0.53	17.43
1890	8.0	9.4	4.7	2.0	0.93	25.03
1895	7.8	9.6	5.5	2.0	1.4	26.30
1900	9.1	14.0	8.5	2.7	2.9	37.20

资料来源：〔苏〕列·阿·门德尔逊《经济危机和周期的理论与历史·第二卷》，吴纪先等译，生活·读书·新知三联书店，1976，第625页。

表2 1880~1884年德国等部分国家的生铁产量

单位：万吨

年份	德国	匈牙利[a]	意大利	卢森堡	挪威	俄国	西班牙	瑞典	英国
1880	272.9	14.4	1.7	26.1	0.1	44.9	8.6	40.6	787.3
1881	291.4	16.4	2.8	29.4	0.1	47.1	11.4	43.0	827.5
1882	338.1	17.6	2.5	37.7	0.1	47.9	12.0	39.9	872.5
1883	347.0	17.6	2.4	33.5	0.1	48.2	14.0	42.3	866.6

续表

年份	德国	匈牙利[a]	意大利	卢森堡	挪威	俄国	西班牙	瑞典	英国
1884	360.1	19.5	1.8	36.6	0.1	51.0	12.4	43.1	793.7

注：a 本表中的统计数据为奥匈帝国（1807~1918年）的组成部分匈牙利的数据。

资料来源：〔英〕B.R. 米切尔编《帕尔格雷夫世界历史统计·欧洲卷·1750—1993年》（第四版），贺力平译，经济科学出版社，2002，第480页；〔苏〕尤·瓦尔加主编《世界经济危机：1848~1935》，戴有振等译，世界知识出版社，1958，第444~446页。

表3 1876~1912年德国、英国和美国的年均生铁消耗量

单位：万吨

年份	德国	英国	美国
1876~1880	221.0	543.0	220.0
1881~1885	333.0	669.0	443.0
1886~1890	418.0	670.0	630.0
1891~1895	501.0	627.0	832.0
1896~1900	765.0	788.0	1049.0
1904~1908	1136.0	829.2	2149.0
1911~1912	1565.6	810.2	2662.7

资料来源：D. H. Aldcroft: *The Development of British Industry and Foreign Competition*, 1875 - 1914 (Toronto: University of Toronto Press, 1968), p.78。

表4 1910~1914年德国等部分国家的原钢产量

单位：千吨

年份	奥地利	比利时	法国	德国	意大利	卢森堡	俄国	西班牙	瑞典	英国
1910	2174	1892	3413	13100	732	598	3314	261	472	6476
1911	2348	2028	3837	14303	736	716	3949	286	471	6566
1912	2780	2442	4429	16355	918	947	4503	297	515	6905
1913	2611	2403 2467	4687	17609	934	1326	4918	242	591	7787
1914	—	1396	2802	13810	911	1136	4466	356	507	7971

资料来源：〔英〕B.R. 米切尔编《帕尔格雷夫世界历史统计·欧洲卷·1750—1993年》（第四版），贺力平译，经济科学出版社，2002，第489页。

表5 1872~1905年德国重工业品出口情况

单位：百万马克

重工业品	1872年	1875年	1880年	1885年	1890年	1895年	1900年	1905年
煤和焦炭	—	—	76	89	141	143	283	288
黑色金属	106	112	233	194	187	221	360	474
机器	39	30	43	50	66	90	225	289
颜料	17	13	31	35	53	78	98	150

资料来源：中国科学院经济研究所世界经济研究室编《主要资本主义国家经济统计集：1848~1960》，世界知识出版社，1962，第278页。

表6 1872~1905年德国轻工业品出口情况

单位：百万马克

轻工业品	1872年	1875年	1880年	1885年	1890年	1895年	1900年	1905年
棉纱	18	23	51	18	20	17	29	34
棉织品	87	96	86	113	168	184	245	380
毛条	39	29	33	36	39	47	57	64
毛织品	190	164	190	181	252	222	236	294
丝织品	74	56	162	133	186	128	140	149
皮和皮革制品	40	42	105	158	102	109	92	132
糖	10	12	111	157	216	193	216	183

资料来源：中国科学院经济研究所世界经济研究室编《主要资本主义国家经济统计集：1848~1960》，世界知识出版社，1962，第278页。

表7 1872~1905年德国进口商品情况

单位：百万马克

进口商品	1872年	1875年	1880年	1885年	1890年	1895年	1900年	1905年
活牲畜	125	197	167	150	230	205	186	—
粮食和食品	747	962	753	743	1168	1184	1542	—
燃料	78	78	31	45	102	114	161	—
矿石	17	16	37	56	73	62	122	—
金属	139	108	46	38	97	85	279	—
纺织原料	509	544	493	502	709	615	803	—
生皮	129	133	84	99	94	144	144	—
橡胶	9	8	13	17	31	27	77	—

资料来源：中国科学院经济研究所世界经济研究室编《主要资本主义国家经济统计集：1848~1960》，世界知识出版社，1962，第278页。

表8　1850~1913年德国国民生产净产值

单位：亿马克

年份	净产值	年份	净产值
1850	94	1885	204
1855	97	1890	236
1860	116	1895	276
1865	132	1900	332
1870	142	1905	372
1875	177	1910	430
1880	177	1913	485

注：以1913年价格计算。

资料来源：W. G. Hoffmann, et al., *Das Wachstum der deutschen Wirtschaft seit der Mitte des* 19. *Jahrhunderts* (Berlin: Springer, 1965), S. 454. Cited from C. Torp, "The Great Transformation: German Economy and Society 1850–1914", in *Oxford Handbook of Modern German History*, Edited by H. Walser, Oxford University Press, 2018, p. 338。

表9　1825~1907年德国三大主要经济部门中劳动力的分布情况

单位：%

年份	原材料部门	制造部门	服务部门
1825	59.0	22.0	19.0
1846	56.8	23.6	20.4
1855	53.9	25.4	20.6
1861	51.7	27.3	21.0
1871	49.3	28.9	21.8
1882	42.2	35.6	22.2
1895	36.6	38.9	24.8
1907	34.0	40.0	26.0

注：原材料部门主要包括农业和矿业部门。

资料来源：T. Pierenkemper, *Umstrittene Revolutionen. Industrialisierung im* 19. *Jahrhundert* (Frankfurt: Fischer, 1996), S. 95. Cited from C. Torp, "The Great Transformation: German Economy and Society 1850–1914", in *Oxford Handbook of Modern German History*, Edited by H. Walser, Oxford University Press, 2018, p. 340。

表10　1874~1913年德国净产值中出口和进口所占比重

单位：%

	1874~1878年	1879~1883年	1884~1888年	1889~1893年	1894~1898年	1899~1903年	1904~1908年	1909~1913年
出口比重	8.5	9.7	10.5	10.6	11.0	12.0	13.7	15.8
进口比重	15.2	14.9	14.6	17.1	17.8	17.9	18.6	19.2

资料来源：Cited from C. Torp, "The Great Transformation: German Economy and Society 1850－1914", in Oxford Handbook of Modern German History, Edited by H. Walser (Oxford: Oxford University Press, 2018), p.11.

表11　1870~1895年德国重工业部门中心的煤、铁矿和生铁产量

年份	煤（百万吨）	铁矿（万吨）	生铁（万吨）
1870	34.0	383.9	139.1
1874	46.6	513.8	190.6
1880	59.0	728.9	272.9
1886	73.7	856.7	352.9
1890	89.3	1111.3	465.9
1895	104.0	1235.0	546.5

资料来源：齐洪、苏国荫、姚艾民等编著《世界主要资本主义国家工业化过程简述》，统计出版社，1955，第71页。

表12　德国黑色金属的生产、消费和进出口（换算为生铁）

单位：千吨

	1866~1869年（年均）	1873年	1883年	1873~1883年的变化
进口	202	1114	387	-727
出口	189	412	1530	1118
生产	1209	2241	3470	1229
消费	1222	2943	2327	-616

资料来源：〔苏〕列·阿·门德尔逊《经济危机和周期的理论与历史·第二卷》，吴纪先等译，生活·读书·新知三联书店，1976，第224页。

表13　1857~1912年德国煤产量

单位：万吨

年份	煤产量
1857	1130
1865	2180

续表

年份	煤产量
1875	4780
1895	10400
1900	10900
1912	17500

资料来源：宋子良、王平、吉小安等编《通向工业化之路》，中国经济出版社，1993，第201页。

表14　1850~1870年德国鲁尔地区煤炭工业发展状况

	1850年	1860年	1870年
矿井数目（个）	198	277	215
石矿开采量（千吨）	1961	4274	11571
从业人数（人）	12741	28657	50749

资料来源：邢来顺《德国工业化经济——社会史》，湖北人民出版社，2003，第159页。

表15　1910年德国工业股份公司的数量和资本情况

公司类型	公司数（家）	股份资本（百万马克）
一般机械制造公司	485	834.27
造船公司和船坞公司	24	69.84
光学机械、精密机械制造公司	27	36.05
乐器制造公司	61	65.95

资料来源：〔日〕加田哲二《德国社会经济史》，徐漠臣译，商务印书馆，1937，第174页。

表16　1870~1913年德国关税区域、英国、美国在世界生铁产量中的比重

单位：%

年份	德国关税区域（包括卢森堡）	英国	美国
1870	11.5	49.9	13.9
1875	14.6	46.2	14.8
1880	14.9	42.6	21.3
1885	18.6	37.2	20.8
1890	16.9	29.1	33.9
1895	18.6	26.6	32.7

续表

年份	德国关税区域（包括卢森堡）	英国	美国
1900	20.9	21.6	44.4
1905	20.3	18.0	43.2
1910	22.3	15.6	41.7
1913	24.1	13.3	39.3

资料来源：邢来顺《德国工业化经济——社会史》，湖北人民出版社，2003，第241页。

表17　1840~1913年德国铁路货物周转量和运输价格

年份	货物周转量(百万吨/千米)	运输价格（芬尼/百万吨·千米）
1840	3	16.9
1845	51	13.6
1850	303	10.1
1855	1095	8.2
1860	1675	7.9
1865	3672	6.0
1870	5876	5.6
1875	10625	5.3
1880	13039	4.4
1885	15965	4.1
1890	22237	3.9
1895	25116	3.9
1900	34699	3.7
1905	41936	3.7
1910	51815	3.7
1913	61744	3.6

资料来源：P. O'Brien, ed. , *Railways and the Economic Development of Western Europe, 1830 - 1914* (London: The Macmillan Press Ltd. , 1983), p. 132。

表18　1905~1909年主要石油贸易国的石油进出口量

单位：千吨

年份	奥地利		保加利亚	丹麦	芬兰	德国	意大利	荷兰
	进口	出口	进口	进口	进口	进口	进口	进口
1905	44	209	14	53	28	959	67	189

续表

年份	奥地利		保加利亚	丹麦	芬兰	德国	意大利	荷兰
	进口	出口	进口	进口	进口	进口	进口	进口
1906	35	245	20	52	25	971	65	200
1907	37	227	14	58	28	1021	78	199
1908	21	378	18	61	30	1052	91	197
1909	23	505	21	74	32	983	101	197

资料来源：〔英〕B. R. 米切尔编《帕尔格雷夫世界历史统计·欧洲卷·1750—1993年》（第四版），贺力平译，经济科学出版社，2002，第512页。

表19　德国工业部门产量和劳动生产率的年均增长率

工业部门	产量的增长率（1870~1913年）	劳动生产率的增长率（1875~1913年）
金属生产	5.7	2.4
金属加工	5.3	2.2
化学	6.2	2.3
纺织	2.7	2.1
服装和皮革生产	2.5	1.6
食品和饮料	2.7	0.9
油气、水电	9.7	3.6

资料来源：R. Cameron, *A Concise Economic History of the World: From Paleolithic Times to the Present* (Oxford: Oxford University Press, 1993), p. 247。

表20　德国机械技术发展情况

单位：台

机械	1882年	1895年	1907年
打谷机	268367	596869	947003
蒸汽打谷机	75690	259364	488867
播种掘地机	—	140792	83125
切割机	19634	35084	301325
播种机	63842	28673	206914
肥料撒布机	—	18649	—
蒸汽机	836	1696	2995

资料来源：〔日〕加田哲二《德国社会经济史》，徐漠臣译，商务印书馆，1937，第188页。

附录四 美国工业发展相关统计数据

表1 1700～1910年美国人口总数及增长率

单位：万人，%

年份	人口总数	增长率
1700	25	—
1720	50	—
1740	100	—
1761	200	—
1775	224.3	—
1790	392.9	—
1800	530.8	3.05
1810	724.0	3.15
1820	963.9	2.90
1830	1286.6	2.93
1840	1707.0	2.87
1850	2319.2	3.11
1860	3144.3	3.09
1879	3981.9	2.39
1880	5015.6	2.33
1890	6294.8	2.30
1900	7599.4	1.90
1910	9197.2	1.93

资料来源：A. M. M. Keir, *Manufacturing Industries in America: Fundamental Economic Factors* (New York: The Ronald Press Company, 1920), p.32；〔美〕斯坦利·L. 恩格尔曼、〔美〕罗伯特·E. 高尔曼主编《剑桥美国经济史·第二卷·漫长的19世纪》，王珏、李淑清主译，中国人民大学出版社，2018，第138页。

表2 1831年美国与1833年英国棉纺织业比较

	美国	英国
工厂（家）	801	1151
投入的资本（百万美元）	40.6	170.0
纱锭（万枚）	124.7	933.3

续表

	美国	英国
织布机（万台）	3.34	10.00
从业工人（万人）	5.75	23.70
棉花消耗（百万磅）	77.5	262.7
每枚纱锭的资本（美元）	32.6	18.2
每个居民的棉花消耗（磅）	5.9	6.6

资料来源：〔德〕库钦斯基《生产力的四次革命——理论和对比》，洪佩郁译，商务印书馆，1984，第106页。

表3 美国南部及新英格兰的棉纺织业

地域	年份	工厂数（家）	资本（美元）	工人人数（人）
南部各州	1840	248	4331078	6642
	1850	166	7256056	10043
新英格兰	1840	674	34931399	46834
	1850	564	52832430	61893

资料来源：〔美〕福克讷《美国经济史·上卷》，王锟译，商务印书馆，1964，第404页。

表4 1899~1914年美国制造棉纺织品和小商品的工厂动力情况

单位：马力

年份	蒸汽动力	水力	内燃机	电力
1899	531621	251850	321	17594
1904	708333	252923	1786	67139
1909	877201	303024	2812	235902
1914	1011303	314219	4016	512903

资料来源：A. M. M. Keir, *Manufacturing Industries in America: Fundamental Economic Factors* (New York: The Ronald Press Company, 1920), p.150。

表5 1849~1909年美国服装业产值的增长情况

单位：美元

年份	男式服装	女式服装
1849	48312	—
1859	80831	7181
1869	148660	12901
1879	209548	32005
1889	251020	68164

续表

年份	男式服装	女式服装
1899	276717	159340
1909	485677	384752

资料来源：A. M. M. Keir, *Manufacturing Industries in America: Fundamental Economic Factors* (New York: The Ronald Press Company, 1920), p. 300。

表6 1850～1914年美国生铁和钢的生产量

单位：万长吨

年份	生铁	钢	年份	生铁	钢	年份	生铁	钢
1850	56.4	—	1872	254.9	14.3	1894	665.8	441.2
1851	—	—	1873	256.1	19.9	1895	944.6	611.5
1852	—	—	1874	240.1	21.6	1896	862.3	528.2
1853	—	—	1875	202.4	39.0	1897	965.3	715.7
1854	65.7	—	1876	186.9	53.3	1898	1177.4	893.3
1855	70.0	—	1877	206.7	57.0	1899	1362.1	1064.0
1856	78.9	—	1878	230.1	73.2	1900	1378.9	1018.8
1857	71.3	—	1879	274.2	93.5	1901	1587.8	1347.4
1858	63.0	—	1880	383.5	124.7	1902	1782.1	1494.7
1859	75.1	—	1881	414.4	158.8	1903	1800.9	1453.5
1860	82.1	—	1882	462.3	173.7	1904	1649.7	1386.0
1861	65.3	—	1883	459.6	167.4	1905	2299.2	2002.4
1862	70.3	—	1884	409.8	155.1	1906	2530.7	2339.8
1863	84.6	—	1885	404.5	171.2	1907	2578.1	2336.3
1864	101.4	—	1886	568.3	256.3	1908	1593.6	1402.3
1865	83.2	—	1887	641.7	333.9	1909	2579.5	2395.5
1866	120.6	—	1888	649.0	289.9	1910	2730.4	2609.5
1867	130.5	2.0	1889	760.4	338.6	1911	2365.0	2367.6
1868	143.1	2.7	1890	920.3	427.7	1912	2972.7	3125.1
1869	171.1	3.1	1891	828.0	390.4	1913	3096.6	3130.1
1870	166.5	6.9	1892	915.7	492.8	1914	2333.2	2351.3
1871	170.7	7.3	1893	712.5	402.0			

资料来源：〔苏〕尤·瓦尔加主编《世界经济危机：1848～1935》，戴有振等译，世界知识出版社，1958，第440～442页。

表7　1850～1935年美国农业、制造业、矿业、交通运输业的资产增长情况

单位：百万美元

年份	农业	制造业	矿业	运输业及其他公用企业
1850	1301	229	41	639
1860	2541	424	88	1868
1870	3221	832	246	3109
1880	3732	1926	367	5386
1890	4944	2462	463	8363
1900	6081	3991	641	10926
1910	12515	6680	831	23319
1920	23094	—	—	—
1930	22316	—	—	—
1935	—	21640	5643	50369

资料来源：熊式辉《美国之重工业》，商务印书馆，1946，第20页。

表8　1879～1914年美国采矿业和加工工业的总产值

单位：百万美元

年份	总计	采矿业	加工工业
1879	5671	301	5370
1889	9828	456	9372
1899	11831	798	11033
1904	15420	1167	14253
1909	21516	1571	19945
1914	24920	1870	23050

注：1879年的采矿业实为1880年数字。
资料来源：中国科学院经济研究所世界经济研究室编《主要资本主义国家经济统计集：1848～1960》，世界知识出版社，1962，第51页。

表9　1870～1914年美国农业和工业生产指数（以1909年为100）

年份	农业生产指数	工业生产指数
1870	37	15

续表

年份	农业生产指数	工业生产指数
1880	51	29
1890	59	47
1900	83	65
1909	100	100
1914	109	110

资料来源：〔德〕库钦斯基《资本主义世界经济史研究》，陈东旭译，生活·读书·新知三联书店，1955，第116页。

表10　1880~1921年美国加工工业中轻重工业的比重

年份	总产值 总计	总产值 轻工业 产值（百万美元）	总产值 轻工业 占比（%）	总产值 重工业 产值（百万美元）	总产值 重工业 占比（%）	从业工人人数 总计	从业工人人数 轻工业 人数（千人）	从业工人人数 轻工业 占比（%）	从业工人人数 重工业 人数（千人）	从业工人人数 重工业 占比（%）
1880	5110	3540	69.3	1570	30.7	2553	1589	62.2	964	37.8
1890	8310	5280	63.6	3030	36.4	3737	2147	57.6	1590	42.4
1900	11820	7110	60.1	4710	39.9	4747	2649	56.0	2098	44.0
1921	43420	23310	53.7	20110	46.3	6937	3533	50.9	3404	49.1

资料来源：中国科学院经济研究所世界经济研究室编《主要资本主义国家经济统计集：1848~1960》，世界知识出版社，1962，第61页。

表11　1869~1919年美国制造业产出、劳动时间、资本投入及总投入的增长率

单位：%

年份	产出增长率	劳动时间增长率	资本投入增长率	总投入增长率
1869~1879	3.7	2.7	5.6	2.9
1879~1889	6.0	3.5	8.8	4.0
1889~1899	4.2	2.7	5.2	3.0
1899~1909	4.7	3.3	6.4	3.9
1909~1919	3.5	2.3	5.5	3.2

资料来源：〔美〕斯坦利·L.恩格尔曼、〔美〕罗伯特·E.高尔曼主编《剑桥美国经济史·第二卷·漫长的19世纪》，王珏、李淑清主译，中国人民大学出版社，2018，第363页。

表12　1869~1938年美国农业和工业生产在国民收入中的比重

单位：%

年份	农业	工业
1869~1879	21	14
1879~1889	16	17
1889~1899	17	18
1899~1908	17	18
1909~1918	18	21
1919~1928	12	22
1929~1933	9	19

资料来源：〔德〕库钦斯基《资本主义世界经济史研究》，陈东旭译，生活·读书·新知三联书店，1955，第117页。

表13　1899年和1904年美国工业工人数量及总产值

单位：万人，百万美元

工业部门	工人数量 1899年	工人数量 1904年	总产值 1899年	总产值 1904年
黑色冶金业、机器制造业和金属加工业	74.5	86.9	1819	2200
有色冶金业和有色金属加工业	16.1	19.9	691	896
铁路修配厂	31.4	38.4	505	644
化学工业	19.7	22.7	762	1076
造纸和印刷工业	29.9	35.2	608	860
纺织业和缝纫业	102.2	115.6	1629	2147
食品加工业（包括烟叶制品）	49.0	58.2	2846	3678
木材加工业	67.2	73.4	1008	1220
陶瓷工业	23.2	28.5	271	391
皮革和制鞋工业	24.9	26.4	582	724
主要属于轻工业的其他部门	33.3	41.6	687	958
全部重工业（不包括矿业）	141.7	167.9	3777	4816
全部轻工业（包括其他部门）	329.7	378.9	7631	9978

资料来源：〔苏〕列·阿·门德尔逊《经济危机和周期的理论与历史·第二卷》，吴纪先等译生活·读书·新知三联书店，1976，第705页。

表14　1850年和1860年美国全国及各地区工业企业数量、资本、产值及工人数量和工资

	年份	企业数量（万家）	资本（百万美元）	工人数量（万人）	工资（百万美元）	产值（百万美元）
全国	1850	13.2	532	95.6	236	1015
	1860	14.0	1003	130.6	377	1877
大西洋北部各州	1850	7.2	382	69.7	171	716
	1860	7.0	661	90.0	246	1214
大西洋南部各州	1850	1.5	56	9.4	19	91
	1860	1.6	85	10.6	25	147
中北部各州	1850	2.5	63	11.1	30	146
	1860	3.3	174	18.9	58	347
中南部各州	1850	1.0	29	5.0	12	47
	1860	1.2	60	6.1	19	98
西部各州	1850	1.0	2	0.4	4	15
	1860	0.9	23	5.0	29	71

资料来源：〔美〕吉尔伯特·C.菲特、吉姆·E.里斯《美国经济史》，司徒淳、方秉铸译，辽宁人民出版社，1981，第253页。

表15　1904~1914年美国产值一百万美元以上的工业企业情况

单位：%

年份	占工业企业总数的比重	占工业工人总数的比重	占工业生产总值的比重
1904	0.9	25.6	38.0
1909	1.1	30.5	43.8
1914	1.4	35.2	48.6

资料来源：〔美〕吉尔伯特·C.菲特、〔美〕吉姆·E.里斯《美国经济史》，司徒淳、方秉铸译，辽宁人民出版社，1981，第462页。

表16　1890~1904年美国工业企业合并情况

年份	工业企业合并数	资金（美元）
1890	11	137611500

续表

年份	工业企业合并数	资金（美元）
1891	13	133597167
1892	12	170017000
1893	5	156500000
1894	—	—
1895	3	26500000
1896	3	14500000
1897	6	7500000
1898	18	475250000
1899	78	1886050000
1900	23	294500000
1901	23	1632310000
1902	26	588850000
1903	8	137000000
1904	8	236194000

资料来源：〔苏〕列·伊·祖波克《美国史纲》，庚声译，生活·读书·新知三联书店，1972，第347页。

表17　1849～1899年美国产值在500美元及以上的工厂、手工业及半手工业总况

年份	工厂数（万家）	增长（%）	工资（百万美元）	增长（%）	动力、燃料及原料成本（百万美元）	增长（%）	产品价值（百万美元）	增长（%）	制造业增加值（百万美元）	增长（%）
1849	12.3	—	237	—	555	—	1019	—	464	—
1859	14.0	14.1	379	60.0	1032	85.8	1886	85.1	854	84.1
1869	25.2	79.6	620	63.8	1991	93.0	3386	79.5	1395	63.3
1879	25.4	0.7	948	52.8	3397	70.6	5370	58.6	1973	41.4
1889	35.5	40.0	1891	99.5	5162	52.0	9372	74.5	4210	113.4
1899	51.2	44.1	2321	22.7	7344	42.3	13000	38.7	5656	34.3

资料来源：[美]福克讷《美国经济史·下卷》，王锟译，商务印书馆，1964，第41页。

表18　1899～1909年美国产品价值在500美元以下的工厂、手工业及半手工业总况

年份	工厂数（万家）	增长（%）	工资（百万美元）	增长（%）	动力、燃料及原料成本（百万美元）	增长（%）	产品价值（百万美元）	增长（%）	制造业增加值（百万美元）	增长（%）
1899	20.5	—	1895	—	6441	—	11103	—	4662	—
1909	26.5	29.3	3210	69.3	11876	84.3	20068	80.7	8191	75.6

资料来源：[美]福克讷《美国经济史·下卷》，王锟译，商务印书馆，1964，第41页。

表19　1857~1907年美国工业产量从经济危机前最高点到危机时最低点的变化情况

单位：%

危机年份	煤	生铁	钢	棉花消费量	建筑业
1857	-1.7	-20.2	—	-27.4	—
1865	+0.5	-17.9	—	—	—
1873	-9.1	-27.0	+8.5	-9.0	—
1882	-7.5	-12.5	-10.7	-15.4	—
1893	-6.4	-27.3	-18.4	-19.8	-31.3
1903	-1.6	-8.4	-7.3	-3.9	-14.3
1907	-13.4	-38.2	-40.0	-8.9	-23.2

资料来源：〔苏〕尤·瓦尔加主编《世界经济危机：1848~1935》，世界知识出版社，1958，第56页。

表20　经济危机中世界煤产量、生铁产量和棉花消费量变化情况[a]

单位：%

危机时间年份	煤产量	生铁产量	棉花消费量
1873	-27.3[b]	-8.0	
1882	-25.3[b]	-9.4	-6.8
1890	-1.9	-5.5	-21.7
1900	增长	0	-12.5
1907	-4.3	-20.3	-10.1

注：a 在煤和生铁方面，除1873年和1882年外，世界总计中包括俄国；棉花的工业消费量为美、英、德、法、意的消费量合计。b 美、英、德、法四国的合计数字。

资料来源：〔苏〕尤·瓦尔加主编《世界经济危机：1848~1935》，戴有振等译，世界知识出版社，1958，第54页。

表21　1890~1914年美国铁路货运、客运情况

年份	货运量（百万短吨）	货物周转量（百万短吨/英里）	旅客运送量（百万人）	旅客周转量（百万旅客/英里）
1890	—	76207	492	11848
1891	—	81074	531	12844
1892	—	88241	561	13363
1893	—	93588	594	14229
1894	—	80335	541	14289

续表

年份	货运 货运量（百万短吨）	货运 货物周转量（百万短吨/英里）	客运 旅客运送量（百万人）	客运 旅客周转量（百万旅客/英里）
1895	—	85228	507	12188
1896	—	95328	512	13049
1897	—	95139	489	12257
1898	—	114078	501	13380
1899	502	123667	523	14591
1900	583	141597	577	16038
1901	584	147077	607	17354
1902	658	157289	650	19690
1903	715	173221	695	20916
1904	714	174522	715	21923
1905	785	186463	739	23800
1906	896	215878	798	25167
1907	977	236601	874	27719
1908	870	218382	890	29083
1909	881	281803	891	29109
1910	1026	255017	972	33338
1911	1003	253784	997	33202
1912	1031	264081	1004	33132
1913	1183	301730	1044	34673
1914	1130	288637	1063	35357

注：1 短吨 = 0.9072 吨，1 短吨/英里 = 1.46 吨/千米，1 英里 = 1.609 千米。
资料来源：中国科学院经济研究所世界经济研究室编《主要资本主义国家经济统计集：1848~1960》，世界知识出版社，1962，第 119 页。

表 22　1863~1940 年美国的国民银行、非国民银行和州银行的数目及总资产

年份	国民银行 数目（家）	国民银行 资产（百万美元）	非国民银行 数目（家）	非国民银行 资产（百万美元）	州银行 数目（家）
1863	66	17	1466	2192	1466
1865	1294	1127	349	231	349
1870	1612	1566	325	215	325

续表

年份	国民银行 数目（家）	国民银行 资产（百万美元）	非国民银行 数目（家）	非国民银行 资产（百万美元）	州银行 数目（家）
1875	2076	1913	1260	1291	586
1880	2076	2036	1279	1384	650
1885	2689	2422	1661	2005	1015
1890	3484	3062	4717	3296	2250
1895	3715	3471	6103	4139	4369
1900	3731	4944	9322	6444	5007
1905	5664	7325	13103	10184	9018
1910	7138	9892	18013	13030	14348
1915	7597	11790	20420	16573	17748
1920	8024	23267	22885	29827	20635
1925	8066	24252	20986	37980	19573
1930	7247	28828	27026	45462	15798
1935	5425	26009	10622	33942	9752
1940	5164	36816	9912	42913	9238

注：非国民银行包括州商业银行、储蓄银行、私人银行和信托公司。

资料来源：〔美〕杰拉尔德·冈德森：《美国经济史新编》，杨宇光等译，商务印书馆，1994，第472页。

表23 1910年美国部分州城市人口所占比例

单位：%

州名	占比
罗得岛州	96
马萨诸塞州	92
康涅狄格州	89
纽约州	78
加利福尼亚州	61
新泽西州	75
伊利诺伊州	61
宾夕法尼亚州	60
新罕布什尔州	59
俄亥俄州	55

资料来源：A. M. M. Keir, *Manufacturing Industries in America: Fundamental Economic Factors* (New York: The Ronald Press Company, 1920), p. 304。

后　记

在世界近现代史上，欧美诸国的工业革命影响深远。工业革命不仅大大提高了欧美国家的生产力，推动了工业化和现代化进程，而且对全球的政治格局和经济发展产生了重大影响。欧美国家的工业化问题成为国内外诸多学者关注的问题，涌现出许多研究成果。本书在国内外已有研究的基础上，深入分析了1700～1914年英国、法国、美国、德国四个国家工业化的条件，梳理了其工业化的过程，阐释了其工业化的特征、成就及影响，并在此基础上对其工业化基础、工业化进程、技术条件、劳动力条件等方面进行了比较分析，以求更加深入地了解欧美国家工业化的相同与不同之处。本书涉及的国家较多，研究的时间跨度大，为本书的写作增加了难度。因研究水平和资料的限制，本书尽管经历了多次修改，还是存在诸多不足之处，对部分问题的研究有待进一步深入，恳请各位读者批评指正。

本书在撰写的过程中，参考了国内外诸多学者的研究成果，在此致以诚挚的谢意！

本书的完成得到了诸多朋友的帮助，感谢同事邓佩勇、许静为本书提供俄文和英文资料，并提出宝贵的修改意见。感谢我的学生胡敏、吴寒丽、张亚军等为本书校对做出的努力。感谢家人默默无闻的支持。感谢颜林柯编辑和社会科学文献出版社多位工作人员为本书出版付出的辛勤劳动。

刘向阳于贵阳

2022年2月

图书在版编目(CIP)数据

欧美国家工业化研究：1700~1914 / 刘向阳著. --北京：社会科学文献出版社，2022.7
　ISBN 978-7-5228-0220-6

　Ⅰ.①欧… Ⅱ.①刘… Ⅲ.①工业化-研究-欧洲-1700-1914②工业化-研究-美国-1700-1914　Ⅳ.①F450.9②F471.29

中国版本图书馆 CIP 数据核字(2022)第 099234 号

欧美国家工业化研究（1700~1914）

著　　者 / 刘向阳

出 版 人 / 王利民
组稿编辑 / 高　雁
责任编辑 / 颜林柯
责任印制 / 王京美

出　　版 / 社会科学文献出版社·经济与管理分社（010）59367226
　　　　　地址：北京市北三环中路甲29号院华龙大厦　邮编：100029
　　　　　网址：www.ssap.com.cn
发　　行 / 社会科学文献出版社（010）59367028
印　　装 / 三河市龙林印务有限公司

规　　格 / 开本：787mm×1092mm　1/16
　　　　　印　张：19.5　字　数：318千字
版　　次 / 2022年7月第1版　2022年7月第1次印刷
书　　号 / ISBN 978-7-5228-0220-6
定　　价 / 148.00元

读者服务电话：4008918866

版权所有 翻印必究